2016年度浙江省社科联省级社会科学学术著作出版资金资助出版（编号：2016CBZ05）

教育部人文社会科学规划基金项目（编号：15YJA790095）
杭州电子科技大学科研基金项目（编号：KYS155614055）

当代浙江学术文库

DANGDAI ZHEJIANG XUESHU WENKU

基础设施、区域经济增长与区域差距的关系研究

——基于新经济地理学的视角

周亚雄 著

中国社会科学出版社

图书在版编目（CIP）数据

基础设施、区域经济增长与区域差距的关系研究：基于新经济地理学的视角／周亚雄著．—北京：中国社会科学出版社，2017.12

（当代浙江学术文库）

ISBN 978 - 7 - 5203 - 1757 - 3

Ⅰ.①基…　Ⅱ.①周…　Ⅲ.①基础设施建设—研究—中国②区域经济发展—研究—中国③区域差异—研究—中国　Ⅳ.①F299.24②F127

中国版本图书馆 CIP 数据核字（2017）第 313868 号

出 版 人	赵剑英	
责任编辑	田　文	
特约编辑	丁　云	
责任校对	张爱华	
责任印制	王　超	

出　　版	中国社会科学出版社	
社　　址	北京鼓楼西大街甲 158 号	
邮　　编	100720	
网　　址	http://www.csspw.cn	
发 行 部	010 - 84083685	
门 市 部	010 - 84029450	
经　　销	新华书店及其他书店	

印　　刷	北京君升印刷有限公司	
装　　订	廊坊市广阳区广增装订厂	
版　　次	2017 年 12 月第 1 版	
印　　次	2017 年 12 月第 1 次印刷	

开　　本	710 × 1000　1/16	
印　　张	20	
插　　页	2	
字　　数	338 千字	
定　　价	88.00 元	

凡购买中国社会科学出版社图书，如有质量问题请与本社营销中心联系调换
电话:010 - 84083683

目　　录

第 一 章
绪　论

第一节　问题的提出

改革开放以来，中国经济取得了举世瞩目的发展成就，1978—2007年的 30 年间 GDP 年均增长率达到了 9.8%，大大高于同期世界经济年均3.0% 的增长速度[①]，创造了令人关注的"中国模式"[②]。与此同时，中国的基础设施得到了极大的发展，能源、交通、通信等曾经制约经济发展的主要"瓶颈"不断得以突破[③]，特别是自 20 世纪 90 年代中期以来，我国的能源生产水平、交通运输与邮电通讯水平、金融保险服务水平等事关社会文明进步、经济和谐发展、百姓安居生活的社会基础设施水平发生了翻天覆地的变化。

但是在中国经济快速增长与基础设施水平日益改善的同时，经济活动的空间非均衡分布、区域发展差距不断扩大等一系列问题也越来越引起人们的关注，世界银行在 2009 年度世界发展研究报告（World Development Report，WDR，2009）中就指出，中国沿海和内地已经形成典型的核心—边缘结构。

一　基础设施建设取得了跨越式发展

基础设施具有很强的外部性，并且是实现经济增长的重要先决条件（Rodan，1943），因此受到各级政府与学术界的广泛关注。改革开放以

---

① 国家统计局综合司：《大改革　大开放　大发展——改革开放 30 年我国经济社会发展成就系列报告》。

② 参见 http://baike.baidu.com/view/2583982.htm，2016 年 12 月 28 日。

③ 胡耀邦在中共十二大报告中曾指出："当前能源和交通的紧张是制约我国经济发展的一个重要因素……必须加强能源开发，大力节约能源消耗，同时大力加强交通运输和邮电通讯的建设。"

来，特别是自 20 世纪 90 年代中期以来，我国基础设施建设得到极大的发展，其对经济发展的瓶颈约束效应不断得突破。首先，基础设施建设领域的投资巨大。由于基础设施是经济增长的先决条件，基础设施投资能够直接形成投资、推动地区经济增长，同时基础设施建设往往是政府调控经济的重要手段之一，如自 20 世纪末以来，无论是先后实施西部大开发、东北老工业基地振兴、中部地区崛起等区域协调发展战略，还是全球性经济冲击设施建设作为重大举措（刘生龙、胡鞍钢，2010）。从图 1.1 可见，1995 年以来，我国在电力燃气、交通仓储、金融、教育等基础设施领域的投资逐年增加且保持较高的增长率①，按可比价格计算，这 4 个行业 2011 年的投资额分别是 1995 年的 6.9 倍、8.6 倍、3.4 倍和 7.3 倍。

　　其次，基础设施建设取得了巨大成就。自 20 世纪 90 年代以来，我国先后建成了西气东输、西电东送、青藏铁路、上海洋山深水港、中海油海上油气田勘探开发等一批关系国计民生的项目；到 2011 年底我国铁路里程达到 9.3 万公里，居世界第三位（排在美国、俄罗斯之后）；高铁里程 9790 公里，居世界第一位②；2011 年底我国等级公路里程达到 345 万公里，其中高速公路达到 7.8 万公里，居世界第二位（美国第一）③；2011 年底我国电力消费达到 821 亿千瓦/每小时，一次能源生产总量连续五年居世界第一④，可以说我国已经成为世界上基础设施跨越式发展的成功案例（刘生龙、胡鞍钢，2010）。

---

　　① 在《中国统计年鉴》中 2004—2011 年交通邮电、电力燃气、金融、教育等行业的固定资产投资直接由交通运输仓储和邮政业、电力燃气及水的生产和供应业、金融业、教育等行业的固定资产投资数据得到，1996—2003 年相应行业的投资由基本建设与更新改造投资中的交通运输仓储和邮电通信业、电力煤气及水的生产和供应业、金融保险业、教育文化艺术和广播等行业的固定资产投资数据得到。

　　② 参见 http://www.elivecity.cn/html/yijuhuanjing/diliqihou/679.html，2013 年 2 月 28 日。

　　③ 参见 http://aa.1968.blog.163.com/blog/static/1196852102012028935411412/，2013 年 2 月 28 日。

　　④ 参见 http://finance.ifeng.com/news/industry/20110926/4680050.shtml，2013 年 2 月 28 日。

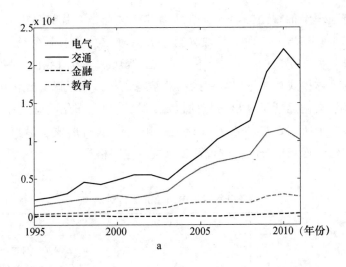

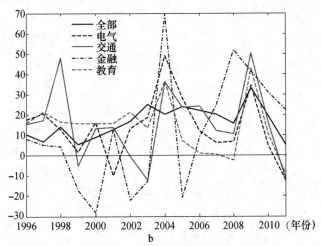

图1.1 1995—2011年各类固定资产投资总额及其增长率

二 经济活动呈区域块状空间分布结构

张可云（2005）认为从新中国成立以来，我国的区域战略经历了内地建设、三线建设、战略高速、沿海发展以及区域协调发展五个阶段；魏后凯（2008）认为自改革开放以来，我国经历了从向东部倾斜的不平衡发展到区域相对均衡发展的区域发展战略；刘乃全等（2008）认为我国的区域经济开发具有明显的递推式空间模式；孙久文、李爱民（2012）

从新经济地理学的视角提出了经济活动"整体分散、优势集中"的区域空间布局，并提出了"四大板块并重、五条轴线共举、七个经济圈、若干城市群"四个层次的空间分布模式①。虽然众多学者对我国区域发展空间布局的具体模式存在不完全一致的总结与设想，但是随着经济的发展，我国的经济活动逐渐呈现出明显的区域块状空间分布结构却是不争的事实，如表1.1所示，自"六五"计划以来我国逐渐形成了沿海、沿江、沿边、内陆地区相结合、全方位及多层次的空间格局。

表1.1　　　　　　　改革开放以来中国经济区的划分

国家计划	时间（年）	地区划分	重要事件
"六五"计划	1981—1985	沿海地区、内陆地区	成立深圳、珠海、汕头、厦门4个经济特区；开放大连、天津、上海、湛江等14个沿海城市
"七五"计划	1986—1990	东部沿海地区、中部地区、西部地区	海南省成立；开发开放上海浦东
"八五"计划	1991—1995	沿海地区、内陆地区	形成长江三角洲、珠江三角洲、环渤海经济圈三大经济区域；形成长江流域经济带、陇海—兰新经济带
"九五"计划	1996—2000	(1)长江三角洲及沿江地区、环渤海地区、东南沿海地区、西南和华南部分省区、东北地区、中部五省地区、西北地区；(2)东部地区、中西部地区	划分7个经济区；西部大开发
"十五"计划	2001—2005	西部地区、中部地区、东部地区	振兴东北老工业基地；中部崛起

① 东部、中部、西部和东北地区四大板块；沿江经济带、陇海—兰新发展轴、沿海经济带、京广—哈大发展轴、宝昆通道发展轴五条轴线；环渤海、泛长三角、大珠三角、海峡西岸、成渝—关中、中三角、哈大齐等经济圈；长三角、珠三角、京津冀等一级城市群，山东半岛、成渝等二级城市群，哈大齐、长江中游、关中等三级城市群。

国家计划	时间（年）	地区划分	重要事件
"十一五"规划	2006—2010	（1）西部地区、东北地区、中部地区、东部地区；（2）优先开发、重点开发、限制开发、禁止开发四类主体功能区	滨海新区开放；先后成立10个综合配套改革试验区
"十二五"规划	2011—2015	（1）西部地区、东北地区、中部地区、东部地区；（2）主体功能区；（3）经济特区、上海浦东新区、天津滨海新区；（4）城市群	兰州新区成立

资料来源：根据《改革开放 30 年中国区域经济的变迁——从不均衡发展到相对均衡发展》（魏后凯，2008）和《国民经济和社会发展"十二五"规划》整理。

三 区域间发展差距呈扩大态势

改革开放以来，由于沿海地区产业优先布局的区域战略选择（杨伟民，1992）、经济体制改革率先在沿海地区得到试验并不断得以推广（赵人伟、李实，1999）、生产要素存量配置结构上的差异（林毅夫、刘培林，2003）、优越的地理位置便于吸引外商直接投资（魏后凯，2002）等因素的影响，使得经济活动逐渐向东部沿海地区集聚，东部地区与内陆地区间的发展差距不断扩大[①]。对于区域发展差距的具体研究方法，经常用份额比例测度法（绝对份额比例与分位点比率）、离散系数测度法（极差、标准差）、收入集中度测度法（基尼系数、鲁宾霍德指数、阿特金森指数、均值对数偏差指数、泰尔指数）等来测度区域差距与区域不公平（刘志伟，2003），此处我们首先运用份额比例法讨论各地区的 GDP 与人均 GDP 分布。从图 1.2 可以看到，1978 年以来东部地区的 GDP 总量占全国的比重逐渐增加，而中部、西部和东北地区的 GDP 比重总体呈下降态

---

① 此处的东部地区包括北京、天津、河北、上海、江苏、浙江、福建、山东、广东、海南10 省；中部地区包括山西、安徽、江西、河南、湖北、湖南 6 省；西部地区包括内蒙古、广西、重庆、四川、贵州、云南、西藏、陕西、甘肃、青海、宁夏、新疆 12 省；东北地区为辽宁、吉林、黑龙江 3 省。

势，同时东部地区在人均 GDP 水平上也与其他内陆地区存在显著的差距；虽然 2005 年以来经济活动分布的区域差距有所收敛，但并没有改变经济活动在东部地区高度集聚的现状。

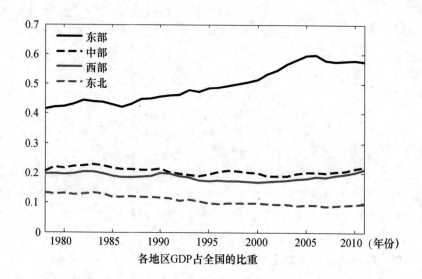

各地区GDP占全国的比重

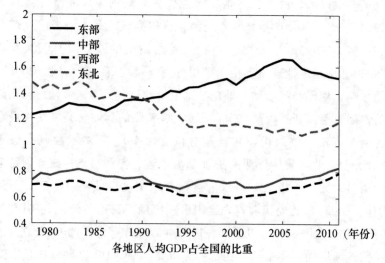

各地区人均GDP占全国的比重

图 1.2　各地区 GDP 和人均 GDP 与全国平均值的比值

资料来源：根据《中国统计年鉴（1979—2012）》的相关数据计算。

进一步地用中国内地 30 个省、市、区（四川与重庆合并）人均 GDP

的变异系数和泰尔系数来讨论区域差距。从图1.3可见，人均GDP的变异系数与泰尔系数在1978—1990年逐渐减小，1990—2005年呈缓慢增加趋势，2005年以后呈下降趋势；而人均GDP的标准差呈显著的持续上升态势，这表明即使2005年以来在省际层面上相对的经济差距呈收敛态势，但是绝对的经济差距呈扩大趋势。

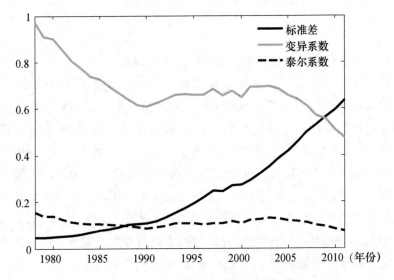

图1.3 人均GDP的标准差、变异系数和泰尔系数

再从收入水平来看，如表1.2所示，2005—2011年东部地区的居民平均收入均高于全国平均水平，中部地区和西部地区的居民收入则均低于全国平均水平，地区间居民收入水平的差距也可见一斑。

表1.2　　　　　　　各地区城乡居民收入与全国的比值

年份	城镇居民人均可支配收入的比值				农村居民人均纯收入的比值			
	东部	中部	西部	东北	东部	中部	西部	东北
2011	1.21	0.84	0.83	0.84	1.37	0.94	0.75	1.12
2010	1.22	0.84	0.83	0.83	1.38	0.93	0.75	1.09
2009	1.22	0.84	0.83	0.83	1.39	0.93	0.74	1.06
2008	1.22	0.84	0.82	0.83	1.39	0.94	0.74	1.07

	城镇居民人均可支配收入的比值				农村居民人均纯收入的比值			
2007	1.23	0.84	0.82	0.83	1.41	0.93	0.73	1.05
2006	1.27	0.84	0.83	0.84	1.45	0.92	0.72	1.04
2005	1.27	0.84	0.84	0.83	1.45	0.91	0.73	1.04

数据来源：根据《中国统计年鉴（2006—2012 年）》的相关数据计算。

四 旨在促进区域差距收敛的区域政策收效甚微

从世界范围来看，许多国家内部都不同程度地存在区域发展差距（Hirschman，1958），运用区域政策手段缩小区域发展差距是经济学家和各国政府所关注的一个重要问题（Friedman，1966；Armstrong 和 Taylor，1985），林毅夫等（1998）认为应当通过区域政策来改变区域在利用市场和发展机会上的差异以抑制区域差距；武剑（2002）认为区域政策对国内投资的区域差距，特别是对投资效率差距有显著影响，需要对区域政策进行及时的调整来改变区域间投资额及投资效率的差距；刘乃全和贾彦利（2005）认为我国区域政策制定需要全面系统的考虑，应当更加市场化和地方化。在政策实施层面上，自 20 世纪 90 年代中期以来，为了抑制日益扩大的区域差距，中央政府提出了一系列旨在缩小区域差距、促进区域协调发展的政策，如西部大开发（1999）、振兴东北老工业基地（2003）、中部崛起（2005）、成渝全国城乡统筹综合配套改革试验区（2007）、武汉和长株潭城市群全国资源节约型和环境友好型社会建设综合配套改革试验区（2007）等区域政策。但是这些区域政策并未使我国的区域差距呈显著的收敛倾向，张可云（2005）认为由于在中国没有分工合理、职能明确的区域管理机构，不存在可供区域政策利用的标准区域与问题区域划分框架，区域政策工具残缺不全以及缺乏有效的监督与评估机制等因素的影响使中国目前还没有真正意义上的区域政策，从而其政策效应也大打折扣。

长期以来很多学者在传统的新古典经济理论框架下研究基础设施与经济增长之间的关系，而对基础设施与区域差距间逻辑关系的研究较少，对于基础设施通过何种机制影响区域差距，理论上的探索更是不足。本书认为，在规模收益不变和完全竞争为基本假设的新古典经济理论框架中虽然可以得到实现生产要素最优配置的一般均衡，然而遗憾的是，该分析框架没有包含空间因素。而现实世界恰恰是块状与非均质的，所以在新古典理论框架下对基础设施与区域差距关系的研究往往难以得到令人信服的解释，而且往往令决策者束手无策，从而影响了区域政策的可行性与有效性。新经济地理学认为现实世界是存在规模收益递增和垄断竞争的块状世界，各种经济要素受空间作用力影响而不断地在空间流动，从而形成了经济活动的不同空间分布格局。本研究是在新经济地理学的框架下探索基础设施与区域差距间的逻辑机理，并尝试从差异化税收与补贴等区域财政政策视角为区域差距收敛提供可行的政策建议。

第二节　研究意义、研究方法与相关概念界定

一　研究意义

（一）现实意义

1. 直接面对我国现实区域差距问题

区域差距，特别是东部与中、西部间的收入差距呈扩大态势是我国经济社会发展中面临的重要问题之一。加强对落后地区的基础设施建设能否改善日益扩大的区域差距？本研究认为在新古典理论下得到的关于基础设施与区域差距的逻辑关系在更为现实的块状经济中可能会发生变化，所以需要引入空间因素，运用新经济地理学理论重新解释区域基础设施对经济活动空间分异与地区收入差距的影响，从而为我国区域差距收敛提供新的解决思路。

2. 为区域政策提供建议

发展基础设施是落后地区吸引投资的重要手段之一，其实从最终效果来看，完善的基础设施无疑会降低企业的运行成本。同时我们也看到，在现实世界中，为了吸引投资，地方政府往往会出台一系列如减免税、无偿提供土地等优惠政策。那么在这些政策中，哪些政策更有利于提升落后地区的发展能力，并使区域差距收敛？而哪些政策又会走向相反？本研究认为需要重新审视旨在促进区域协调的区域政策在解决基础设施对促进区域差距收敛方面的政策绩效。

3. 用空间计量方法研究我国的现实问题

在实证方面，我们分别运用 1998—2011 年中国内地 31 个省区市的省

际面板数据和 216 个地级以上城市面板数据进行普通面板模型与空间面板模型（包括空间混合自回归模型、空间误差模型、空间 Dubin 模型等）分析，我们将发现当引入了不同的空间权重矩阵后，不同的基础设施对促进经济增长与促进区域差距收敛方面具有不同的政策效应。

（二）理论意义

本研究是在新经济地理学框架下讨论基础设施与区域差距间的逻辑关系，并尝试在异质性（包括企业异质性、消费者异质性、交易成本异质性等）、交通网络优化等视角下丰富对新经济地理学的研究；同时，也尝试运用空间计量经济学方法讨论我国基础设施的溢出效应与基础设施对区域差距收敛的影响。

1. 进一步完善新经济地理框架

如果将基础设施融入冰山交易成本，那么在新经济地理学框架下对基础设施的研究依然未能解决冰山交易成本内生化的问题。而且自 Melitz （2003）以来异质性成为新经济地理学研究的一个重要领域，但是对基础设施的研究，异质性是一个崭新的内容。所以本研究在新经济地理框架的内生化和异质性条件下，关于基础设施对经济增长与区域差距收敛的研究方面具有一定的理论创新性。

2. 将区域政策与基础设施相结合

政府转移支付与补贴政策是传统财政学协调区域关系的重要手段。但是我们已经谈到，目前为止，由中央政府主导的转移支付与区域补贴政策收效甚微。事实上，Dupont 和 Martin （2006）的研究表明，不同的区域补贴政策会产生完全不同的效果，有些补贴政策（如补贴企业）反而会扩大区域差距。那么具体到基础设施领域，协调基础设施与促进区域差距收敛又应当采取何种区域政策呢？本研究希冀能够为我国区域政策的实施在理论上提供可行的依据。

二 研究方法

（一）新经济地理学的规范数理模型分析法

本研究以新经济地理学的研究方法和理论框架为研究平台，以规范的数理推导方法探寻基础设施与区域经济增长、区域发展差距之间的内在逻辑机理。新经济地理学将空间因素引入一般均衡分析框架，研究资源与经济活动的空间配置与区位选择，在方法论上属于通过构建数理模型进行逻辑推理的规范研究范畴。

(二) 数值模拟法

新经济地理学的建模策略中有四个基本方法：D-S（Dixit-Stiglitz）模型、冰山成本、动态演化和计算机，Krugman 等人的新经济地理模型也大都运用到数值模拟法（Fujita et al.，1999），可以说数值模拟是新经济地理学研究动态演化与求解一般均衡解的重要方法之一。这主要是因为新经济地理模型的形式一般比较复杂，难以运用微积分等数理方法研究变量之间的演变关系或求得均衡的显性解，而通过数值模拟则可以较为直观地演示这种动态关系。然而我们需要注意的是，在数值模拟中需要引入一些外生参数，由于参数的不同取值会影响模拟结果，所以数值模拟只是对数理分析的补充。

(三) 实证分析的空间计量法

作为对理论模型的验证与补充，我们又采用空间计量的方法进行了计量分析。在具体方法上，通过不同的空间权重矩阵引入地区间的关联效应，通过空间混合自回归（SAR）模型、空间误差（SEM）模型和空间 Dubin 模型来讨论经济变量的空间效应。

三 相关概念界定

(一) 基础设施

经济学家很早就开始关注基础设施对经济发展的重要性，如 18 世纪亚当·斯密就讨论过交通基础设施对经济发展的作用；20 世纪 40 年代中后期 Rodan（1943）等发展经济学家引发了对基础设施研究的热潮，但是对基础设施的概念国内外学者们并未达成一致意见。如 Rodan（1943）认为基础设施应当是包括运输、电力、通信等所有基础工业的社会先行资本；Hirschman（1958）认为基础设施是社会间接成本，法律、秩序及教育、公共卫生、运输、通信、能源、水利等公共服务属于广义基础设施，而交通和水力发电等则属于狭义基础设施；World Bank（1994）将基础设施分为经济性基础设施与社会性基础设施，其中，公共事业（电力、供水、排污、废弃物处理等）、公共工程（大坝、道路等）、交通部门（铁路、机场等）属于经济性基础设施；科教文卫、环境保护等属于社会性基础设施。国内学者于光远（1992）认为基础设施是包括运输、通信、文教科研等为生产和流通等部门提供服务的各种部门和设施；高新才

（2002）认为基础设施应当包括运输、通信、文教科研等物质性基础设施和政治制度、法律等制度性基础设施。

总体而言，学者们对基础设施的界定基本围绕着广义与狭义两种界定方法展开。本书基于新经济地理学中有关交易成本的考虑，将基础设施界定为能够有利于促进经济增长、降低交易成本的所有服务设施，所以本研究中的基础设施为涵盖了交通、电力、金融、教育、制度等在内的广义基础设施。

（二）区域差距

现有文献中有区域差距和区域差异两种相近的概念，吴殿廷等（2003）、魏后凯（2011）认为区域差异指一个区域与另一个区域在自然、经济、社会、文化及体制环境等方面的差别与不同，在经济学中区域差异主要指区域经济差异；覃成林（1997）从福利水平的角度认为区域差异是一定时期内各区域之间人均意义上的经济发展总体水平非均等化现象；区域差距则是区域差异在数量上的表征（魏后凯，2011）。本研究是从经济视角讨论我国区域间的发展差距问题，而且在理论模型与实证研究中更侧重于区域间经济发展水平数量的比较，所以采用了区域差距的表述。

（三）区域政策

区域政策是一个由区域经济政策、区域社会政策、区域环境政策、区域政治政策、区域文化政策等组成的一个政策体系，本研究所讨论的主要是区域经济政策。Fridmann（1966）、Armstrong和Taylor（1985）分别研究了区域政策的决策者、政策目标和政策工具；国内学者张可云（2005）认为区域政策是指通过政府的集中安排，有目的地对某些类型的问题区域实行倾斜政策，以改变市场机制作用所形成的一些空间结果，促使区域经济发展与区域格局协调并保持区域分配合理。本研究即是依据上述学者的相关研究，界定区域政策是政府为了消除市场失灵对资源在空间配置的影响而采取的一系列政策措施。

第三节　研究的框架结构与章节安排

一　框架结构

本研究以新经济地理学为研究平台，具体框架结构如图1.4所示。

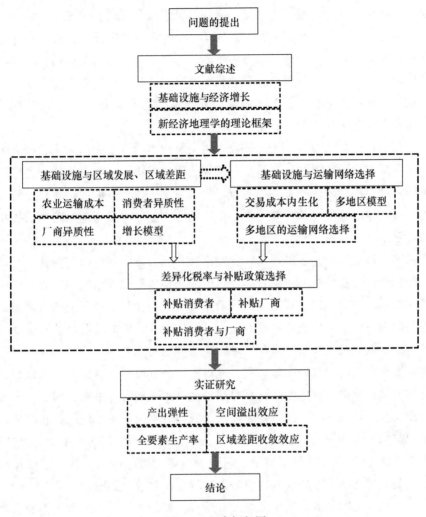

图 1.4 研究框架图

二 章节安排

第一章为绪论，主要在于提出本书的研究议题及研究意义，并对分析方法、创新与不足之处给予说明。

第二章为现有文献的理论综述，根据本书的研究议题和理论框架，分别从两方面进行梳理性述评。第一节主要对基础设施与区域经济增长、区域差距之间关系的相关研究成果进行述评；第二节主要讨论新经济地理学的理论演进、主要研究内容、模型的逻辑框架以及新经济地理学的新进展，并介绍了新经济地理学框架下有关基础设施研究的相关成果。

第三章在两地区 FC 模型框架下运用数理模型方法，通过假定条件的不断扩展来研究基础设施对区域经济发展、产业空间布局、居民福利水平与区域差距的影响。其中以差异化的商品替代弹性表达消费者异质性，以厂商生产率的差异表达企业异质性，以农业运输成本代表农业基础设施，以资本积累代表经济的动态增长。

第四章为第三章的扩展性研究，将交易成本由外生转向内生，研究了在交易成本内生化时多地区情形下不同的运输网络对区域经济增长、区域差距和居民福利的影响。其中重点讨论了三地区模型下的线性布局、等边三角形布局、等腰三角形布局等不同空间分布模式下交通运输网络的优化选择。

第五章从区域公平的视角，针对第三、第四章的各种模型条件下区域差距变化的潜在危机，讨论旨在促进区域协调的财政补贴政策的效果。在具体逻辑思路上，以在资本自由流动条件下追溯转移支付资金的来源和最终去向为主线，分别通过补贴企业、补贴劳动者，同时补贴企业和劳动者的模型，剖析区域补贴政策与区域差距收敛的关系。

第六章在前文数理模型研究的基础上，分别以我国省级面板和地级以上城市面板数据，运用空间计量方法检验基础设施对区域经济增长、区域差距收敛的影响。在具体研究方法上，我们分别构建了地理距离和经济距离的空间权重矩阵，并在空间混合自回归模型、空间误差模型、空间Dubin模型三种空间计量模型下，讨论了基础设施的产出弹性、基础设施对全要素生产率的影响、基础设施对区域差距收敛的影响。

第七章为本书的结论，并基于理论和实证研究结果给出可操作的政策建议。

第四节　创新点与不足

一　本研究的创新点

（一）在不同的异质性条件下讨论基础设施

现有的新经济地理学文献虽然不乏对异质性的研究或对基础设施与区域差距的研究，但尚未发现在异质性条件下讨论基础设施与区域差距逻辑关系的文献。本书在这一主题下进行开创性的研究，并在消费者异质性、企业异质性以及异质性基础设施条件下研究了基础设施与产业空间布局、经济增长和区域差距的关系。

（二）按地区间的产品交易规模将区际交易成本内生化

自 Krugman（1991）以来的大量新经济地理学文献并没有很好地解决冰山交易成本内生化问题，外生给定的交易损失也成为模型的解不稳定的重要原因；虽然 Mori 和 Nishikimi（2002）将运输规模与运输效率引入了一个三地区新经济地理模型，但他们在模型中假定了一个外生的中间品生产部门。本书尝试运用地区间的市场规模和产业份额建立了一个与产品运输量相关的冰山型交易成本，从而将区际交易成本内生化。

（三）从福利视角进行交通运输网络的优化选择

在不同的地理空间格局下，地区之间必然存在多样化的交通运输网络，以何种标准并如何选择最优的交通运输网络是经济学者、交通网络规划者、政策制定者等共同关注的议题。本书在这方面进行了有益的探索，并在多地区的地理空间格局下比较了不同的交通运输网络对全社会与各地区福利的影响，为从福利视角进行交通运输网络的优化选择提供了参考性建议。

（四）以追踪资金流向的方式研究补贴政策的效果

自 20 世纪 90 年代末以来，随着我国各项区域协调发展政策的实施，中央财政对中、西部地区的转移支付力度逐年增加，但东部与中、西部之间收入差距扩大的现状并没得到根本改变，从而引发了众多学者对转移支付是否在长期能够促进区域经济收敛的研究（Tsui，2005；乔宝云等，2006）。与其他学者从转移支付对地方政府的激励和约束机制、转移支付资金的挪用等研究视角不同，本研究着重从不同补贴政策下转移支付资金由东部地区流向西部地区后，是否会存在资金进一步再从西部地区回流至东部地区的考虑，以追踪转移支付资金最终流向的方式研究补贴政策的效果。

（五）尝试性地计算了不同类别基础设施的资本存量水平

在生产函数中利用资本存量指标研究资本产出弹性是一种规范的研究方法。现在文献中不乏对我国省级层面总资本存量的研究（单豪杰，2006）和交通基础设施资本存量的研究（张学良，2012），但进一步分离出教育基础设施资本存量的成果尚比较鲜见。本研究在单豪杰（2006）

的研究成果上，利用永续盘存法进一步估算了我国各省市区 1998—2011 年的总资本存量、交通邮电、教育等基础设施资本存量。

（六）运用多样化的空间计量手段研究基础设施

在实证计量方法上，本书分别构建了地理距离和经济距离的空间权重矩阵，并在 Cobb-Douglas 生产函数基础上构建了普通面板模型和空间混合自回归、空间误差模型、空间 Dubin 模型，在不同的计量模型中讨论了基础设施的产出弹性、基础设施对全要素生产率、基础设施对区域差距收敛的影响。

二　本研究的不足

（一）没有考虑多要素流动的新经济地理模型

本研究以传统 FC 模型为基准模型，所以理论模型部分假定资本可在区际间自由流动，而劳动力只能在部门间流动，不能在地区间流动。虽然这种假定在新经济地理模型中是普遍认可的，而且有利于模型的推导并获得较好的均衡解，但与现实之间的确存在较大的差距。虽然相对于劳动力而言，资本的流动性更强，但在现实世界中资本与劳动力均可在地区间流动，而且随着我国市场化程度的进一步深化和户籍制度改革的要求进一步提高，劳动力的区际流动性将进一步增强，所以对劳动力不可流动的假定就显得过于严格。由于在资本与劳动均可流动的情形下，理论模型将会变得更加复杂，也更难以求解，因此本研究未考虑劳动力等要素的流动。当然这将是本研究未来的努力方向之一。

（二）没有考虑基础设施的建设成本、资金来源、融资方式以及运行成本等问题

本书对基础设施的研究是基于传统 FC 模型展开的，研究的重点在于不同基础设施水平下经济活动的空间布局、区域收入差距、交通运输网络选择等问题。其实基础设施作为一种公共产品，不同地区、不同收入水平的消费者对基础设施的偏好也不尽相同，而且基础设施往往具有建设投资成本大、资本回收周期长、经济外部性等特征，于是基础设施的建设成本、资金来源、融资方式以及后期的运行维护成本、收益水平等均会影响基础设施的规模水平，从而将进一步影响经济活动的空间分布和区域差距。如何在新经济地理框架内更多地融入基础设施的这些现实特征并增强模型的解释能力，将是本研究未来的另一个努力方向之一。

（三）在城市样本研究中没有计算各城市不同类型基础设施的资本存量

在资本存量的估算方面，受数据可得性的约束，我们的研究不得不停止在省级层面。因为从现有的《中国城市统计年鉴》中只能得到各城市历年的固定资产投资总额和房地产开发投资额；在现有文献中既无法获得某一基期（如 1952 年）各城市的资本存量水平，也无从得到各城市不同基础设施（如交通邮电、教育等）的投资额。可能在各城市历年统计年鉴中能够获得这些数据，但一方面 287 个地级以上城市相关资料的搜集和整理将是一项异常艰巨的工作；另一方面统计口径、数据精度等因素也会影响数据的可靠性。基于这些考虑，我们在城市样本研究中只得放弃了对各城市不同基础设施资本存量的估算，当然这将是本研究今后努力的方向之一。

第 二 章
相关研究文献综述

第一节 基础设施与经济发展的文献综述

经济学家很早就开始关注基础设施对经济增长的重要性，17 世纪的重商主义者 Jean Colbert 就主张法国发展航运业和海军力量，亚当·斯密在《国富论》中认为"建设并维持某些公共事业及某些公共设施"是政府的职能之一；Keynes（1936）针对 20 世纪 30 年代的大危机提出了有效需求不足的理论，主张国家实施积极的财政政策以应对危机，并将加大基础设施投资、建设公共工程作为财政政策的重要手段。20 世纪 40 年代中期以来以 Rodan（1943）、Nurkse（1953）、Hirschman（1958）等为代表的发展经济学的兴起掀起了对基础设施的研究热潮。20 世纪 80 年代末期，Romer（1986）、Lucas（1988）、Barro（1990）等学者在理论上证明了基础设施对经济增长的正外部性，Aschauer（1989）则开启了对基础设施实证研究的关注。具体来看，经济学家们对基础设施的研究成果主要集中在讨论基础设施对经济增长的促进作用、基础设施对社会福利的改善、基础设施对区域差距的影响等方面；从分析手段来看，20 世纪 90 年代之前的研究成果中运用理论模型的较多，90 年代之后则采用计量方法进行实证研究的文献较多，特别是 21 世纪以来，空间计量分析方法的运用呈明显的增加趋向。

2015 年 8 月，我们以"基础设施"作为主题检索中国知网文献数据库中的 CSSCI 来源文献，到 2014 年为止共得到 9171 个检索结果。从文献数量来看，自 2000 年以来保持了持续增长的态势，2005 年以前基本在 350 篇/年以内；2006—2008 年在 400—700 篇/年；2009—2014 年则在 800—1000 篇/年；可见关于基础设施的研究热潮呈不断升温趋势。同时，我们以"基础设施"和"经济发展"作为主题检索中国知网文献数据库中的 CSSCI 来源文献，到 2014 年为止共得到 1486 个检索结果。从文献数量来看，自 2000 年以来也呈现不断增长态势，2000—2007 年间的研究文献在 100 篇/年以内；2008 年之后则超过百篇；特别是 2012 年达到了 150 篇。从被引次数来看，排名前 3 位的分别是《外国直接投资对中国工业部门外溢效应的进一步精确量化》（何洁，2000）被引次数达到了 1211 次，《中国为什么拥有了良好的基础设施？》（张军等，2007）被引 733 次，《城乡一体化研究的进展与动态》（景普秋等，2003）被引 320 次。

一 基础设施促进经济增长的理论研究

20 世纪 40 年代兴起的发展经济学对基础设施与经济增长的关系进行了大量研究，并认为基础设施具有社会先行资本的地位。如 Rodan（1943）的大推动理论认为基础设施是一种具有典型外部效应的公共产品，由于基础设施的资本形成需要一定的规模基础从而成为制约发展中国家发展的主要瓶颈，发展中国家只有通过一定规模的扶持投资才能发挥基础设施的外部效应，所以应当优先发展基础设施。Rostow（1959）提出了著名的发展五阶段论，其中起飞阶段是一国工业化或经济发展的开端，是最为重要的阶段；由于基础设施是社会变革、生产率提高、经济发展的前提条件，所以应当得到优先发展。与 Rodan（1943）和 Rostow（1959）的主张相反，Hirschman（1958）认为应当根据经济发展的需要发展基础设施，这是因为基础设施具有建设周期长、投资规模大、投资回报周期长等特点，大量的基础设施投资会挤占直接生产性活动，所以应当在保障直接生产性活动所需最少基础设施的前提下重点发展生产性活动，以快速推动经济增长，然后利用部分直接生产性活动的收益来投资基础设施建设。不过几乎所有发展经济学家，如 Rodan（1943）、Rostow（1959）、Hirschman（1958）、Nurkse（1953）等均认为基础设施投资主要应当由政府完成。总体来看，发展经济学家们一致认同基础设施对发展中国家经济增长的重要性，但对基础设施投资的优先顺序方面存在不同意见。

然而，发展经济学家所支持的基础设施为社会先行资本的理论在实践中并未取得预期效果，使得对基础设施的研究热潮在 20 世纪 60 年代之后逐渐消退。20 世纪 80 年代以来 Romer（1986）、Lucas（1988）、Barro（1990）等通过内生增长模型从理论上支持了基础设施存在对经济增长的正外部性。在目前的主体文献中，绝大多数的研究结果表明基础设施发展与经济增长是相伴而生的，基础设施既是区域发展的条件，也是区域发展的结果（金凤君，2004），基础设施投资会促进总产出增长，这种贡献主要是通过投资的直接效应，生产率与交易效率提升的间接效应，制度激励效应，福利改善效应等途径发生作用。

第一，基础设施投资能够直接形成投资、产生有效需求、直接或间接地创造就业机会。Keynes（1936）历史性将乘数理论运用于宏观经济研究，认为基础设施投资不仅能够直接增加总产出，而且能够通过乘数效应数倍地增加产出。Buurman 和 Rietveld（1999）认为从短期来看，基础设施投资能够创造就业、增加收入；从长期来看，基础设施不但在后期的运营与维护中可以创造就业、增加收入，而且可以降低交易成本、提高企业生产效率。

第二，基础设施具有很强的正外部溢出效应，可以提高企业生产率进而促进经济增长。基础设施的外部性主要表现在三个方面，一是基础设施可以提高生产效率，Duggal 等（1999）认为基础设施通过提高全要素生产率而影响经济长期增长。二是基础设施可以降低企业生产成本，Deme-triades 和 Mamuneas（2000）认为基础设施能够改善企业的决策环境和生产环境，进而降低生产成本、提高利润水平；而且良好的基础设施能够使企业更好地调整生产、规划生产投入、节省库存、降低生产成本。三是基础设施可以降低交易成本，杨小凯（2003）认为基础设施可以降低交易成本，从而可以促进分工、推动经济增长。李平等（2011）、娄洪（2004）认为基础设施通过需求拉动及资本积累在短期能够直接影响经济增长，而且还是具有外部性的准公共物品，能间接对经济增长产生长期影响。范前进等（2004）通过一个中间品多部门一般均衡模型的研究表明，基础设施投入增加会提高工资率、降低中间品价格，而且基础设施规模的大小会影响专业化分工程度和产品的生产规模以及国际贸易格局。刘生龙、胡鞍钢（2010）认为基础设施能够通过投资效应直接促进经济增长，更重要的是其具有规模效应和网络效应（World Bank，1994），而这种效应既可以提高生产率，又具有从发达地区向落后地区的溢出效应。

第三，制度激励影响基础设施的投资效应。一国的制度环境、政府治理水平、社会管理模式及地方分权竞争效率等均能够影响其基础设施水平，张军等（2007）认为我国基础设施建设的快速发展除了反映物质条件的改善外，更是我国的政府质量与治理水平的体现，可以说改革开放以来稳定的政治社会环境和不断提高的政府治理能力是基础设施快速发展的重要制度环境；王世磊、张军（2008）通过我国地方政府和中央政府间的层级政治激励模型发现对地方政府官员的激励机制能够促进基础设施投资。我国1994年开始的财政分权制度不但具有促进基础设施投资的正向效应（Treisman，2004），而且扩大了东、西部间的基础设施差距和经济差距，财政分权使发达地区有更多的资金用于基础设施建设，生产率水平不断提升，区域发展差距也逐渐扩大（张军等，2007）。然而，李琴等（2009）认为在中国农村地区存在农村基础设施供给与需求不匹配、投资资金有效利用率低、基础设施供给率低等问题，这是因为在"自上而下"的农村基础设施供给体制下，对基础设施供给的优先顺序不是完全从农户需求的角度来考虑，从而造成了一些急需的基础设施供给不足，而一些非急需的基础设施供给过剩的现象。

第四，基础设施改善能够提高社会福利和居民个人收入。道路基础设施的改善能使人力资本更容易流动到其回报率高的地方；通信基础设施的改善能减少个人与劳动力市场之间的信息不对称性，有助于个人有针对性地改善技能和进入合适的劳动力市场；卫生基础设施的改善能改善个人的卫生状况，提高个人健康水平，从而增加收入水平（刘国恩等，2004）。Brenneman和Kerf（2002）、Saghir（2005）等人的研究表明医疗、交通、通信、能源、教育等基础设施水平的提升能够有效降低婴儿、儿童和产妇死亡率、改善居民特别是儿童健康水平；能够加强区际联系、促进信息沟通、推进城乡一体化建设，从而有助于改善落后地区的教育和人力资本水平。

第五，交通网络与区域经济发展间的关系。金凤君等（2008）认为交通网络对区域发展具有引导、支撑和保障能力，其联系程度是反映区域发展条件优劣的重要指标。一定区域经过长期的建设与发展，会逐步形成较为完善的交通网络，作为区域经济社会发展的基本要素，交通网络对改善区域通达性和引导产业布局具有重要意义；然而其网络联系中往往存在薄弱环节，并呈现出空间非均衡性，这都会成为直接制约区域发展潜力的重要因素。金凤君等（2005）认为完善的交通网络是长江经济带发展的重要基础和先决条件，是促进区域经济联合、整体优势发挥和经济带协调发展的关键所在，研究其交通网络的现状、存在问题及原因、建设方向与保障措施对于促进长江经济带经济和社会的稳定、持续发展具有重要的理论和现实意义。曾刚（2014）通过对长江黄金水道的研究发现当前长江黄金水道交通网络存在运力开发不足、交通运输基础设施投资不足、各交通运输方式未能有效衔接等问题。

二 基础设施与区域发展差距的研究

目前学术界对基础设施与区域发展差距间关系的研究主要有以下几种意见，首先，基础设施投资有助于落后地区摆脱贫困。早期的发展经济学家 Rodan（1943）、Rostow（1959）认为基础设施是消除贫困、实现经济起飞的重要条件；林毅夫（2000）、Fan 等（2002）认为农村基础设施建设对于减贫和解决"三农"问题具有显著效果。

其次，基础设施条件的差异会使经济体形成空间聚类分布的俱乐部型收敛（即 β 型收敛）。20 世纪 90 年代中期以来一些学者认为在初始条件和结构特征等方面相似的一组区域的经济增长将收敛于相同的稳态的俱乐部趋同，（Fischer and Stirböck，2006；Quah，1996）。由于在我国东、西部地区间存在基础设施差距扩大的趋向，而基础设施的初始差距与存量差距是造成西部落后于东部的重要原因（吴玉鸣，2006；张军等，2007）。

再次，基础设施资本存量的差距是导致区域发展差距的重要原因。李伯溪、刘德顺（1995）对中国基础设施存量地区差异的研究表明，中国东部地区在邮电通信和交通运输等基础设施存量方面具有明显优势，而且东、西部地区间基础设施存量存在巨大差异；张光南等（2010）认为在中国基础设施的就业效应比较显著，只有东部省份基础设施的产出弹性显著为正，中、西部地区基础设施短期投资较充足但长期投资不足，东部地区存在一定程度的过度投资，东部地区基础设施的资本存量高于中、西部地区，基础设施存量的差距导致地区间发展潜力的差别。

最后，新经济地理学认为区际与发达地区基础设施条件的改善不利于落后地区的发展（Baldwin et al.，2003），由于区际与发达地区基础设施条件的改善，一方面，能够降低发达地区的出口成本，在本地市场效应作用下使产业进一步向发达地区集聚；另一方面，由产业集聚产生的价格指数效应会降低发达地区的生活成本、提高实际收入，从而扩大地区收入差距，所以相对而言发达地区对于改善基础设施更具主动性，而落后地区对于基础设施的改善具有被动性，因为如果落后地区的基础设施水平落后，则其与发达地区间的发展差距将更大，而落后地区改善区内基础设施也不会改变相对落后的现状。

三 基础设施的实证计量研究

Arrow 和 Kurz（1970）将公共资本存量作为一个生产要素引入生产函数开启了对于基础设施的实证计量研究，但真正引起对基础设施实证计量研究热潮的却是 Aschauer（1989）对美国的研究。在 Aschauer（1989）之后，Munnell（1990）、Tatom（1991）、Cazzavillan（1993）、Holtz-Eakin（1993）等学者从总投资中分离出基础设施投资，并单独估计基础设施资本对经济增长的影响。在计量模型的构建中，大多数研究采用了 Cobb-Douglas 生产函数，也有部分学者采用超越对数生产函数、CES 生产函数或成本函数、利润函数等构建计量模型（范九利等，2004），运用时间序列与面板数据进行研究。

（一）关于基础设施产出弹性与溢出效应的研究

Aschauer（1989）对美国 1945—1985 年时间序列和横截面数据的研究表明生产率的提高和政府基础设施的投资水平高度相关，并估算出基础设施投资对经济增长的产出弹性为 0.39，而且美国 1971—1985 年基础设施投资增速下降是导致全要素生产率下降的重要原因。Aschauer（1989）之后涌现了很多对基础设施产出弹性测度的研究，Munnell（1990）用美国 1948—1987 年数据对基础设施弹性的估算为 0.34—0.41，而且基础设施投资回报率为 60%。然而有学者怀疑 Aschauer（1989）、Munnell（1990）等人对基础设施产出弹性存在高估的可能，认为他们的计量结果只是在数据上提供了基础设施与总产出相关的关系，并不能反映两者的因果关系与真实产出弹性。Tatom（1991）认为 Aschauer（1989）的研究中由于忽略了数据的时间序列特性而导致对产出弹性的高估，当采用一阶差分重新回归后得出基础设施的产出弹性为 0.14。Cazzavillan（1993）对欧洲 12 个国家 1957—1987 年面板数据的研究表明基础设施投资对经济增长的产出弹性为 0.25。与上述研究不同的是 Holtz-Eakin（1994）、Garcia 等（1996）认为基础设施对经济增长不存在显著影响。

经济学家们还发现不同类型基础设施的产出弹性存在差异，Fay（1993）发现交通等核心基础设施投资比电力、通信等非核心基础设施的产出弹性大，相同基础设施在高收入地区的产出弹性比低收入地区更高。Holl（2004）对西班牙 1980—1994 年期间公路基础设施对企业布局的影响表明，企业愿意在靠近新调整公路的地点布局，Chandra 和 Thompson

（2000）的研究表明在城市化水平较高和高速公路所穿越的地区，新高速公路的投资有利于其经济增长，而农村地区高速公路投资未必会促进这些地区的增长。总体而言，国外经济学家普遍认为基础设施对经济增长具有正向效应，而且不同类型基础设施在不同地区具有不同的正产出弹性，虽然弹性没有 Aschauer（1989）估算的那么高。

20世纪80年代以来随着我国基础设施建设的快速发展，对于我国基础设施的经验研究也日益增加，客观而言，目前我国学者大多还是使用国外学者的相关研究方法来研究国内问题。李一花、骆永民（2009）利用中国1998—2005年省级面板数据的研究表明财政分权能够通过影响地方基础设施建设而间接促进经济增长，因为财政分权使地方政府能更有效地提供适宜地方经济增长的公共物品，一方面，能降低本地区的交易成本，为地方企业高速发展创造条件；另一方面，也是吸引其他地区人才流入的重要条件。刘生龙、胡鞍钢（2011）利用2008年中国交通部省际货物运输周转量普查数据的研究表明交通基础设施对中国区域贸易量促进作用主要体现在省际贸易的增加，也就是说交通基础设施的改善对区域经济一体化具有促进作用。张学良（2007）利用中国1993—2004年省级面板数据的研究表明，中国交通基础设施与经济增长呈东高西低并逐步递减的空间分布特征，交通基础设施对经济增长的弹性值为0.0563—0.2058。刘生龙、胡鞍钢（2010）运用中国1988—2007年省级面板数据证明了交通和信息等网络性基础设施对经济增长有着显著的溢出效应。周浩、郑筱婷（2012）研究了1994—2006年京广和京沪铁路提速对沿线城市经济增长的影响，表明铁路提速促进了沿线城市的经济增长，其对人均GDP的产出弹性约为0.037，而且存在铁路提速的边际效应递增现象，即铁路速度越高其对经济增长的促进作用越显著。李金滟、宋德勇（2008）在新经济地理框架下对中国城市面板数据的研究表明增加基础设施和教育投入能够促进城市集聚。

（二）空间计量经济学的研究

近年来基于探索性空间数据分析的空间经济计量方法被广泛应用于基础设施对经济增长的溢出效应、全要素生产率提升等研究领域。Perira and Roca-Sagales（2003）、Cohen and Morrison（2004）、Cohen（2007）等学者的研究表明高速公路、通信等基础设施能够在地区之间建立密切联系往来的通道，从而某一地区基础设施的发展不但可以生成投资的直接效应和提升生产率的间接效应提高本地产出水平，而且可以降低区际运输成本和交易费用，对相邻地区经济增长具有空间溢出效应。

胡鞍钢、刘生龙（2009）对中国1985—2006年省级空间面板数据的分析表明交通运输存在正的空间溢出效应，交通运输投资的直接贡献与外部溢出效应之和对经济增长的平均每年的贡献率为13.8%。张学良（2012）对1993—2009年中国省级交通基础设施与区域经济增长的面板数据研究表明，劳动力、公共部门资本存量、人力资本、产业集聚、市场规模等因素对区域经济增长的作用较大，交通基础设施对区域经济增长具有显著的空间溢出效应，其产出弹性约为0.05—0.07。魏下海（2010）认为中国基础设施和经济增长呈明显的高—高、低—低聚类分布的空间集聚特征；交通基础设施的发展主要通过缩短区际空间距离、降低运输成本和交易费用、促进区域间经济往来而促进经济增长。张志、周浩（2012）通过对不同空间权重矩阵下中国交通基础设施空间溢出效应的研究发现，中国交通基础设施在经济空间距离意义下的空间溢出效应大于地理距离意义下的溢出效应，而且对第二产业的空间溢出大于对第三产业的空间溢出，基于产业结构的空间溢出大于基于市场规模的空间溢出。刘秉镰等（2010）、张浩然、衣保中（2012）、张先锋等（2010）发现交通、通信、医疗水平等基础设施与人力资本对省级全要素生产率具有显著的促进作用。

第二节　新经济地理学的理论综述

新经济地理学是一门古老而崭新且具有强大开拓性与创新性的学科。19世纪Von Thunen（1826）的《孤立国》开创了人们对经济活动空间布局的研究，Isard（1956）和Henderson（1974）进一步丰富了区位和城市体系理论，这些区位和经济地理理论成为新经济地理学的直接思想来源之一。20世纪80年代，Krugman（1980）、Lancaster（1980）和Helpman（1987）等经济学家突破了新古典贸易理论在规模报酬不变假定下对产业内贸易、发达国家之间的水平分工与贸易量迅速增长等现象不能给出合理解释的窘境，在规模报酬递增和非完全竞争假定下以典型企业为研究对象，提出了新贸易理论。Krugman（1991）将冰山交易成本引入新贸易理论模型来解释经济活动的空间区位选择问题，开辟了现代意义上新经济地理学（New Economic Geography，NEG）的研究，其后《The SpatialEconomy：Cities，Regions，and International Trade》（Fujita，Krugman and Venbales，1999）、《An Introduction to Geographical Economics》（Brankman，Garretsen and Van Marrewijk，2001）与《Economic Geography and Public Policy》（Baldwin et al.，2003）三部巨作的面世以及 Paul R. Krugman 在 2008 年获得诺贝尔经济学奖等经济事件的出现意味着新经济地理学逐渐并加速地融入主流经济学。自 Krugman（1991）开创性工作以来的 20 余年间，新经济地理学在理论上通过规范严谨的数理模型研究要素流动、产业布局、城市兴衰、国际贸易与政策等问题，Melitz（2003）的工作将新经济地理学的研究领域开拓到了异质性空间，与此同时，随着计量统计技术的发展，在新经济地理学模型下的实证研究也取得了丰硕成果。可以说，到目前为止新经济地理学依然是一门具有旺盛生命力与开拓性的学科。

2015 年 8 月，我们以"新经济地理"作为主题检索中国知网文献数据库中的 CSSCI 来源文献，到 2014 年为止共得到 212 个检索结果。从文献数量来看，自 2000 年以来保持了持续增长的态势，2007 年以前基本在 10 篇/年以内，2008 年以后均超过 10 篇/年并开始快速增长，特别是 2012—2014 年分别是 37 篇、31 篇、31 篇；可见国内关于新经济地理研究热潮呈不断升温趋势。从被引次数来看，排在前三位的分别是《中国的地区工业集聚：经济地理、新经济地理与经济政策》（金煜等，2006）被引 771 次、《中国工业在区域上的重新定位和聚集》（文玫，2004）被引 479 次、《FDI、地区专业化与产业集聚》（冼国明、文东伟，2006）被引 201 次。

一　新经济地理学的理论渊源

（一）经济地理学

长期以来经济学家和地理学家分别从各自学科的视角推动着经济地理学的研究，从而有经济学意义下的经济地理学和地理学意义下的经济地理学两个完全不同的概念。经济学中的经济地理学侧重于从经济理论出发，以消费者效用与厂商利润最大化为微观基石，按经济学的（局部或一般）均衡分析方法研究经济活动的空间分布。地理学中的经济地理学则更侧重于以地理科学的研究方法或生产力最优分配的考虑，且多以描述性的手段研究经济地理。本书在此并无意评判两个经济地理的优劣，只是立足于经济学的背景，试图客观地对经济地理学的理论脉络进行综述性梳理，所以本书后续研究中提及的经济地理及新经济地理均是从经济学的角度考量的。

早期的区位理论与经济地理学是新经济地理学的一个重要理论来源。历史上首次系统阐述区位理论的当属 Von Thunen（1826）在《孤立国》中对农业产业空间配置的研究，他假定在以一个城市为中心的均质平原中，农业生产活动在产品销售收益减去差异化运费率的运输成本后获得地租，于是为了获得最大化的地租收入，农产品生产必然会形成有规律分布的空间圈层结构——Thunen 圈，Von Thunen（1826）设计了 6 个同心圆结构的 Thunen 圈。由于 Von Thunen（1826）抓住了地租收益最大化这个本质问题，其理论在不同规模层次上得到了实践应用，如 Jonasson（1925）对欧洲农业分区的研究，贺锡萍、王秀清（1991）对我国北京周边农业土地利用情况的研究等。虽然 Von Thunen（1826）没有考虑地理环境差异、产品市场价格变化、技术进步的影响，并且仅限于对农业土地利用的研究，使其理论设计与产业现实布局间存在一定差异，但他开拓了对区位理论研究的先河。

19 世纪后期以来，在钢铁、机器工业和交通运输业大发展的背景下，Weber（1909）创立了工业区位论。Weber（1909）以生产、流通与消费三大经济活动追求最小成本为目标探索工业生产活动的空间分布，他分别以原料和产成品综合运输费用最小、单位重量产品生产中的劳动力成本最小以及规模经营与企业空间集聚收益等指标来研究企业的空间区位选择；在实践方面，Morrison et al.（1968）发现墨西哥城北部钢铁工厂的区位与 Weber（1909）原料和产成品综合运输费用最小的区位理论相吻合。Losch（1940）通过引入企业区位选择，认为企业按销售收入与费用之差的最大利润原则进行区位选择，建立了空间正六边形结构的中心地区位理论。Palander（1935）将不完全竞争引入了企业区位选择，并提出了远距离运费误差理论，Hoover（1948）对 Weber（1909）运费计算方法进行了改进，并认为企业在区位选择时应尽量避免原料与产品多次中转的交通枢纽位置，Isard（1956）将前人的研究统一了起来，把区位问题看成厂商在运输成本与生产成本间权衡选择的结果。

Christaller（1933）建立了基于第三产业区位选择的城市聚落中心地理论，其在一个给定人口密度、需要结构、交易成本、技术水平等条件的均质平面上，分别依据市场原则、交通原则、行政原则等建立了具有层级等级体系的中心地系统，成为研究零售服务业区位分布的重要理论，并且在研究方法上首次将演绎法引入地理学（李小健，1999）。

在有关城市空间区位的研究中，Alonso（1964）引入了通勤者和中央商务区（CBD），构建了一个单一中心城市模型。Henderson（1974）提出了城市规模选择模型，他认为具有相互溢出效应的产业集中往往会产生外部经济，所以应当将相同或相近的产业向同一城市集聚，而城市规模又具有不经济性，于是当产业集聚到一定程度时，即产业集聚的外部经济与城市规模不经济相等时城市将达到其最佳规模。由于不同行业的产业集聚外部经济的差异很大，所以不同类型城市的最优规模存在差异，但是在最优规模下，所有个体在不同城市应当获得相同的效用满足。

总体而言，早期的经济地理学（区位论）更多地具有地理学的特征，而且这些经济地理学模型存在一个天然的严重缺陷，那就是虽然这类模型对农业、工业、服务业及城市土地的空间利用给出了各种解释，但是都简单地预设某种产业分布或城市商业区本身是预先存在的，它无法解释这种预先存在的空间结构是如何产生的，也就无法解释经济的空间集聚。这些理论虽然用来解释空间问题，但本身无法将空间因素内生化，从而使用于解释空间问题的模型本身是非空间的（Fujita et al. , 1999），加上早期的经济地理学研究大多建立在局部均衡的基础上（Krugman，1998），模型本身难以数理模型化。

（二）新贸易理论

由于建立在劳动生产率差异基础上的比较优势理论不能完全解释存在资源禀赋差异的国家间的贸易问题，Heckscher（1919）和 Ohlin（1933）分别提出和论证了要素禀赋（H—O）理论，并逐渐成为占据主流地位的新古典贸易理论。H—O 理论表明各国间的资源禀赋差异是产生贸易的唯一原因，于是像美国这种资本丰裕而劳动力相对稀缺的国家，其对外贸易结构应该是出口资本、技术密集型产品，进口劳动密集型产品，但是Leontief（1953）用美国 1947 年 200 个行业统计数据的研究却得出了与H—O理论完全相反的结论。

Krugman（1979）认为 H—O 理论以新古典的规模报酬不变与完全竞争为研究基点，它无法解释现实世界中存在的大量垄断竞争以及产业内贸易现象，并认为除了要素禀赋和技术差异外，规模经济也可以导致国际贸易，虽然 Ohlin（1933）、Balassa（1967）等已经意识到了规模经济在解释"二战"后国际贸易增长中的重要性，但是由于在完全竞争的市场结构中存在技术处理上的问题，使得在正式的贸易理论中几乎没有论及规模报酬递增。Chamberlin（1933）、Robinson（1933）开辟了垄断竞争市场结构的研究，但由于技术上无法将垄断竞争模型化，长期以来使得垄断竞争理论的现实应用受到了很大制约。经过 Lancaster（1975）、Spence（1976）、Dixit and Stiglitz（1977）以及 Lancaster（1980）等研究的推进，垄断竞争在模型处理上逐渐变得简化且易于操作。

Dixit and Stiglitz（1977）（以下简称 DS 框架）对垄断竞争的处理获得了最为广泛的应用。在 DS 框架下，从消费者需求来看，大多数文献采用了不变替代弹性的 CES 函数（Constant Elasticity Substitute），也有采用拟线性效用函数的，如 Ottaviano（2002）采用了拟线性二次效用函数、Pflüger（2004）采用了拟线性效用函数；由于消费者以追求效用最大化为目标，这些函数形式意味着消费者对商品种类具有多样性偏好，在商品数量上则是多多益善。从厂商供给来看，每种产品的生产函数由固定成本与可变成本组成，固定成本不仅决定了产品生产中的规模收益递增特征，而且决定了每个企业只会专注于生产一种产品，从而使企业具有一定的垄断性，厂商追求利润最大化。由于企业可以自由进出生产行业，均衡时企业利润为零，从而构造了一个垄断竞争的市场结构。

Krugman（1979）在 DS 框架下建立了一个规模报酬递增导致国际贸易的模型，认为对于两个技术与要素禀赋完全相同的国家，由于存在产品的差异性和非完全竞争的市场结构，于是通过国际贸易能够扩大生产规模、降低生产成本，可以获得贸易利得，从而成功地回答了产业内贸易的问题；但是该模型并没有回答贸易的具体形式，也就是说每个国家出口或进口某种商品是随机和不确定的。Krugman（1980）在 Krugman（1979）的基础上引入了 Samuelson（1952）的冰山交易成本，在 DS 框架下证明了对于两个完全对称的国家，由于存在消费者偏好的差异，在一个某种商品需求量大的国家集中生产该商品不但可以获得规模报酬递增的好处，而且可以最大程度地节省运输成本，从而提出了本地市场效应理论：一个国家应集中生产与出口其具有消费偏好的商品。然而 Krugman（1979，1980）只是说明了产业内贸易为何会存在，却没有说明新古典贸易理论与产业内贸易之间的关系。Krugman（1981）指出产业内贸易和新古典贸易理论是互补的关系，两者之间并没有冲突，并且贸易自由化改变了贸易模式。同一时期的 Lancaster（1980）、Helpman（1981）、Ethier（1982）、Brander 和 Krugman（1983）、Brander 和 Spencer（1985）以及 Helpman（1987）等同样对新贸易理论的形成和发展作出了重要的贡献。

总之，新贸易理论是在一个垄断竞争的市场结构下，研究厂商对规模经济的追求可以导致禀赋相同的国家间产生产品贸易；由于存在产品差异性和消费偏好多样化，则国家间差异越大，产业间贸易量就越大，国家间越相似，产业内贸易量就越大。

（三）新经济地理学的诞生

经济地理学描述了一种经济活动的空间分布结构，但是该理论即缺乏消费者与企业经济决策的微观基础，也不能运用严谨规范的方式说明这种空间分布结构是如何产生的；新贸易理论说明规模经济是导致国际贸易的一个重要因素，并且对日益巨大的产业内贸易给出了合理的解释，但却只关心产品流动，对要素流动、跨国公司的活动等经济现象却视而不见。Krugman（1991）在新贸易理论模型中引入了差异化部门与要素的跨地区流动，从而在理论上解释了经济活动的空间流动问题，开创了新经济地理学。Fujita 和 Mori（2005）指出新经济地理学代表空间经济学新的一支，其主要目的是运用一般均衡框架，在地理空间中解释多样化的经济集聚形式：经济活动的集聚或集群发生于很多的地理层面，且具有多种组成形式。

Krugman（1991）证明了经济活动的空间分布取决于可流动要素在集聚力与分散力的合力作用下的空间流动，如图 2.1 所示。由于在市场规模大的地区有更多的本地产品和较少地进口外地产品，从而可以享受价格水平较低的好处（生活成本效应或价格指数效应），于是技术工人会选择向市场规模较大的地区集聚，这种效应称为前向联系（Forward Linkage、Hirschman，1958）。同时，企业在市场规模大的地区生产可将更多的产品向本地销售而较少地出口产品，从而减少更多的交易成本支出、间接提高企业的利润水平，又会进一步推动企业向市场规模较大的地区迁移，这种效应称为后向联系（Backward Linkage、Hirschman，1958）。前向与后向联系相互作用将形成一种经济活动空间集聚的循环累积因果效应。与此同时，随着更多的企业集聚于市场规模较大的地区，企业间为抢占市场、取悦消费者而进行的竞争会逐渐加剧，从而会形成一种分散力——市场拥挤效应。经济活动空间分布的均衡状态将出现在集聚力与分散相等的时候。

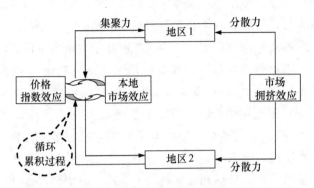

图2.1 经济活动的空间作用力图

二 新经济地理模型的主要特征与进展

Krugman（1991）以来在一大批经济学家的推动下新经济地理学得到快速发展，如 Martin 和 Rogers（1995）建立的自由资本模型（Footloose Capital Model），Forslid（1999）、Ottaviano（2001）、Forslid 和 Ottaviano（2003）建立的自由企业家模型（Footloose Entrepreneurs Model），Ottaviano（2002）、Pflüger（2004）引入了拟线性效用函数使新经济地理学模型更易于得到均衡解，Fujita、Krugman 和 Venables（1999）、Fujita 和 Mori（1997，2005）等将新经济地理学的研究推向了城市等级体系，Baldwin、Martin 和 Ottaviano（2001）、Fujita（2007）等在经济增长与知识创新领域建立了新经济地理学模型，Monfort 和 Nicolini（2000）、Paluzie（2001）等将新经济地理学的分析拓展到了多地区模型，Melitz（2003）将企业异质性引入了 DS 框架，更是开拓了新经济地理学关于异质性的研究。然而由于艰涩的数理模型和复杂的数值模拟图形使得新经济地理模型往往让人难以理解其思想精华，在此我们想对新经济地理模型的主要研究思维、模型特征和异质性条件下的新经济地理学进行必要的综述性梳理。

（一）新经济地理学模型的基本逻辑思维与方法

1. 一般均衡模型的分析框架

一般均衡分析（General Equilibrium Analysis）是新经济地理学区别于传统经济地理学的重要特征。Weber（1909）、Chrixtaller（1933）、Alonso（1964）、Henderson（1974）等传统经济地理学的研究属于局部均衡分析，而新经济地理学则继承了新贸易理论一般均衡分析方法。新经济地理模型通常的一般均衡分析框架为：消费者在给定的双层效用函数和预算约束下追求效用最大化，从而得到消费者对差异化产品的需求量和厂商在扣除冰山交易成本后的实际产品供给量；给定垄断竞争的市场结构，厂商在既定的生产技术和市场需求函数下，按利润最大化条件确定产品价格（一般采用边际成本加成定价法）；要素市场出清（包括可流动要素与不可流动要素）条件下得到短期均衡时可流动要素的收入（不可流动要素的收入一般为固定不变）；可流动要素根据不同地区的实际收入水平（考虑名义收入与价格水平的综合影响）决定其工作/消费的区位，并进一步影响到不同地区的需求、产品价格和要素收入，从而又影响到可流动要素的区位选择。总之，在新经济地理学的分析框架下，产品价格、要素价格、生产区位等均是内生决定的，各个变量必须满足整个经济范围的预算约束条件。

2. 数理模型与数值模拟相结合的分析方法

Fujita et al. （1999）指出新经济地理学的建模策略有 4 个基本方法：D – S 模型、冰山成本、动态演化和计算机。自 Krugman （1991）以来几乎所有的新经济地理学理论文献都是在 DS 框架下通过严谨的数理模型求经济活动空间分布的一般均衡解，显然最理想的情况就是能够通过数理模型得到均衡时的显性解。但是由于数理设定与模型形式的复杂性，使得在数理推导中往往只能得到许多变量间的隐函数关系，所以自 Krugman （1991）以来人们习惯于在一定的参数假定下，通过数值模拟求均衡解（安虎森等，2009）。

3. 规模经济与垄断竞争的经济环境

新古典经济学并不关心经济活动的区位选择问题，因为在完全竞争与规模收益不变假定下，所有的生产活动都可以由 "后院资本主义"（Backyard Capitalism）式的小作坊完成，显然这不能解释现实中大型企业普遍存在的现象。大部分传统经济地理理论认为存在规模经济，如Henderson （1974）的城市体系模型中企业在完全竞争的市场结构中按规模收益不变的技术进行生产活动，企业的外部经济来自企业地理集中导致产业规模扩大而带来的规模经济，对于单个企业而言，这种规模经济是外生的。新经济地理模型假定企业在不完全竞争的市场结构中按规模收益递增的技术从事生产活动，由于在同一行业内，差异化产品的种类很多且具有一定的替代性，从而只有当一种产品只由一家企业生产时才能获得最大的规模收益，而且企业的数量很多、规模很小，所以新经济地理学模型在多数情形下研究的是更适合于一般均衡模型的垄断竞争市场结构，该理论强调的是市场机制推动的经济活动集聚，因而经济集聚来源于金融外部性（Pecuniary Externality）。

4. 交易成本、要素与产业流动的空间分析视角

在传统经济地理学与新经济地理学中交易成本（运输成本）均是影响经济活动空间分布的核心变量，但在传统经济地理学中，区位（地理或经济）距离会影响运输成本，从而会影响经济活动的空间分布，如Weber（1909）的综合运输费用最小原则、Losch（1940）的最大利润原则等。在新经济地理学中将地区之间的（地理或经济）距离抽象为交易成本，并将交易成本与规模经济、要素流动相结合来研究经济活动的空间布局。总体来看，新经济地理学的空间思维主要体现在图2.1所示的空间作用力的相互作用方面。

（二）新经济地理学模型基本类型与特征

新经济地理学主要研究在市场机制下经济活动的空间分布，其中经济集聚是经济活动空间分布的一个最显著的特征，事实上众多的新经济地理学模型也就是针对不同的议题下，经济集聚是如何发生的、经济集聚发生后对社会福利的影响以及应当采取何种政策措施而展开讨论的。总的来看，按所研究议题，新经济地理模型主要可以分为以下5大类：

第一类模型主要关注产业的空间布局与集聚问题。新经济地理学与产业组织理论同样以规模报酬递增为理论基础，无论是厂商的区位竞争还是产品之间的竞争，在新经济地理学的研究中都有所体现。Krugman（1991）、Fujita et al.（1999）、Brakman et al.（2001）以及Baldwin et al.（2003）等模型均对产业集聚与空间分布做了很好的解释。除垄断竞争的市场结构外，Combes et al.（2008）尝试性地在新经济地理学的框架下加入了寡头垄断。这类模型以Krugman（1991）在两地区结构下提出的CP模型最为重要，它不但为新经济地理学理论提供了一个基础框架，而且说明了厂商层面的规模收益递增、贸易成本和要素流动三者的相互作用如何导致经济集聚的产生和变化。

第二类模型主要研究城市与区域体系问题。城市体系的研究中大都引入内生的聚集力与分散力的权衡市场势力（Market Power）研究城市的层

级体系，如 Abdel-Rahman 和 Fujita（1990）采用了与新经济地理学相类似的方法研究了城市经济学，从而城市聚集力的外部性更像是金融外部性（Pecuniary Externality）而非 Henderson（1974）等所说的技术外部性（Technical Externality）。Fujita 和 Krugman（1995）、Mori（1997）、Fujita 和 Mori（1997）、Tabuchi（1998）以及 Murata 和 Thisse（2005）等在新经济地理学框架下对城市规模、城市层级体系等进行了研究。在这类模型中，空间被假定为一条连续的直线，土地均匀地分布在该直线上，由于土地不能流动而成为一种分散力，城市的出现取决于产业的市场势力，因此市场潜能决定工业的区位，同时工业区位又反过来影响市场潜能。

第三类模型主要研究集聚与贸易问题。Krugman 开创了新贸易理论和新经济地理学两个孪生的分支学科，所以贸易自然成为新经济地理学研究的重要内容之一。Krugman 和 Venables（1995）的"垂直联系"（Vertical Linkage）模型是国际贸易领域的一篇重要文献，因为通过要素流动能够很好地解释产业集聚与城市体系问题，但是对现实中不同地区集中生产不同产业的现象难以给出合理解释，Krugman 和 Venables（1995）表明当国家间的运输成本低于一定临界值之后，世界将突然分裂为一个高工资的工业国家和一个低工资的农业国家，当运输成本继续下降，农业国家会重新发展起来，因为工业国家的生产成本由于要素需求的增多而提高，从而推动产业转移到农业国家。Puga 和 Venables（1997）首次对贸易自由化促进工业化发展的可能性进行了研究；Fujita et al.（1999）、Brakman et al.（2001）以及 Baldwin et al.（2003）等模型也重点研究了国际专业化、优惠贸易协定、多国自由贸易模型、自由贸易区等国际贸易问题。

第四类模型主要研究集聚与增长问题。Krugman（1991）开创的传统新经济地理学模型在本质上是静态的：一旦经济达到了均衡状态，经济中的各个变量将静止不变除非外生变量发生了改变，而在现实中，空间和时间都会影响经济发展。由于新经济地理学和新经济增长理论拥有相同的基础框架——收益递增和垄断竞争，于是 Waltz（1996）、Baldwin（1999）、Martin 和 Ottaviano（1999，2001）、Baldwin et al.（2003）以及 Yamamoto（2003）考察了经济增长与经济活动区位之间的相互影响。特别是 Baldwin et al.（2003）提出了几个易于数理分析的模型。

第五类模型主要研究财政政策与福利问题。近些年，新经济地理在福利问题和财政政策研究方面取得了较大的进展。基础设施建设降低区际贸易成本，改善企业的空间分布以及区际居民的福利水平（Martin 和 Rogers，1995；Martin 和 Ottaviano，1999）。转移支付在支持落后地区培育产业集群、培育区域新的增长极方面有积极的作用，但不同的税收来源和转移支付方式对当地经济有不同的影响。转移支付效果随着区际贸易成本的下降而增强（Dupont 和 Martin，2006），资本的区际转移、基础设施投资和对落后地区企业的补贴会产生不同的区位效应（Forslid，2005），且在存在技术溢出和突发性聚集的情况下对企业的转移支付和对直接收入的转移支付，以及对整个社会福利的影响同样存在很大的差异，这意味着不同方式的转移支付的效应是完全不同的。税收和转移支付存在一定的门槛效应（Baldwin et al.，2003），任何没有达到门槛效应的补贴都是缺乏效率的。

（三）新经济地理学的新领域——"新"新经济地理学

在 20 世纪 90 年代后期，一些国际贸易实证研究发现出口企业具有更高的生产效率。Bernard 和 Jensen（1999）的研究指出，出口企业有着相对较高的就业率、工资水平以及资本密集度，该研究提出了一个问题：是出口行为导致出口企业有着更好的表现，还是因为企业本身具有较高的效率而选择出口？Eaton et al.（2004）使用法国的数据发现高效率的企业倾向于出口，而不是相反。

显然传统的新经济地理学理论不能通过模型化对此作出很好的解释，特别是对企业、消费者、地域等的同质性假设在很大程度上限制了模型的解释能力。而且最初的新经济地理模型严重依赖于效用和生产函数、运输技术等特定函数形式，很明显只要能够变化函数形式和技术假设，在满足结果稳健的条件下就可以实现理论的突破。Melitz（2003）将企业异质性内生化，在垄断竞争框架下分析了这一问题，他将企业异质性加入 Hopenhayn（1992）的动态产业模型中，并指出由于企业进入国外市场需要支付一定的成本，因此只有那些最有生产效率的企业才会选择出口。Antràs 和 Helpman（2004）在一般均衡的框架中研究了异质性企业选择不同的组织机构以及供给中间品的区位，进一步拓展了 Antràs 在 2003 年提出的内生边际模型（Endogenous Boundary of The Firm）。Bernard et al.（2003）在他的理论研究中融入了 Ricardian 模型，研究中同样发现出口企业具有更高的生产效率以及具有更大规模的特征。另外，Helpman et al.（2004）对企业是选择出口还是 FDI 进行了研究，发现按照企业的生产效率排序，对外直接投资企业生产效率最高、出口企业次之、本地型企业生产效率较低，而最没有效率的企业将直接退出市场。Melitz 和 Ottaviano（2008）在拟线性效应函数下重新研究了企业异质性，得到了与 Melitz（2003）相同的结论，只是结果的解释力更强。

除了企业异质性的研究之外，Murata（2003）、Tabuchi 和 Thisse（2002）在 CP 模型中引入了工人/消费者对居住地的偏好异质性，研究表明这种异质性将推动产业分散。具体而言，当工人/消费者对其生活的地区存在异质性偏好时，他们对于地区间实际工资的反应将是不同的，这将导致经济中会存在部分集聚形式的均衡结构。这一模型告诉我们，如果要想充分理解经济活动的空间集聚，就必须既考虑市场因素又考虑非市场因素。Moria 和 Turrinib（2005）、Amitia 和 Pissaridesc（2005）研究了引入工人间技术水平的差异，在 Moria 和 Turrinib（2005）的模型中，产品既是水平差异的（如 DS 模型等垄断竞争模型所考察的）又是垂直差异的，生产高质量的产品需要高技术水平的工人。同时，企业要在本地区之外的地区销售产品既存在冰山运输成本又存在可加形式的交易成本（体现为固定的质量损失）。在这些假设下，模型表明在均衡中存在着工人技术的区际分异。具体来说，在所有稳定均衡状态下，高技术工人将选择总体技术水平和收入更高的地区，而低技术工人则选择总体技术水平和收入更低的地区。这背后的原因来自只有高技术工人可以承受其他高技术工人带来的竞争。

在大多数新经济地理学模型中，区位都是假设为同质的，也就是说区位的初始要素禀赋、技术、偏好、开放程度等都是相同的。所以在这些模型中，经济集聚完全由后天因素决定；同时，区位同质假设的另一个优点是分析方便。然而在现实世界中，有时候往往先天优势具有重要作用。Matsuyama 和 Takahashi（1998）考察了集聚经济与李嘉图技术比较优势之间的相互作用。在他们的两地区模型中，有两种同质品和一种差异化产品，其中每个地区具备生产一种同质品的技术优势，而差异化产品不可贸易，同时所有工人都是可以自由流动的。如 CP 模型中一样，差异化产品部门中的前后相联系将推动所有经济活动集中在一个地区，但付出的代价是该地区生产另一个地区具备比较优势的产品的成本将会更高。Matsuyama 和 Takahashi（1998）表明，在该模型中会存在一种"自我击败"（Self-Defeating）的集聚均衡，即当所有经济活动集中在一个地区时，工人的效用水平要比分散时更低。

为了研究的方便，大多数的新经济地理模型都不考虑农业运输成本。Fujita et al.（1999）在考察区域发展与城市体系时引入了农业产品贸易存在运输成本的情形，研究了制造业部门集聚与制造品运输成本之间的关系。研究发现，随着制造品运输成本的降低，制造业部门可能先出现核心—边缘结构，随后核心边缘结构被打破而重新返回到对称均衡结构，从而出现了"钟形曲线"。Picard 和 Zeng（2005）则假设不同地区生产的农产品也是不同的，农业部门生产两种不同的农产品，比如亚洲生产谷物，而欧洲生产土豆。研究结果表明，农产品存在运输成本以及制造业部门对劳动力的需求可能会导致城市化不足或者过度城市化。

在新经济地理学的主体模型中，都假设至少有一种要素不能在地区之间流动，如 Krugman（1991）、Baldwin 和 Forslid（2000）、Forslid 和 Ottaviano（2003）等。但是现实世界却是所有要素均具有一定的流动性，只不过不同要素可流动性的程度不同而已。正是在此背景下，Russek（2010）采用了异质迁移研究了非技能劳动力的流动对产业集聚的影响，并打开了多重要素同时流动的一般均衡分析的研究方向。

综上所述，我们看到关于企业、消费者、地域等要素异质性的研究成为目前新经济地理学研究的重要阵地，并正在脱胎于新经济地理学而成为"新"新经济地理学。但是我们也应当看到，除了对要素同质性约束加以改造之外，无论从研究的主要目标与方向上，还是在基本效用函数与生产函数的设定以及一般均衡分析方法上，两个新经济地理学均无本质区别，而且所谓的"新"新经济地理学目前也只是在发展阶段，所以，在本书后续的研究中，只是将"新"新经济地理学作为新经济地理学的一个发展阶段，并将两者统一归于新经济地理学的框架下。

三　新经济地理学视域下基础设施与区域差距收敛

（一）冰山交易成本是基础设施的载体

在新经济地理学的理论研究中，"冰山运输成本"（Iceberg Transport Cost）是不可或缺的重要变量。Samuelson（1954）最早将冰山运输成本模型化，并指出产品在贸易过程中会有一部分被"融化"掉，只有部分商品最终能够抵达运输地点，融化掉的部分成为产品的交易成本。而Samuelson（1954）的冰山贸易成本并没有将空间因素纳入经济学理论中去，因为在早期的研究中运输成本被假定为是外生的，并且取值固定不变。这种运输成本中没有考虑到真实的运输距离，更没有考虑到运输距离变化后运输成本可能并非是线性的事实。正是 Krugman（1991）将运输成本以距离的连续方程的形式引入新经济地理学模型中。由于运输成本随距离而增加，所以每个厂商供给一定半径范围内的消费者，该半径的长度取决于相对的运输成本水平和规模报酬递增强度；相应地那些位于该半径外的消费者由其他厂商供给。

Spulber（2007）认为冰山交易成本包括 4 个方面：交易成本（包括在商业活动中由于不同的风俗、商业实践以及政治和法律环境而产生的成本）、关税和非关税成本（比如不同的反污染标准、反倾销实践以及大量的制约贸易和投资的规则）、运输成本（由于相对于很多非贸易服务而言那些可贸易商品到达消费者手中时必要支付的成本）、时间成本（尽管有便利的网络，但依然需要在市场条件下搜寻商品、分配商品等方面的时间支出）。

新经济地理学视域下基础设施正是通过冰山交易成本来表达的，正如 Spulber（2007）所言，冰山交易成本是约束集聚的某些分散力的集合。正是基于这一点，本研究中所讨论的基础设施也是一种经济社会基础设施的综合体，既包括交通运输、邮电通信等物质性的基础设施，又包括教育科技水平、劳动医疗保障、社会投资、政治环境等制度方面的基础设施。总之，只要是能够引起冰山交易成本发生变化的各种经济与社会力量均可以归并到本研究所讨论的基础设施的范畴。

（二）基础设施与区域经济收敛的研究

新经济地理学视域下基础设施是通过冰山交易成本来表达的，而且随着对同质性假设的放松以及交易成本表达形式的细化而使基础设施的研究进一步细化。为便于分析，大多数的新经济地理学家在研究中采用 Krugman（1991）不同地区交易成本相等的假设，而 Martin 和 Rogers（1995）、Baldwin et al.（2003）等在自由资本模型（Footloose Capital Model）中讨论了交易成本非对称条件下的均衡解。Picard 和 Zeng（2005）进一步扩展了非对称交易成本的类型，在他的模型中分别引入了 6 个不同的交易成本。虽然新经济地理学中多数的研究建立了运输成本与距离之间的关系，但是研究中并没有深入分析冰山运输成本内生化的问题。Duranton 和 Storper（2008）将贸易成本内生化，研究发现在制造设备销售中低运输成本导致贸易对运输距离的敏感性先增后减。此外，Behrens et al.（2009）内生化了运输成本，重点分析了运输成本与产业区位以及消费福利相互之间的关系；Gruber 和 Marattin（2010）则在分析税收、基础设施与运输成本相互之间的关系时内生化了运输成本，两者的研究结论与以往的研究结论有着一定的差异。

在基础设施与区域差距收敛关系的研究方面，大多数的文献认为基础设施的完善会导致区域分异。Baldwin et al.（2003）在具有内生增长特征的局部溢出模型（LS）框架下研究了区域基础设施政策，他的研究表明旨在协调区际公平的区域政策，如为吸引更多的企业在落后地区投资而进行的基础设施建设并不能改变贫困地区落后的经济环境，反而可能会扩大区域差距。Spulber（2007）分析了自 1800 年以来欧洲的运输成本与经济发展空间分布的关系，他的研究表明自工业革命以来欧洲各国的运输成本得到了明显的下降，而经济发展最快的地区则是在以英国为核心的区域内，且随着距离当时欧洲的经济中心英国越远，经济增长越缓慢，于是Spulber（2007）认为建立新的和更有效的运输基础设施可能加剧空间不平等、导致更高的空间分异。Boarnet（1998）考察了 1968—1988 年美国加州所有县交通运输投资与经济发展的关系，发现基础设施建设对地区经济发展有重新调整和分配的功能，基础设施发展较完善的地区将比相邻地区具有更强的竞争优势，从而能吸引到更多经济资源和生产要素，最终对相邻地区经济增长产生负外部性，并认为基础设施水平影响劳动力流动及企业选址，因此，地区倾斜性基础设施建设是缩小区域间发展不平衡的重要政策性工具，是区域间经济增长和生产力趋同的重要决定因素。Cohen 和Paul（2004）发现某一地区基础设施的发展能在一定程度上降低相邻地区的运输成本和交易费用，对相邻地区的经济增长具有正的空间溢出效应。金祥荣等（2012）在 Martin 和 Rogers（1995）松脚型资本模型框架内考察一个两地区经济系统基础设施的影响，发现基础设施对经济增长有重要影响，同时基础设施水平的高低决定一个地区贸易成本的大小，各地区内以及地区间贸易成本的不同又决定了产业的空间分布，进而影响各地福利水平与社会总效率。

从对我国公共基础设施的现有研究来看，大部分文献主要运用实证方法验证公共基础设施，特别是交通基础设施对经济增长的促进作用，也有部分研究注意到了公共基础设施对区域差距的影响。总体来看，已有研究尚存在以下几方面的不足：（1）大多基于一定生产函数预设了公共基础设施与经济增长间的关系，而未能在理论上厘清公共基础设施与经济增长、区域差距收敛之间的逻辑机理和传导机制；（2）在实证研究上，比较重视公共基础设施对劳动生产率、经济增长的弹性系数，而对公共基础设施与区域差距关系的讨论较少，特别是一些研究认为公共基础设施有利于落后地区发展，在一定程度上默认公共基础设施具有区域差距收敛效应，这与现实经济存在一定出入；（3）现有研究往往只关注交通、教育等某一类公共基础设施，这不利于从整体上把控公共基础设施与经济增长、区域差距收敛间的关系。基于以上研究不足，本书将以中国 255 个地级以上城市为样本进行理论与实证研究，本书的主要创新在于：（1）在 NEG 框架下构建一个差异化交易成本的理论模型，运用严谨的数理公式推导公共基础设施对经济增长、区域差距收敛的影响机制，特别是探讨了区内公共基础设施对区域差距收敛的临界值；（2）将教育、医疗保障、交通运输、通信等公共基础设施按其空间分布特征划分为区内公共基础设施与区际公共基础设施，并运用熵权法求得每个样本城市每年的熵权值，从而能够在整体上掌握区内与区际公共基础设施对经济增长、区域差距收敛的影响效应；（3）在研究方法上，采用普通截面与空间计量相结合，利用城市中心经纬度计算球面空间距离的空间权重矩阵，并利用空间距离与经济距离构建了经济空间权重矩阵，从而使计量结论的精确度和稳健性更高；（4）在新经济地理学视域下对基础设施研究的文献还是相当有限的，而且主体文献基本没有考虑异质性条件下基础设施与区域差距间的逻辑关系，也没有考虑不同类型的交通运输网络对区域差距的影响，对于这些问题的思考自然成了本书奋斗的目标。

第 三 章
基础设施对区域发展、
区域差距的影响分析

　　基础设施是国民经济各项事业发展的基础，是经济发展的基本条件。基础设施发展状况如何，决定着一个国家和地区经济结构的优劣，决定其经济发展水平和速度。在现代社会中，经济越发展，对基础设施的要求越高；完善的基础设施对加速社会经济活动，促进其空间分布形态演变起着巨大的推动作用。改革开放以来我国的基础设施取得了巨大的发展成就，但与此同时我国的区域差距却呈扩大态势，投资巨大的基础设施建设似乎并没有在落后地区转化为持续发展的动力。

　　新经济地理学打破了传统的新古典经济学关于均质世界与规模收益不变、完全竞争的假定，认为世界是块状的，规模经济和垄断竞争是普遍存在的，从而在该理论下可以得到一些对现实世界更为合理的解释。本章将在新经济地理学的理论框架下通过一个假定条件不断扩展的两地区 FC 理论模型来研究基础设施对区域经济发展、产业空间布局、居民福利水平与区域差距的影响。本章的结构安排如下：第一节将构建一个含有多种交易成本的 FC 模型作为本章的基准模型；第二节通过差异化的商品替代弹性研究消费者异质性下基础设施的影响；第三节将在基础模型中引入农业运输成本，讨论农业基础设施的影响；第四节通过厂商生产率的差异引入企业异质性，并在不确定条件下研究基础设施的影响；第五节将研究由静态分析扩展到动态增长模型；第六节为本章的结论。

第一节　扩展的基准模型

　　本节主要结合 González、Lanaspa 和 Pueyo（2009），Martin 和 Rogers（1995），Baldwin et al.（2003）的相关研究成果，构建一个具有差异化交易成本和企业迁移成本的 FC 模型作为研究的基准模型。

一 基本假设

假设一个经济体由东部和西部两个地区构成，为了更有利于分析非对称性的现实世界，假定东部代表相对发达地区，西部代表相对落后地区；每个地区存在两个生产部门，即生产差异化工业品的工业部门 M 和生产同质性农产品的传统部门 A；生产中使用两种要素，即可流动要素资本 K和不可流动要素劳动力 L（如图 3.1 所示）。

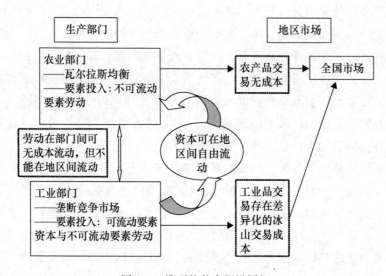

图 3.1　模型的基本假设图解

农业部门只使用劳动力一种投入要素生产无差异的农产品，农业生产具有瓦尔拉斯一般均衡特征，农产品市场是完全竞争市场且农产品在区际间流动无成本，为便于研究，以农产品为计价物（$P_A = 1$）。工业部门使用劳动力与资本两种要素生产差异化的工业品，且在 Dixit-Stiglitz 垄断竞争市场（Dixit et al.，1977）条件下进行生产，生产具有规模收益递增特征。

假定全社会的每个劳动者构成一个家庭，资本在所有的劳动者之间平均分配，即每个劳动者拥有相同份额的资本，于是两地区拥有的资本劳动比必然相等，即 $\dfrac{K}{L}=\dfrac{K^*}{L^*}$①，也就是说不存在 H—O 模型所设定的要素禀赋优势。假设全社会的劳动力总量为 L^W 且保持不变，劳动力可以在部门间自由流动，但不能跨地区流动；东部和西部地区拥有的劳动力分别为 L 和 L^*，从而有 $L^W = L + L^*$，为了研究的方便，令 $L^W = 1$；东部地区的劳动力份额为 $s_L = L/L^W = L$，西部地区的劳动力份额为 $s_L^* = L^*/L^W = L^*$，显然 $s_L + s_L^* = 1$；设东部和西部地区用于农业生产的劳动力分别为 l、l^*。假设资本可跨地区自由流动，但资本所有者不能流动，从而资本收益要回到资本所有者所在地。这里必须要区分的一对概念是地区资本禀赋份额与资本使用份额。假定全社会的资本总量为 K^W 且保持不变，东部拥有的资本禀赋为 K，西部拥有的资本禀赋为 K^*，从而有 $K^W = K + K^*$（并标准化 $K^W = 1$）；东部地区的资本禀赋份额为 $s_K = K/K^W$，西部地区的资本禀赋份额为 $s_K^* = K^*/K^W$，显然 $s_K + s_K^* = 1$。假设一个企业只使用一单位资本，则资本总量 K^W 与企业总数 n^W 相等，设东部地区使用的资本数量为 n，西部地区使用的资本数量为 n^*，则有 $n^W = n + n^* = K^W$，于是东部地区的资本使用份额为 $s_n = n/n^W$，西部的资本使用份额为 $s_n^* = n^*/n^W$，显然 $s_n + s_n^* = 1$。由于假定东部地区为发达地区，从而下述关系必然成立：$s_L = s_K > s_L^* = s_K^*$。

工业品交易遵循冰山交易技术，为了进一步详细讨论不同类型的基础设施对要素流动的影响，本研究分别从区内、区外、进口、出口等不同方面来讨论的交易成本（如图 3.2 所示）。首先，假设存在两种差异化的区内交易成本，$\tau_D > 1$ 为东部的区内交易成本，即东部企业向东部市场提供 1 单位工业品需要运输 τ_D 单位的工业品；$\tau_D^* > 1$ 为西部的区内交易成本，即西部企业向西部市场提供 1 单位工业品需要运输 τ_D^* 单位的工业品；显然 τ_D、τ_D^* 等区内交易成本分别表示区内基础设施水平对要素空间流动的影响。其次，由于在区际贸易中，基础设施水平也会影响到本地产品的区际出口和外地产品进口的便利程度，而且还存在连通区际的公路、铁路等两地区共用的基础设施，所以假设 $\tau_X > 1$、$\tau_X^* > 1$ 为区际出口交易成本，$\tau_M > 1$、$\tau_M^* > 1$ 为区际进口交易成本，$\tau_C > 1$ 为区际共享基础设施产生的

---

① 在本章的分析中，除特别说明外，以上标"﹡"表示西部地区。

交易成本，从而 $\tau_X\tau_C\tau_M^* > 1$ 为东部的区外交易成本，即东部企业向西部市场提供 1 单位工业品需要运输 $\tau_X\tau_C\tau_M^*$ 单位的工业品；$\tau_M\tau_C\tau_X^* > 1$ 为西部的区外交易成本，即西部企业向东部市场提供 1 单位工业品需要运输 $\tau_M\tau_C\tau_X^*$ 单位的工业品。一般而言，产品的区内交易成本一定小于区际交易成本，即 $\tau_D < \tau_X\tau_C\tau_M^*$，$\tau_D^* < \tau_M\tau_C\tau_X^*$。

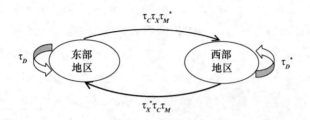

图 3.2　冰山交易成本

二　短期均衡

在短期，可以认为流动要素（资本）的空间分布 S_n 是给定的，在这种情况下来考察产品需求、价格、产量、企业收益等内生变量的决定。

（一）消费者均衡

在短期所有的消费者均只追求当期效用最大化。设消费者的一级效用函数为 C—D 型，则代表性消费者的效用选择为：

$$\begin{cases} \max \quad U = C_M^{\mu} C_A^{1-\mu} \\ s.\,t. \quad p_A C_A + P_M C_M = y \end{cases} \qquad (3.1)$$

其中，C_A 为农产品消费量；C_M 为一组工业品组合；$0 < \mu < 1$ 为消费者收入中对工业品的支出份额；$(1-\mu)$ 为对农产品的支出份额；p_A 为农产品价格；P_M 为工业品价格指数；y 表示消费者的收入。由目标函数的一阶条件和约束条件可得代表性消费者对工业品和农产品的支出分别为：

$$\begin{cases} C_M P_M = \mu y \\ C_A p_A = (1-\mu)\, y \end{cases} \qquad (3.2)$$

工业品消费的二级效用函数为 CES 函数: $C_M \left(\int_0^n c_i^{(\sigma-1)/\sigma} di \right)^{\sigma/(\sigma-1)}$, 其中, $\sigma > 1$ 表示任意两种工业品之间的替代弹性。在 CES 函数中, σ 越大表示工业品之间的替代弹性越大, 单个企业的市场垄断能力越弱; 而 σ 越小表示工业品之间的替代弹性越弱, 单个企业的市场垄断能力越强。对代表性消费者而言, 其对某种工业品的消费量取决于:

$$
\begin{cases}
\min \quad \int_0^n p_i c_i di \\
s.\,t. \quad C_M = \left(\int_0^n c_i^{(\sigma-1)/\sigma} di \right)^{\sigma/(\sigma-1)}
\end{cases}
\tag{3.3}
$$

对式 (3.3) 进行最优化处理, 并结合式 (3.2) 则可以得到代表性消费者对差异化工业品 j 的需求函数为:

$$
c_j = \frac{p_j^{-\sigma}}{P_M^{-\sigma}} C_M = \mu y P_M^{\sigma-1} p_j^{-\sigma}
\tag{3.4}
$$

其中, 工业品价格指数为 $P_M = \left(\int_0^n p_i^{(1-\sigma)} di \right)^{1/(1-\sigma)}$。

(二) 农业厂商均衡

在完全竞争的农产品市场中, 农业部门的规模收益不变, 设单位劳动力能够生产单位农产品, 所以农产品生产函数可以写成: $Y_A = l$。劳动力可以在部门间自由流动, 于是劳动力市场是完全竞争市场, 劳动力的工资为: $p_A = p_A^* = w_l = w_l^* = w = 1$。

(三) 工业厂商均衡

1. 价格决定

工业部门是规模收益递增的生产部门, 假设两地区采用相同的生产技术, 生产中厂商需要投入一单位资本作为固定成本, 每单位产出需要投入 a_M 单位的劳动力, 则厂商 j 的成本函数为: $TC = \pi + a_M w_l x_j$, 其中 π 为资本报酬。每个厂商都生产差异化的产品, 且是该产品领域的垄断企业, 在利润最大化原则下厂商根据边际成本加成定价法定价, 于是东部产品的出厂价格为 $p = a_M \sigma / (\sigma-1)$, 不失一般性, 设 $a_M = (\sigma-1)/\sigma$, 则

$p = 1$。由于存在区内冰山运输成本，则东部产品在东部市场的出售价格为 $\bar{p} = \tau_D$，受区际冰山运输成本的影响，东部产品在西部市场的出售价格为 $\bar{\bar{p}} = \tau_X \tau_C \tau_M^*$。同理可得，西部产品的出厂价格为 $p^* = 1$，西部产品在西部市场出售的价格为 $\bar{p}^* = \tau_D^*$，西部产品在东部市场的出售价格为 $\bar{\bar{p}}^* = \tau_M \tau_C \tau_X^*$。

根据工业品价格指数公式 $P_M = \left(\int_0^n p_i^{(1-\sigma)} di \right)^{1/(1-\sigma)}$，可得东部与西部地区的工业品价格指数为：

$$\begin{cases} (P_M)^{1-\sigma} = n^w \ (s_n \phi_D + s_n^* \phi_M \phi_C \phi_X^*) \ = n^w \Delta \\ (P_M^*)^{1-\sigma} = n^w \ (\phi_X \phi_C \phi_M^* s_n + s_n^* \phi_D^*) \ = n^w \Delta^* \end{cases} \quad (3.5)$$

其中，$\Delta = s_n \phi_D + s_n^* \phi_M \phi_C \phi_X^*$、$\Delta^* = \phi_X \phi_C \phi_M^* s_n + s_n^* \phi_D^*$、$\phi_D = (\tau_D)^{1-\sigma}$、$\phi_D^* = (\tau_D^*)^{(1-\sigma)}$、$\phi_M = (\tau_M)^{(1-\sigma)}$、$\phi_X = (\tau_X)^{(1-\sigma)}$、$\phi_C = (\tau_C)^{(1-\sigma)}$、$\phi_X^* = (\tau_X^*)^{(1-\sigma)}$、$\phi_M^* = (\tau_M^*)^{(1-\sigma)}$。

2. 产量决定

东部地区的资本收益与劳动收入构成地区总支出，即 $E = \pi K + w_L L$，于是由式（3.4）可得东部对本地区生产的某种工业品的需求量为 $c_1 = \mu E P_M^{\sigma-1} (\bar{p})^{-\sigma}$；东部对西部生产的某种工业品的总需求量为 $c_2 = \mu E P_M^{\sigma-1} (\bar{\bar{p}})^{-\sigma}$。同理可得西部的总支出为 $E^* = \pi^* K^* + w_L L^*$，西部对东部生产的某种工业品的需求量为 $c_1^* = \mu E^* (P_M^*)^{\sigma-1} (\bar{\bar{p}})^{-\sigma}$；西部对本地区生产的某种工业品的需求量为 $c_2^* = \mu E^* (P_M^*)^{\sigma-1} (\bar{p}^*)^{-\sigma}$。显然 $x = \tau_D c_1 + \tau_X \tau_C \tau_M^* c_1^*$、$x^* = \tau_D^* c_2^* + \tau_M \tau_C \tau_X^* c_2$ 分别为东部与西部代表性企业的产量，于是可得：

$$\begin{cases} x = \dfrac{\mu E^w}{n^w} \left(\dfrac{\phi_D s_E}{s_n \phi_D + (1-s_n) \phi_M \phi_C \phi_X^*} + \dfrac{\phi_X \phi_C \phi_M^* s_E^*}{s_n \phi_X \phi_C \phi_M^* + (1-s_n) \phi_D^*} \right) \\ x^* = \dfrac{\mu E^w}{n^w} \left(\dfrac{\phi_D^* s_E^*}{s_n \phi_X \phi_C \phi_M^* + (1-s_n) \phi_D^*} + \dfrac{\phi_M \phi_C \phi_X^* S_E}{s_n \phi_D + (1-s_n) \phi_M \phi_C \phi_X^*} \right) \end{cases} \quad (3.6)$$

3. 收益决定

在 D—S 框架下，工业企业面临垄断竞争的市场条件，超额利润为 0，即 $TR - TC = 0$，从而可得：$\pi = px - a_M x = x/\sigma$，从而可得两地区企业的营业利润为：

$$\begin{cases} \pi = \dfrac{bE^w}{n^w}\left(\dfrac{\phi_D s_E}{\Delta} + \dfrac{\phi_X \phi_C \phi_M^* s_E^*}{\Delta^*} \right) = \dfrac{bE^w}{n^w} B \\[3mm] \pi^* = \dfrac{bE^w}{n^w}\left(\dfrac{\phi_M \phi_C \phi_X^* s_E}{\Delta} + \dfrac{\phi_D^* S_E^*}{\Delta^*} \right) = b\dfrac{E^w}{n^w} B^* \end{cases} \quad (3.7)$$

其中，$b = \dfrac{\mu}{\sigma}$，$B = \dfrac{\phi_D s_E}{\Delta} + \dfrac{\phi_X \phi_C \phi_M^* s_E^*}{\Delta^*}$，$B^* = \dfrac{\phi_M \phi_C \phi_X^* s_E}{\Delta} + \dfrac{\phi_D^* s_E^*}{\Delta^*}$，$s_E = \dfrac{E}{E^w}$、$s_E^* = \dfrac{E^*}{E^w}$ 分别表示两地区的支出份额。

4. 市场份额

所有的资本收益和劳动者收入构成了总支出，于是全社会的总支出为：$E^w = 1/(1 - b)$，即全社会的总支出水平为一个常数（见附录 3 – A）。

假设总资本量很大、资本在所有劳动者之间平均分配，即每个劳动者拥有相同份额的资本量，而且资本是以股票、债券等可以无限分割的所有权证方式被全体劳动者持有，于是东西部地区各自拥有的资本在世界的分布同总分布相同，而且资本收益也将在所有劳动者之间平均分配。这意味着东部与西部资本所有者拥有的资本禀赋中有 s_n 部分使用在东部，$(1 - s_n)$ 部分使用在西部。由于单位资本的平均收益为 bE^w/K^w，于是东西部拥有的资本禀赋所获得的资本总收益分别为 KbE^w/K^w 和 $K^* bE^w/K^w$，东西部的名义支出为分别为：

$$\begin{cases} E = s_L + bE^w s_K = s_K / (1 - b) \\[2mm] E^* = s_L^* + bE^w s_K^* = (1 - s_K) / (1 - b) \end{cases} \quad (3.8)$$

显然，两地区的名义支出，也就是名义 GDP 为常数，这主要是由于要素禀赋既定不变，且资本收益返回资本所有者所在地，但这并不表明资本使用的空间分布对地区的经济发展水平没有影响。由于 FC 模型中不存在需求相关和成本相关的循环累积因果关系，但市场规模的差异会产生本地市场效应，这种效应将吸引更多的企业集中于市场规模较大的地区并进一步扩大本地市场规模；本地市场规模的扩大能够节省产品运输成本，在生产集聚地区有效地降低生活成本，产生显著的价格指数效应，从而改变地区间的实际 GDP 水平。所以在 FC 模型中的区域发展主要表现为实际 GDP 的差异，而非名义 GDP 的差异。从而两地区的支出份额为：

$$\begin{cases} s_E = s_L \ (1-b) \ +bs_K = s_K \\ s_E^* = s_L^* \ (1-b) \ +bs_K^* = 1 - s_K \end{cases} \tag{3.9}$$

这就是标准 FC 模型中的 EE 曲线，显然只要给定地区的资源禀赋，各地区的支出份额也将成为一个常数。

三　长期均衡

（一）长期均衡条件与产业空间分布

由于资本可以自由流动且资本收益返回资本所有者所在地，所以在中期，资本在收益驱动下将向能够带来最大名义收益的地区流动，并使资本收益在空间趋于均等化；而在长期由于资本的充分流动，使资本实现了在各地区的收益均等化，即存在如下长期均衡条件：

$$\begin{cases} \pi = \pi^* & 0 < s_n < 1 \\ \pi > \pi^* & s_n = 1 \\ \pi < \pi^* & s_n = 0 \end{cases} \tag{3.10}$$

在此有必要对短期、中期与长期的资本流动进行一定的说明。在短期由于资本的流动受到限制，所以资本的空间分布 s_n 保持不变；在中期资本将在地区间自由流动，主要表现为资本逐渐向收益高的地区流动而且资本的空间分布 s_n 将会发生显著变化；在长期资本可以充分自由流动，此时所有资本均实现了收益最大化，且在地区间实现了收益均等化，虽然此时资本流动的运动过程不会停止，但就单个地区而言，其流出的资本量与流入的资本量必然相等，从而资本的空间分布 s_n 将处于均衡状态，且保持不变。

由式（3.10）可知在长期均衡时 $\pi = \pi^*$，从而 $b\dfrac{E^w}{n^w}B = b\dfrac{E^w}{n^w}B^*$，则有：$B = B^*$，联袂解方程可得（见附录 3 - B）：

$$s_n = \frac{\phi_D^*}{\phi_D^* - \phi_X \phi_C \phi_M^*} s_E - \frac{\phi_M \phi_C \phi_X^*}{\phi_D - \phi_M \phi_C \phi_X^*}\,(1 - s_E) \qquad (3.11)$$

此为标准 FC 模型中的 nn 曲线。

联袂式（3.9）、式（3.11）可以得到长期均衡时东部地区的企业份额：

$$s_n = \frac{\phi_D^*}{\phi_D^* - \phi_X \phi_C \phi_M^*}\left[s_L\,(1 - b)\ + bs_K\right]\ -$$

$$\frac{\phi_M \phi_C \phi_X^*}{\phi_D - \phi_M \phi_C \phi_X^*}\left[1 - s_L\,(1 - b)\ - bs_K\right] \qquad (3.12)$$

由前面的分析可知在既定的资源禀赋下，两地区的名义 GDP 以及支出份额均为常数，产业的空间分布将通过影响地区价格指数而影响实际 GDP 水平。由于东部为发达地区，显然 s_n 越大，东部地区生产的差异化工业品越多，其价格指数越低，实际 GDP 水平也越高，所以 s_n 越大表明地区间的发展差距越大，反之也成立。

（二）基础设施对产业空间分布的影响

式（3.12）中含有 7 个反映交易成本以及基础设施水平的指标，其中 ϕ_D、ϕ_X、ϕ_M 三项指标与东部地区厂商的产品价格相关，ϕ_D^*、ϕ_X^*、ϕ_M^* 三项指标与西部地区厂商产品的价格相关，ϕ_C 为两地区间共同存在基础设施水平。为此，在式（3.12）中分别对 ϕ_D、ϕ_D^*、ϕ_M、ϕ_M^*、ϕ_X、ϕ_X^*、ϕ_C 等求一阶导数，则有：

$$\begin{cases} \dfrac{\partial s_n}{\partial \phi_D} = \dfrac{\phi_M \phi_C \phi_X^*}{(\phi_D - \phi_M \phi_C \phi_X^*)^2} [1 - s_L(1-b) - bs_K] > 0 \\\\ \dfrac{\partial s_n}{\partial \phi_X} = \dfrac{\phi_D^* \phi_C \phi_M^*}{(\phi_D^* - \phi_X \phi_C \phi_M^*)^2} [s_L(1-b) + bs_K] > 0 \\\\ \dfrac{\partial s_n}{\partial \phi_M^*} = \dfrac{\phi_D^* \phi_X \phi_C}{(\phi_D^* - \phi_X \phi_C \phi_M^*)^2} [s_L(1-b) + bs_K] > 0 \end{cases} \quad (3.13)$$

式（3.13）表明所有有利于降低东部地区产品销售价格（包括区内与区外销售价格）的基础设施的改善均具有使产业向东部地区集聚的趋向，也就是说东部地区区内基础设施、与出口相关的区际基础设施水平的提高将扩大区域差距。

$$\begin{cases} \dfrac{\partial s_n}{\partial \phi_D} = \dfrac{-\phi_X \phi_C \phi_M^*}{(\phi_D^* - \phi_X \phi_C \phi_M^*)^2} [s_L(1-b) + bs_K] < 0 \\\\ \dfrac{\partial s_n}{\partial \phi_X^*} = \dfrac{-\phi_M \phi_C \phi_D}{(\phi_D - \phi_M \phi_C \phi_X^*)^2} [1 - s_L(1-b) - bs_K] < 0 \\\\ \dfrac{\partial s_n}{\partial \phi_M} = \dfrac{-\phi_C \phi_X^* \phi_D}{(\phi_D - \phi_M \phi_C \phi_X^*)^2} [1 - s_L(1-b) - bs_K] < 0 \end{cases} \quad (3.14)$$

式（3.14）表明所有有利于降低西部地区产品销售价格（包括区内与区外销售价格）的基础设施的改善均具有使产业向西部地区转移的趋向，从而使两地区的发展趋于收敛。

$$\frac{\partial s_n}{\partial \phi_C} = \frac{\phi_X \phi_M^* \phi_D^*}{(\phi_D^* - \phi_X \phi_C \phi_M^*)^2} [s_L(1-b) + bs_K] -$$
$$\frac{\phi_M \phi_X^* \phi_D}{(\phi_D - \phi_M \phi_C \phi_X^*)^2} [1 - s_L(1-b) - bs_K]$$

为了进一步分析 ϕ_C 的影响，令 ϕ_D、ϕ_D^*、ϕ_M、ϕ_M^*、ϕ_X、ϕ_X^* 均为 1，则有

$$\frac{\partial s_n}{\partial \phi_C} = \frac{2\left[s_L(1-b)+bs_K\right]-1}{(1-\phi_C)^2} > 0 \qquad (3.15)$$

这表明在其他条件相同的情况下，两地区公用的基础设施的改善将有利于发达地区，不利于落后地区，并使区域发展差距趋于扩大。

为了进一步直观地分析各种基础设施的改善对长期均衡时产业空间布局的影响，我们进一步作出资本收益差的滚摆线图，如图 3.3、图 3.4 所示，其中纵轴为 $\pi - \pi^*$，横轴为 s_n。除特别说明外，在本书中各符号的意思如下：$\tau_D = taud$、$\tau_D^* = tauds$、$\tau_M = taum$、$\tau_M^* = taums$、$\tau_X = taux$、$\tau_X^* = tauxs$、$\tau_C = tauc$；除特别注明外，τ_D、τ_D^*、τ_M、τ_M^*、τ_X、τ_X^*、τ_C 均取 1.2，而其中某个变量的值取值在（1，1.6）之间，这就保证了在任何取值条件下 $\tau_D < \tau_X \tau_C \tau_M^*$、$\tau_D^* < \tau_M \tau_C \tau_X^*$ 均成立；设 $s_L = s_K = 0.7$，即东部地区为发达地区；参数取值为：$\mu = 0.5$、$\sigma = 4$。从图 3.3 中的（a）、（d）、（e）图可以看到当东部地区的区内基础设施改善、或东部实施更有利于出口的政策、或西部增加对东部的进口，即当 τ_D、τ_M^*、τ_X 减小时，东部的产业份额 s_n 将增加，即东西部地区间的发展差距将趋于扩大；从图 3.3 中的（b）、（c）、（f）图可以看到当西部的区内基础设施改善、或西部实施更有利于出口的政策、或东部增加对西部的进口，即当 τ_D^*、τ_M、τ_X^* 减小时，东部的产业份额将降低，即东西部地区间的发展差距将趋于缩小。

从图 3.4 可以看到当两地区共同拥有的基础设施改善，即 τ_C 降低时，东部地区的产业 s_n 将增加，即东西部地区间的发展差距将趋于扩大。

从滚摆线图中可以看到，经济中分散分布或在东部地区集聚是一种长期稳定均衡。一般来说，战斧图能够更为清楚地表达交易成本与长期稳定均衡之间的关系，如图 3.5 所示。从战斧图中可见，东部地区基础设施变化对经济活动空间均衡的影响程度最大，也就是说当东部地区的基础设施水平很低时，虽然东部拥有较多的资源禀赋，但如果东部的区内交易成本很高时，产业有可能集聚于西部地区，所以相对于落后地区而言，发达地区对改善区内基础设施的热情会更高。从图 3.5 中的（b）、（c）、（d）、（e）、（f）图可以看到 τ_D^*、τ_M、τ_M^*、τ_X、τ_X^* 等基础设施的改善会不同程度地影响产业的空间布局，但不会影响东部地区发达地区的地位。两地区共享的基础设施 τ_C 降低将使产业进一步向发达地区集聚。所以相对于落

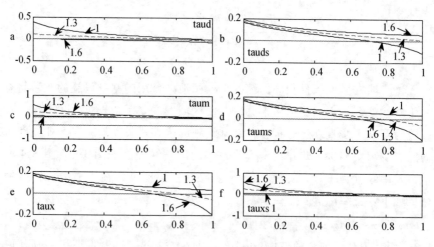

图 3.3　基础设施变化的滚摆线图

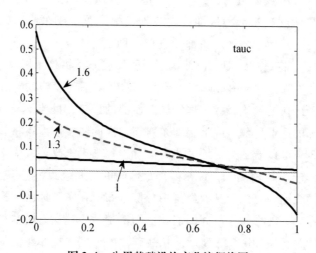

图 3.4　公用基础设施变化滚摆线图

后地区，发达地区对于基础设施的改善更具有主动性，因为不论是发达地区区内基础设施的改善、有利于进出口的基础设施的改善，还是两区共享基础设施的改善均具有使产业向发达地区集聚的趋向。而落后地区对于基础设施的改善具有被动性，因为如果落后地区的基础设施水平落后，则其与发达地区间的发展差距将更大，而落后地区改善区内基础设施也不会改变相对落后的现状。事实上落后地区要实现对发达地区的超越只能寄希望于发达地区基础设施条件的恶化，但这种可能性是相当小的。

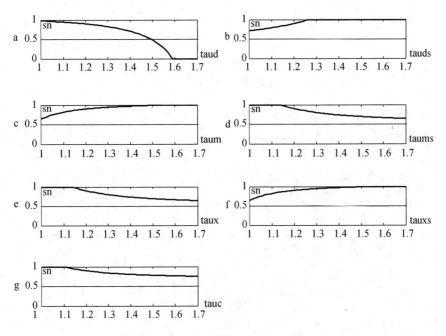

图 3.5　不同基础设施水平下的战斧图

命题 3.1：对任何地区来说，本地区区内基础设施、出口基础设施以及其他地区进口基础设施的改善、本地区进口阻力的增加均会扩大本地区的产业份额；而两地区共享基础设施的改善只能更加有利于规模较大地区市场份额的进一步扩大，而不利于落后地区的发展。

（三）聚集租金

在非对称的 FC 模型中，资本在空间是否能够形成完全集聚，而且这种完全集聚是否稳定以是否存在聚集租金为重要评判指标。在本研究中，由于东部地区为发达地区，所以由图 3.3、图 3.4 可以看到当外界条件既定时，在某种基础设施水平的一定变化范围内有可能在东部地区形成产业稳定的空间集聚。由 $(\pi - \pi^*)\mid_{s_n = 1} = 0$ 可以得到以下公式：

$$
\begin{cases}
\phi_D = \dfrac{\phi_X \phi_C \phi_M^* \phi_M \phi_C \phi_X^* s_E}{\phi_X \phi_C \phi_M^* - \phi_D^* \ (1 - s_E)} \\[4mm]
\phi_D^* = \dfrac{\phi_X \phi_C \phi_M^* \ (\phi_D - \phi_M \phi_C \phi_X^* s_E)}{\phi_D \ (1 - s_E)} \\[4mm]
\phi_X = \dfrac{\phi_D \phi_D^* \ (1 - s_E)}{\phi_D \phi_C \phi_M^* - \phi_C \phi_M^* \phi_M \phi_C \phi_X^* s_E} \\[4mm]
\phi_X^* = \dfrac{\phi_D \phi_X \phi_C \phi_M^* - \phi_D \phi_D^* \ (1 - s_E)}{\phi_X \phi_C \phi_M^* \phi_M \phi_C s_E} \\[4mm]
\phi_M = \dfrac{\phi_D \phi_X \phi_C \phi_M^* - \phi_D \phi_D^* \ (1 - s_E)}{\phi_X \phi_C \phi_M^* \phi_C \phi_X^* s_E} \\[4mm]
\phi_M^* = \dfrac{\phi_D \phi_D^* \ (1 - s_E)}{\phi_D \phi_X \phi_C - \phi_X \phi_C \phi_M \phi_C \phi_X^* s_E} \\[4mm]
\phi_C = \dfrac{\phi_D \phi_X \phi_M^* \pm \sqrt{(\phi_D \phi_X \phi_M^*)^2 - 4\phi_X \phi_M^* \phi_M \phi_X^* \phi_D \phi_D^* \ (1 - s_E) \ S_E}}{2\phi_X \phi_M^* \phi_M \phi_X^* s_E}
\end{cases}
\tag{3.16}
$$

为了进一步更为显著地表达聚集租金，以及临界点处交易成本的值，本书模拟出 $s_n = 1$ 时 $\pi - \pi^*$ 与各种不同基础设施水平间的关系，如图 3.6 所示，其中纵轴为 $\pi - \pi^*$。图中黑色实线表示 τ_D、τ_D^*、τ_M、τ_M^*、τ_X、τ_X^*、τ_C 中除发生变化的基础设施外其他变量均取 1.1 时的曲线，虚线表示其他变量均取 1.2 时的情形。从图 3.5（a）、（d）、（e）、（g）中可以看到，当 τ_D、τ_M^*、τ_X、τ_C 下降或 τ_D^*、τ_M、τ_X^* 增加时，东部地区的聚集租金将趋于增加，而且全社会总体基础设施的改善将有利于产业向东部地区集聚，东部地区的聚集租金也趋于增加。

命题 3.2：发达地区区内基础设施以及出口贸易条件的改善、落后地区区内基础设施以及出口贸易条件的恶化、两地区共用基础设施的改善均会扩大发达地区聚集租金的空间，进一步扩大区域差距。

（四）区域总收入的变化

从前文的分析可知在 FC 模型中，由于资本收益返回资本所有者所在地，所以两地区的名义 GDP 保持不变，而实际 GDP 受产业空间分布的影

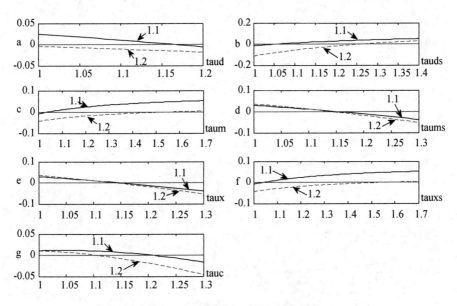

图 3.6 不同基础设施条件下的聚集租金

响而会发生变化。将长期均衡时 s_n 的式（3.12）代入 Δ 和 Δ^* 的表达式，则可以得到：

$$\begin{cases} \Delta = \dfrac{\phi_D \phi_D^* - \phi_M \phi_C \phi_X^* \phi_X \phi_C \phi_M^*}{\phi_D^* - \phi_X \phi_C \phi_M^*} s_K \\[4mm] \Delta^* = \dfrac{\phi_D^* \phi_D - \phi_M \phi_C \phi_X^* \phi_X \phi_C \phi_M^*}{\phi_D - \phi_M \phi_C \phi_X^*} (1 - s_K) \end{cases} \tag{3.17}$$

东西部地区的总价格指数分别为 $P = (P_M)^\mu (p_A)^{1-\mu} = \Delta^{-a}$、$P^* = (\Delta^*)^{-a}$，其中 $a = \dfrac{-\mu}{1-\sigma}$，从而可以得到两地区的实际 GDP 为：

$$\begin{cases} E_r = s_K \Delta^a / (1 - b) \\[3mm] E_r^* = (1 - s_K)(\Delta^*)^a / (1 - b) \end{cases} \tag{3.18}$$

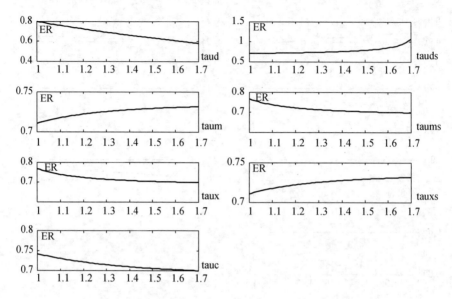

图 3.7　东部地区的实际 GDP 与交易成本间的关系图

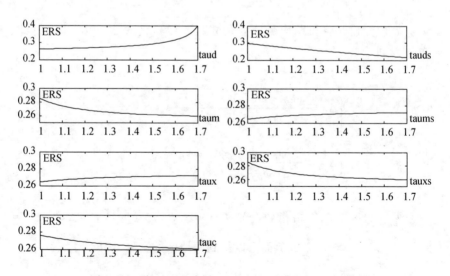

图 3.8　西部地区的实际 GDP 与交易成本间的关系图

　　式（3.18）分别对各种交易成本求导就可以得到实际 GDP 与不同交易成本间的变化关系（附录 3 - C）。同时为了更加形象地表达交易成本与实际 GDP 之间的变化关系，本书分别模拟了图 3.7 和图 3.8。从图中可以

看到 τ_D、τ_D^*、τ_M、τ_M^*、τ_X、τ_X^* 等基础设施的改善在地区间具有零和博弈的特征，即促使有利于东部基础设施改善的措施必然会使西部的利益受损，而使西部基础设施改善的措施又会使东部的利益受损。同时共享基础设施 τ_C 的改善只会对发达地区有利，而不利于落后地区。

四　差异化迁移成本的影响

前文的分析暗示着一个假设条件，即资本或企业是自由流动的，但现实世界中资本的流动显然是受一定限制的。根据 Baldwin et al. （2003）的研究，企业的迁移成本是普遍存在的，现实中既包括自然迁移成本，也包括人为迁移成本。自然迁移成本包括地区之间在语言、文化、气候等方面的差异，人为迁移成本包括政策、贸易保护、区域封锁等方面。为了简化分析，本研究借鉴 Baldwin et al. （2003）的研究成果，并且假定当企业从一个地区向其他地区迁移时需要按资本收益支付差异化的比例迁移成本，即厂商从西部地区向东部地区迁移的比例成本为 $1-\lambda$，而从东部地区向西部地区迁移的比例成本为 $1-\lambda^*$，其中 $0 \leqslant \lambda$，$\lambda^* \leqslant 1$。λ、λ^* 度量了企业迁移的难易程度，$\lambda=1$、$\lambda^*=1$ 表示不存在迁移成本，$\lambda=0$、$\lambda^*=0$ 表示迁移成本无穷大以至于资本不再流动。而且假定迁移成本是一次性支付的。

（一）长期均衡条件与产业空间分布

在上述假定条件下，经济的短期均衡不变，而长期均衡条件将变为：

$$\begin{cases} \lambda\pi = \pi^* & \pi > \pi^* \\ \pi = \lambda^*\pi^* & \pi < \pi^* \\ \lambda\pi > \pi^* & s_n = 1 \\ \pi < \lambda^*\pi^* & s_n = 0 \end{cases} \qquad (3.19)$$

显然当 $\pi^* < \pi < \pi^*/\lambda$ 以及 $\pi < \pi^* < \pi/\lambda^*$ 时，虽然资本在两地区存在收益差，但不会发生移动。

图 3.9 为具有迁移成本的滚摆线图，其中纵轴为 π/π^*，横轴为 s_n，1 之上直线的值为 $1/\lambda$，1 之下直线的值为 λ^*，参数取值为 $\lambda=0.7$、

$\lambda^* = 0.7$。图 3.9 中的三条曲线与图 3.3、图 3.4 相似，而不同之处在于，

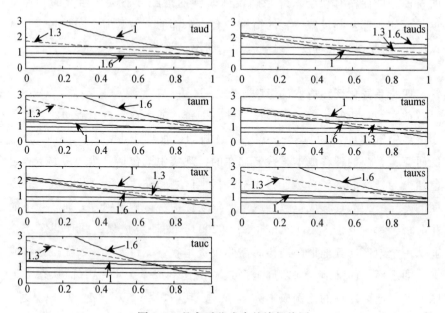

图 3.9　具有迁移成本的滚摆线图

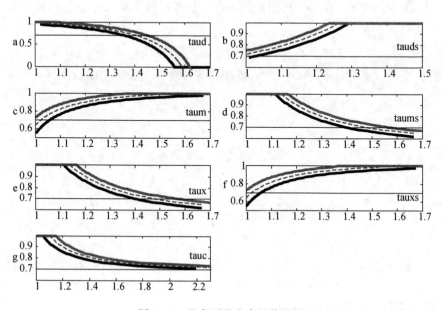

图 3.10　具有迁移成本的战斧图

在图 3.3、图 3.4 中长期均衡点是唯一的，即滚摆线与直线 π/π^* 相交点处，而在图 3.9 中则只要位于直线 $\pi/\pi^* = 1/\lambda$ 与 $\pi/\pi^* = \lambda^*$ 区间内的所有产业分布均为长期均衡状态。由此可见，当引入资本的迁移成本后，长期均衡不再是唯一的，而是一个区间。

图 3.10 为具有迁移成本的战斧图，其中黑色实线表示向东部的迁移成本 $1-\lambda$ 的影响，浅色实线表示向西部的迁移成本 $1-\lambda^*$ 的影响，参数取值为 $\lambda = 0.95$、$\lambda^* = 0.95$。从图中可以看到当引入迁移成本后的战斧图变成带状区域，只要位于两条实线内的任何区域均是长期均衡的区域。

（二）区域总收入的变化

从实际收入来看，比较图 3.11 与图 3.7 可以发现，两个图形中曲线的趋向并没有发生变化，只是在引入迁移成本后，交易成本与实际 GDP 之间的关系由单一的曲线关系演变为带状关系，而且当迁移成本越大时，该带状区域的宽度也越大。

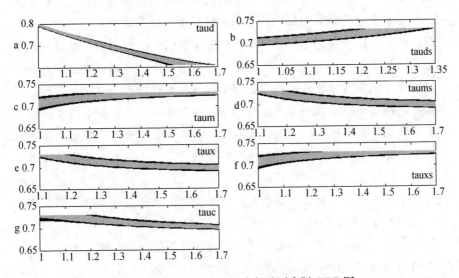

图 3.11　具有迁移成本的东部地区实际 GDP 图

事实上从图 3.9、图 3.10、图 3.11 可以看到迁移成本的引入相当于为产业在地区间的移动设定了某种屏障，特别是对于落后地区来说，在一定程度上可以弱化发达地区的集聚效应。但与此同时该屏障具有双刃剑的作用，由于该屏障的存在，使落后地区需要在基础设施方面进行更大程度的改善才能从发达地区吸引投资，这无疑为落后地区发挥后发优势以实现对发达地区的超越增加了更多的困难。

命题3.3：**迁移成本的存在降低了产业空间布局的敏感性，使得产业空间转移与基础设施间的关系由单一的曲线形状变为带状形状，并在发达地区与落后地区间建立了一个产业转移的缓冲区；该缓冲区的存在具有双刃剑的作用：一方面在防止产业向发达地区转移方面保护了落后地区；另一方面又为落后地区发挥后发优势设置了障碍。**

第二节　异质性消费者与基础设施

上一节的分析中暗含着消费者同质性的假设，但现实生活中消费者异质性是普遍存在的客观事实。消费者异质性的表现是多方面的，不同的阶层与消费群体具有不同的消费偏好，如 Lave 和 Bradley（1980）、Lave 和 Train（1979）、Michael（1973）等学者的研究表明教育水平与商品消费结构之间具有一定的相关关系，一般而言教育水平越高的消费者对奢侈品和旅游、娱乐、医疗保健等服务性商品的需求越大；而且消费者偏好的异质性往往与地域相关，如在我国东、中、西部等不同地区均具有不同的风土人情。由于消费者异质性的存在，使得传统同质性的研究结论往往与现实存在一定的差距，由此一部分先行的学者在新经济地理框架下研究消费者的异质性偏好对经济活动空间分布的影响，Murata（2003）的研究认为产生于市场对产品多样化调节的本地市场效应会导致集聚力，非市场作用的消费者偏好异质性是一种非移动的因素，并会产生一种分散力，这两种相反方向作用力以及交易成本的变化决定了经济活动的空间分布；其后 Murata（2007）研究了偏好异质性对企业生产规模的决定，并认为当偏好异质性很小时，每个企业选择大规模生产技术；当偏好异质性很大时，每个企业选择小规模生产技术。何立武（2011）基于 Forslid 和 Ottaviano（2003）的自由企业家模型研究了消费异质性和知识溢出背景下城市化和工业化对收入差距的影响，认为消费异质化的发展会加剧地区间和阶层间的收入差距。何雄浪和杨继瑞（2012），何雄浪等（2012）在消费者异质性视角下探讨了企业异质与产业空间分布的关系。

一　工业品替代弹性的异质性假设

事实上在有关消费者异质性的研究中，关于如何界定消费者异质性以及在数理模型中如何体现异质性关系，在众多的新经济地理学文献也不尽相同，如 Murata（2003，2007）中认为劳动者在确定其居住地时既考虑产品差异性也考虑偏好差异，单个个体的是一个由非市场力量决定的、服从双指数分布的随机变量 ζ_i^k，该随机变量的方差表示偏好差异化的程度，方差值越大则劳动者对居住地的差异化偏好越大；Amiti 和 Pissarides（2005）基于劳动力异质性分析了劳动力市场的匹配问题；Tabuchi 和 Thisse（2001）假定两地区分别具有高水平（H）与低水平（F）的便利设施（如气候、风景等自然条件和人口规模等社会条件），人们对不同便利设施的偏好会影响劳动力的空间流动；何立武（2011）通过在拟线性 C—D 效用函数中企业家与劳动者对工业品与农产品的不同支出份额来描述消费者异质性。何雄浪和杨继瑞（2012），何雄浪等（2012）通过不同地区间工业品代替弹性的差异来刻画消费异质性。

由于本研究的重点在于讨论引入消费者偏好异质性条件下基础设施对产业空间分布、区际发展差距等的影响，为了既便于分析问题又能够抓住问题的本源，本书借鉴了何雄浪等（2012）的研究成果，通过引入区域间差异化的工业品替代弹性来表达消费者异质性，也就是说在工业品的 CES 函数中假定东西部地区的工业品替代弹性分别为 $\sigma>1$、$\sigma^*>1$。由于在 CES 函数中，$\sigma>1$ 表示任意两种工业品之间的替代弹性，σ 越大表示工业品之间的替代弹性越大，单个企业的市场垄断能力越弱；σ 越小表示工业品之间的替代弹性越弱，单个企业的市场垄断能力越强。显然，当生产在某一地区集聚而使该地区成为相对发达地区时，该地区能够生产的产品种类越多，同时企业间的竞争越激烈，企业越易于采用先进的生产技术，产品间的替代能力越弱，于是企业的市场垄断能力越强，σ 也较小；而落后地区生产的产品种类较少，企业间的竞争较小，企业也会倾向于采用较为落后的生产技术，产品间的替代能力较强，于是企业的市场垄断能力较弱，σ 也较大。本研究假设东部地区为相对发达的地区，西部地区为相对落后的地区，且令 σ 为东部地区工业品间的替代弹性，σ^* 为西部地区工业品间的替代弹性，从而有 $1<\sigma\leqslant\sigma^*$。

二 短期均衡

(一) 消费者均衡

消费者的一级效应函数仍为式 (3.1) 所示的 C—D 型，只不过工业品消费的 CES 函数分别为：$C_M = \left(\int_0^n c_i^{\sigma-1/\sigma} di\right)^{\sigma/(\sigma-1)}$、$C_M^* = \left(\int_0^n (c_i^*)^{(\sigma^*-1)/\sigma^*} di\right)^{\frac{\sigma^*}{\sigma^*-1}}$。根据上一节的分析可知东部与西部地区代表性消费者对差异化工业品的需求函数为：

$$
\begin{cases}
c = \dfrac{p^{-\sigma}}{P_M^{-\sigma}} C_M = \mu w P_M^{\sigma-1} p^{-\sigma} \\[4mm]
c^* = \dfrac{(p^*)^{-\sigma^*}}{(P_M^*)^{-\sigma^*}} C_M = \mu w^* (P_M^*)^{\sigma^*-1} (p^*)^{-\sigma^*}
\end{cases}
\tag{3.20}
$$

(二) 厂商均衡

(1) 农产品价格

农产品为完全竞争市场，且有 $p_A = p_A^* = w_L = w_L^* = w = 1$。

(2) 工业品价格

对于东部地区依然设 $a_M = (\sigma-1)\sigma$，则产品的出厂价格为 $p=1$，东部产品在东部市场的出售价格为 $\bar{p} = \tau_D$，东部产品在西部市场的出售价格为 $\bar{p} = \tau_X \tau_C \tau_M^*$。对于西部地区设每单位产出需要投入 a_M^* 单位的劳动力，设 $a_M^* = (\sigma^*-1)/\sigma^*$，则产品的出厂价格为 $p^*=1$，西部产品在西部市场出售的价格为 $\bar{p}^* = \tau_D^*$，西部产品在东部市场的出售价格为 $\bar{\bar{p}}^* = \tau_M \tau_C \tau_X^*$。由于 $\dfrac{da_M}{d\sigma} = 1/\sigma > 0$ 且 $1 < \sigma \le \sigma^*$，从而 $a_M^* \ge a_M$，这表明东部地区企业的边际成本较小、生产效率较高。其实，我们已经发现消费者异质性的引入事实上也引入了企业异质性，而且在这里所讨论的企业异质性主要是基于地区的差别，也就是说在同一地区内所有企业的生产效率相同，而在不同地区之间存在效率差别。在下文的第四节中我们将讨论基于单个企业层面的异质性问题，即在初始条件下企业边际成本的分布函数在地区间是相同的，而在任一地区内企业的边际成本满足某种随机分布函数。可

以认为本节基于地区层面的企业异质性是对第四节基于企业层面异质性的一个有益的补充。

由产品的销售价格可得两地区的工业品价格指数为：

$$
\begin{cases}
(P_M)^{1-\sigma} = n^w\ (s_n\phi_D + s_n^*\ \phi_M\phi_C\phi_X^*)\ = n^w\Delta \\
(P_M^*)^{1-\sigma^*} = n^w\ (\phi_{X^*}\phi_{C^*}\phi_{M^*}s_n + s_n^*\ \phi_{D^*}^*)\ = n^w\Delta^*
\end{cases}
\tag{3.21}
$$

其中 $\Delta = s_n\phi_D + s_n^*\phi_M\phi_C\phi_X^*$ 、 $\Delta^* = \phi_{X^*}\phi_{C^*}\phi_{M^*}^*s_n + s_n^*\phi_{D^*}^*$ 、 $\phi_D = (\tau_D)^{(1-\sigma)}$ 、 $\phi_{D^*} = (\tau_D^*)^{(1-\sigma^*)}$ 、 $\phi_M = (\tau_M)^{1-\sigma}$ 、 $\phi_{M^*} = (\tau_M^*)^{(1-\sigma^*)}$ 、 $\phi_{X^*} = (\tau_X)^{(1-\sigma^*)}$ 、 $\phi_X^* = (\tau_X^*)^{(1-\sigma)}$ 、 $\phi_C = (\tau_C)^{1-\sigma}$ 、 $\phi_{C^*} = (\tau_C)^{1-\sigma^*}$ 。

（3）企业产量与收益决定

根据消费者异质性的需求函数式（3.20）可得两地区代表性企业的产量为：

$$
\begin{cases}
x = \dfrac{\mu E^w}{n^w}\left[\dfrac{\phi_D s_E}{s_n\phi_D + (1-s_n)\phi_M\phi_C\phi_X} + \dfrac{\phi_{X^*}\phi_{C^*}\phi_{M^*}^*s_E^*}{(1-s_n)\phi_{D^*}^* + \phi_{X^*}\phi_{C^*}\phi_{M^*}^*s_n}\right] \\
x^* = \dfrac{\mu E^w}{n^w}\left[\dfrac{\phi_{D^*}^*\ (1-s_E)}{s_n\phi_{X^*}\phi_{C^*}\phi_{M^*}^*} + \dfrac{\phi_M\phi_C\phi_X^* s_E}{s_n\phi_D + (1-s_n)\phi_M\phi_C\phi_X} + (1-s_n)\phi_{D^*}^*\right]
\end{cases}
\tag{3.22}
$$

将上式分别代入 $\pi = x/\sigma$ 和 $\pi = x^*/\sigma^*$ 可以得到两地区的资本收益为：

$$
\begin{cases}
\pi = \dfrac{\mu E^w}{\sigma n^w}\left[\dfrac{\phi_D s_E}{\Delta} + \dfrac{\phi_{X^*}\phi_{C^*}\phi_{M^*}^*s_E^*}{\Delta^*}\right] = \dfrac{bE^w}{n^w}B \\
\pi^* = \dfrac{\mu E^w}{\sigma^* n^w}\left[\dfrac{\phi_{D^*}^*\ (1-s_E)}{\Delta^*} + \dfrac{\phi_M\phi_C\phi_X^* s_E}{\Delta}\right] = b^*\dfrac{E^w}{n^w}B^*
\end{cases}
\tag{3.23}
$$

其中 $B = \dfrac{\phi_D s_E}{\Delta} + \dfrac{\phi_{X^*} \cdot \phi_C \cdot \phi_M^* \cdot s_E^*}{\Delta^*}$、 $B^* = \dfrac{\phi_{D^*} \cdot (1 - s_E)}{\Delta^*} + \dfrac{\phi_M \phi_C \phi_X^* s_E}{\Delta}$、 $b =$

$\dfrac{\mu}{\sigma}$、 $b^* = \dfrac{\mu}{\sigma^*}$。

（4）市场份额

劳动者工资总收入和两地区资本收益构成了全社会的总支出，即：

$E^w = w_L L^w + (s_n K \pi + s_n^* k^w \pi^*) = w_L L^w + E^w (s_n b B + s_n^* b^* B^*)$，整

理可得：$E^w = \dfrac{w_L L^w}{1 - (s_n b B + s_n^* b^* B^*)}$。

同理东部的总支出为：$E = L + K \dfrac{E^w}{K^w} [b s_n B + b^* (1 - s_n) B^*]$，该式

与总支出 E^w 相除，并将 $s_L = s_K$ 代入，可得东部的支出份额为 $s_E = s_K$（附

录 3 - D），这就是 EE 曲线。

三　长期均衡

（一）长期均衡的产业分布

长期均衡时，资本可在区际间自由流动，于是长期均衡条件仍为

式（3.10），由 $\pi = \pi^*$ 可得：$b \dfrac{E^w}{n^w} B = b^* \dfrac{E^w}{n^w} B^*$，则有：$bB = b^* B^*$，解方

程可得：

$$s_E = \frac{b^* \phi_{D^*}^* \Delta - b \phi_{X^*} \cdot \phi_C \cdot \phi_M^* \cdot \Delta}{b \phi_D \Delta^* + b^* \phi_{D^*}^* \Delta - b \phi_{X^*} \cdot \phi_C \cdot \phi_M^* \cdot \Delta - b^* \phi_M \phi_C \phi_X^* \Delta^*} \tag{3.24}$$

此为 nn 曲线。联袂 $s_E = s_K$ 和式（3.24）可以得到长期均衡时的产

业空间分布，如图 3.12 所示，图中 sigmas = σ^*，参数取值为 $\sigma = 3$。当

σ^* 由 3 向 6 取值时，均衡的产业空间分布 s_n 的值逐渐增加，也就是说

随着落后地区对工业品消费的替代弹性逐渐增加，企业越倾向于向发达

地区集聚，因为企业越来越不需要考虑落后地区的特定需求。

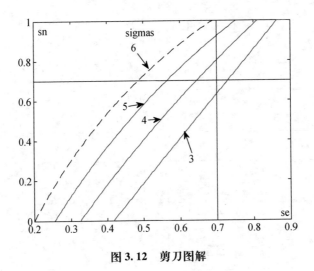

图 3.12　剪刀图解

　　为了进一步研究在不同的消费者偏好条件下基础设施对产业空间分布的影响，本研究分别做出了 σ^* 与 σ 变化时的战斧图解，如图 3.13、图 3.14所示。

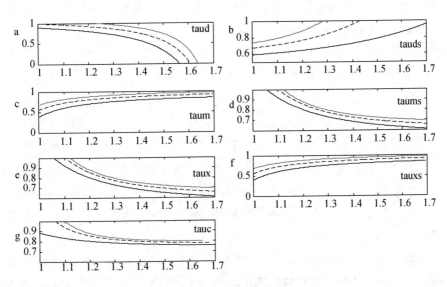

图 3.13　σ^* 变化的战斧图解

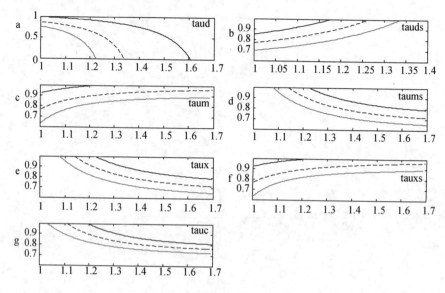

图 3.14 σ 变化的战斧图解

图 3.13 中，参数取值 σ =3，图中黑色实线、虚线、浅色实线分别表示 σ^* 取 4、5、6 时的长期均衡曲线；图 3.14 中，参数取值 σ^* =5，图中黑色实线、虚线、浅色实线分别表示 σ 取 3、4、5 时的长期均衡曲线，其他参数的取值与前文中的战斧图形相同。图 3.13、图 3.14 与图 3.5 所示的战斧图的基本形状相似，但从图中可以看到当 σ^* 的取值逐渐增加时均衡曲线向上移动，而当 σ 的取值逐渐增加时均衡曲线向下移动。这说明，当落后地区的消费者对工业品的替代弹性增加时，一定基础设施水平下产业分布的均衡值趋于增加，也就是说落后地区替代弹性的增加强化了发达地区基础设施改善的效应，而对落后地区不利；当发达地区的消费者对工业品的替代弹性增加时，一定基础设施水平下产业空间分布的均衡值趋于减小，也就是说发达地区替代弹性的增加对落后地区有利。由此我们可以得到如下命题。

命题 3.4：消费者对工业品替代弹性的增加将弱化基础设施改善的效应，发达地区工业品替代弹性的增加不利于产业进一步向发达地区集聚；落后地区工业品替代弹性的增加会促使产业进一步向发达地区集聚，扩大两地区的发展差距。

第三节 农业运输成本的基础设施

前文的分析一直基于一个基本假定，就是农产品在区内与区际交易是无成本的。自 Krugman（1991）以来的大量新经济地理学文献将农产品交易零成本设定为模型的重要基本假定，这并不是说农产品交易成本对经济影响的重要性不强，而是出于三个方面的考虑。一是由于自 18 世纪工业革命以来，人类社会逐步进入工业化社会，工业化的大发展极大地丰富了物质产品的产出，促进了国内、国际商品交易与要素的空间流动，并成为现代城市化大发展的重要推动力，所以对工业产业的竞争成为现代经济社会发展的主题词之一。二是现代科学技术的发展在一定程度上推动了农业生产技术的提升，提高了农产品产量，使人类在一定程度上摆脱了对土地与农业生产的依赖与束缚，也就是说相对于工业产业，农业产出占 GDP 的份额及社会地位有所下降。三是对农产品运输成本的简化不但可以方便数理模型的推理运算，而且不会对模型的基本结论产生本质性的影响，所以对农业运输成本的简化被大多数新经济地理学家所接受，如 Martin 和 Rogers（1995），Baldwin、Forslid 和 Martin et al.（2003），Forslid 和 Otta-viano（2003），Forslid 和 Okubo（2010）等人的著作中均简化了农业运输成本。但与此同时，一部分新经济地理学家也在农业运输成本方面做了大量工作，Fujita、Krugman 和 Venables（1999），Fujita、Krugman 和 Mori（1999）等学者在研究区际贸易与城市问题时引入了指数化的农业运输成本，正如 Fujita、Krugman 和 Venables（1999）所指出的那样，农业运输成本的加入对要素空间流动的基本结论并不会产生本质性的影响，但却丰富了分析内容，并使分析结果更具有一般性和普遍性。本研究的重点在于讨论基础设施对经济活动空间分布的影响，农业交易成本显然是不可忽视的一个因素，于是本节将重点讨论引入农业交易成本后的情形。

一 农产品交易成本假定

由于新经济地理学框架下模型的结构与形式相对比较复杂，对假定条件的放松虽然有助于使模型本身更趋于一般化，但是过于一般化的约束条件往往使模型的抽象能力下降，并且使模型结构变得烦冗，难以直观地得到变量之间的变化关系，所以在本研究的后续讨论中，除特别说明外，对模型基本假定的扩展仅是基于第一节基本假定基础上的延伸。

在本节我们引入农产品运输成本。由于现实中各地区的农业基础设施水平不同，差异化的农业基础设施水平首先会影响农业生产效率，其次会对农产品的区内与区际销售价格产生影响。为了简化分析，假设两地区农业部门的生产技术相同，即一单位农产品生产需要投入 a_A 单位的劳动力，并令 $a_A = 1$，也就是说两地区原始的农业生产效率是相同的。然后在图 3.2 的基础上进一步引入差异化的区内与区际农产品交易成本，如图 3.15 所示，农产品交易仍然遵循冰山交易技术，假定 $\tau_A > 1$ 为东部的农产品区内交易成本，即东部地区农业部门向本地市场提供 1 单位农产品需要运输 τ_A 单位的产品；$\tau_A^* > 1$ 为西部的农产品区内交易成本，即西部地区农业部门向本地市场提供 1 单位农产品需要运输 τ_A^* 单位的产品；$\tau_I > 1$ 为农产品的区际交易成本，即农业部门向对方市场提供 1 单位农产品需要运输 $\tau > 1$ 单位的农产品。由于产品的区内交易比区际交易更为便利，从而假定 $\tau_I > \tau_A$、$\tau_I > \tau_A^*$。

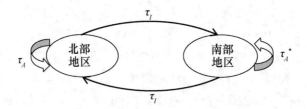

图 3.15　差异化的农业交易成本

在此需要进行一点必要的说明，虽然为了便于分析，本书假定两地区原始的农业生产效率是相同的，但是由于两地区存在差异化的农业基础设施，从而导致两地区事实上的农业生产效率是异质的，因为农业基础设施水平的不同将会使农产品运输中的消耗量不同，从而导致农产品在两地区的销售价格不同。从本质上看，对要素空间分布产生影响的根本因素是产品价格，差异化的基础设施水平与差异化的生产效率一样均会影响农产品价格，所以对农产品运输成本差异化的假定事实也是对农业生产效率差异化的假定。

二 短期均衡

(一) 消费者均衡

农产品运输成本的引入至少在形式上不影响消费者对差异化工业品需求函数的表达式: $c_j = \dfrac{p_j^{-\sigma}}{P_M^{-\sigma}} C_M = \mu w P_M^{\sigma-1} p_j^{-\sigma}$。

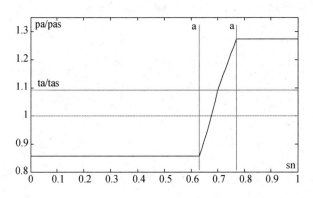

图 3.16 农产品相对价格曲线

(二) 农业厂商均衡

与前文的研究相似,依然假定农产品为完全竞争市场,生产技术满足规模报酬不变,由于农产品的原始生产技术相同,从而两地区农产品的出厂价格相等,为 $p_L = 1$,于是在一个封闭经济中两地区农产品在本地的销售价格分别为 $p_A = \tau_A$、$p_A^* = \tau_A^*$。然而在开放经济框架下情况将变得复杂得多,由于本研究假定两地区的劳动资本比相等,也就是说如果没有农产品区际贸易,则各地区农产品的产量正好等于本地的需求量,但是如果东部地区为发达地区,而且产业存在向东部地工集聚的趋势,于是工业生产向东部地区集聚而农业生产向西部地区集聚,此时东部地区需要从西部地区进口农产品,东部地区的农产品价格将会提高。由于存在区际运输成本,于是东部地区进口农产品的价格为 $\overline{p_A^*} = \tau_I > \tau_A$,而农产品为完全竞争市场,于是东部地区的农产品价格将上升为 $\overline{p_A^*} = \tau_I$。一般而言,当东部地区的农产品出现短缺时,首先表现为东部地区本地农产品价格逐渐上升,只有当其价格水平上升到 τ_I 时,进口贸易才会发生。为此,本研究借鉴 Fujita、Krugman 和 Venables (1999) 的研究方法,假设价格、工资

与 s_n 间呈线性变化关系，并进行更为合理化的改进，从而构造如图 3.16 所示的农产品相对价格曲线。其中 $pa = p_A$、$pas = p_A^*$、$ta = \tau_A$、$tas = \tau_A^*$，参数取值 $\tau_A = 1.2$、$\tau_A^* = 1.1$、$\tau_I = 1.4$，$a = s_K/10$。

由图 3.16 可以看到，当 $0 \leqslant s_n < s_k - a$ 时西部地区将向东部地区进口农产品，当 $s_K + a < s_n \leqslant 1$ 时东部地区将从西部地区进口农产品，在直线 $a - a$ 之间只有农产品相对价格的变化，而没有农产品区际贸易。于是可以得到农产品价格 p_A、p_A^* 与 s_n 间有如下函数关系：

$$\begin{cases} \begin{cases} p_A = \tau_A \\ p_A^* = \tau_I \end{cases} & 0 \leqslant s_n < s_k - a \\[2em] \begin{cases} p_A = \tau_A \\ p_A^* = \dfrac{\tau_I - \tau_A^*}{a}(s_K - s_n) + \tau_A^* \end{cases} & s_K - a \leqslant s_n < s_k \\[2em] \begin{cases} p_A = \dfrac{\tau_I - \tau_A}{a}(s_n - s_K) + \tau_A \\ p_A^* = \tau_A^* \end{cases} & s_K < s_n \leqslant s_K + a \\[2em] \begin{cases} p_A = \tau_1 \\ p_A^* = \tau_A^* \end{cases} & s_K + a < s_n \leqslant 1 \end{cases} \tag{3.25}$$

假定劳动力市场为完全竞争市场而且劳动力不能在地区间自由流动，所以在各地区内劳动力的工资必然相等，而地区间劳动力的工资不一定相等。由前文可知两地区农产品的出厂价格均为 $p_L = 1$，从而在封闭经济中劳动者的工资水平均为 $w_L = 1$。在开放经济中农产品出口地区劳动者的工资将保持不变，而在农产品进口地区，由于工业与农业部门对劳动力的竞争必然使工资水平上涨，工资水平上升的幅度等于进口农产品与本地农产品的价格差。于是根据图 3.16 和式（3.25）我们可以得到劳动者相对工资曲线如图 3.17 与式（3.26）。图 3.17 中 $w_a = w_L$、$was = w_L^*$，各参数的取值均不变。

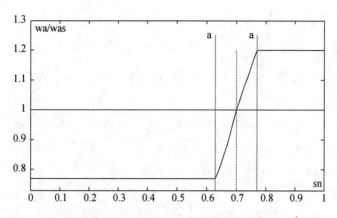

图 3.17　劳动力的相对工资曲线

$$
\begin{cases}
\begin{cases} w_L = 1 \\ w_L^* = 1 + \tau_I - \tau_A^* \end{cases} & 0 \leqslant s_n < s_K - a \\[2ex]
\begin{cases} w_L = 1 \\ w_L^* = \dfrac{\tau_I - \tau_A^*}{a}\ (s_K - s_n)\ + 1 \end{cases} & s_K - a \leqslant s_n < s_K \\[2ex]
\begin{cases} w_L = \dfrac{\tau_I - \tau_A}{a}\ (s_n - s_K)\ + 1 \\ w_L^* = 1 \end{cases} & s_K \leqslant s_n < s_K + a \\[2ex]
\begin{cases} w_L = 1 + \tau_I - \tau_A \\ w_L^* = 1 \end{cases} & s_K + a \leqslant s_n \leqslant 1
\end{cases}
\tag{3.26}
$$

（三）工业厂商均衡

首先，从工业品价格水平来看，由于劳动者的工资水平不再为 1 且保持不变，从而差异化工业品价格也将发生变化。根据边际成本加成法可知东部厂商的出厂价格为 $p = w_L$，东部产品在本地的出售价格为 $\overline{p} = w_L \tau_D$，东部产品在西部市场的出售价格为 $\overline{\overline{p}} = w_L \tau_X \tau_C \tau_M^*$。西部厂商的出厂价格为 $p^* = w_L^*$，西部产品在本地的出售价格为 $\overline{p}^* = w_L^* \tau_D^*$，西部产品在东部市场的出售价格为 $\overline{\overline{p}}^* = w_L^* \tau_M \tau_C \tau_X^*$。进一步可以得到两地区的工业品价格指数为：

$$\begin{cases} (P_M)^{1-\sigma} = n^w \ (s_n \varpi \phi_D + s_n^* \varpi^* \phi_M \phi_C \phi_X^*) \ = n^w \Delta \\ (P_M^*)^{1-\sigma} = n^w \ (s_n \varpi \phi_X \phi_C \phi_M^* + s_n^* \varpi^* \phi_D) \ = n^w \Delta^* \end{cases} \qquad (3.27)$$

其中，$\Delta = s_n \varpi \phi_D + s_n^* \varpi^* \phi_m \phi_c \phi_X^*$、$\Delta^* = s_n \varpi \phi_X \phi_C \phi_M^* + s_n^* \varpi^* \phi_D^*$、$\phi_D^*$ $(\tau_D^*)^{(1-\sigma)}$、$\phi_X = (\tau_X)^{(1-\sigma)}$、$\phi_M^* = (\tau_M^*)^{(1-\sigma)}$、$\phi_D = (\tau_D)^{(1-\sigma)}$、$\phi_M = (\tau_M)^{(1-\sigma)}$、$\phi_C = (\tau_C)^{(1-\sigma)}$、$\phi_X^* = (\tau_X^*)^{(1-\sigma)}$，$\varpi = (w_L)^{(1-\sigma)}$，$\varpi^* = (w_L^*)^{(1-\sigma)}$。

其次，根据消费者对差异化工业品的需求函数与总支出水平，可以得到两地区代表性企业的产量分别为：

$$\begin{cases} x = (w_L)^{(-\sigma)} \dfrac{\mu E^w}{n^w} \left(\dfrac{\phi_D s_E}{\Delta} + \dfrac{\phi_X \phi_C \phi_M^* s_E^*}{\Delta^*} \right) \\ x^* = (w_L^*)^{(-\sigma)} \dfrac{\mu E^w}{n^w} \left(\dfrac{\phi_M \phi_C \phi_X^* s_E}{\Delta} + \dfrac{\phi_D^* s_E^*}{\Delta^*} \right) \end{cases} \qquad (3.28)$$

再次，将式（3.28）代入 $\pi = px/\sigma$ 的收益表达式，则可以得到两地区代表性企业的利润水平分别为：

$$\begin{cases} \pi = b\varpi \dfrac{E^w}{n^w} \left(\dfrac{\phi_D s_E}{\Delta} + \dfrac{\phi_X \phi_C \phi_M^* s_E^*}{\Delta^*} \right) = b\varpi \dfrac{E^w}{n^w} B \\ \pi^* = b\varpi^* \dfrac{E^w}{n^w} \left(\dfrac{\phi_M \phi_C \phi_X^* s_E}{\Delta} + \dfrac{\phi_D^* s_E^*}{\Delta^*} \right) = b\varpi^* \dfrac{E^w}{n^w} B^* \end{cases} \qquad (3.29)$$

其中，$B = \dfrac{\phi_D s_E}{\Delta} + \dfrac{\phi_X \phi_C \phi_M^* s_E^*}{\Delta^*}$，$B^* = \dfrac{\phi_M \phi_C \phi_X^* s_E}{\Delta} + \dfrac{\phi_D^* s_E^*}{\Delta^*}$。

最后，从支出水平来看，由全部工资收入和资本收益可以得到全社会的总支出为（附录 3 - E）：$E^w = \dfrac{w_L L + w_L^* L^*}{1-b}$，在资本区际间自由流动条件下可得单位资本收益为 bE^w/K^w，东部地区的总支出为：$E = w_L s_L L^w +$

$s_n K \pi + s_n^* K n^* w_L L + bK \dfrac{E^w}{K^w}$，于是东部的支出份额为：

$$s_E = \frac{E}{E^w} = \frac{w_L L}{w_L L + w_L^* L^*} \ (1 - b) + b s_K \qquad (3.30)$$

此为 EE 曲线。显然当存在农业运输成本时，由于劳动者工资成为一个变量，从而总支出以及支出份额也将随着工资水平而变化。

三　长期均衡

考虑农业基础设施后，经济活动空间分布的长期均衡条件在形式上与式（3.9）相同，于是根据 $\pi = \pi^*$ 可得 $b \varpi \dfrac{E^w}{n^w} B = b \varpi^* \dfrac{E^w}{n^w} B^*$，从而有：$\varpi B = \varpi^* B^*$，解方程可以得到长期均衡时的 nn 曲线：

$$s_E = (\varpi^* \phi_D^* - \varpi \phi_X \phi_C \phi_M^*) \frac{(\varpi \phi_D - \varpi^* \phi_M \phi_C \phi_X^*) s_n + \varpi^* \phi_M \phi_C \phi_X^*}{\varpi \varpi^* (\phi_D^* \phi_D - \phi_M \phi_C \phi_X^* \phi_X \phi_C \phi_M^*)}$$
$$(3.31)$$

联袂 EE 曲线与 nn 曲线就可以得到长期均衡时产业的空间分布。由于引入农业基础设施后劳动者的工资水平成为分段函数，虽然在理论上可以由式（3.30）、式（3.31）求解均衡的经济活动空间分布，但是表达形式将会变得非常复杂，而且难以直观地看到变量间相互作用的变化关系，所以本研究试图通过更为直观的滚摆线来图解农业基础设施对长期均衡的影响。将资本在两地区的收益相减可得（附录 3－F）：

$$\pi - \pi^* = b \frac{E^w}{n^w} \left[\frac{\varpi \phi_D s_E - \varpi^* \phi_M \phi_C \phi_X^* s_E}{s_n \varpi \phi_D + s_n^* \varpi^* \phi_M \phi_C \phi_X^*} + \frac{\varpi \phi_X \phi_C \phi_M^* s_E^* - \varpi^* \phi_D^* s_E^*}{s_n \varpi \phi_X \phi_C \phi_M^* + s_n^* \varpi^* \phi_D^*} \right]$$
$$(3.32)$$

由此式可以画出图 3.18 所示的引入农业基础设施的滚摆线，其中 $taua = \tau_A$、$tauas = \tau_A^*$、$taui = \tau_I$，在图 3.18（a）、（b）、（c）图中除变化

量外参数的取值为 $\tau_A = 1.1$、$\tau_A^* = 1.1$、$\tau_I = 1.4$，在图（d）中 $\tau_I = 1.2$，其他参数的取值与前文的图形相同。图 3.18 中各图形有基本形状与图 3.4 等所示的滚摆线相似，为了更清楚地研究均衡结论，我们在此处只截取了与横轴相交处变化最为显著的部分线段进行分析。

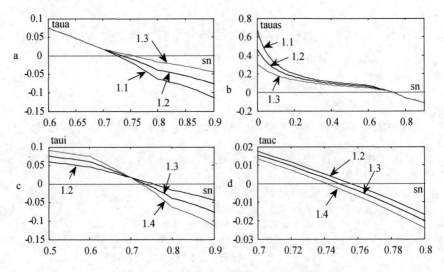

图 3.18　农业基础设施变化的滚摆线图

　　由于东部地区为发达地区，在本章第一节的分析中已知在给定基础设施水平下经济活动具有向东部地区集聚的趋向，从而东部地区需要从西部地区进口农产品。从图（a）可见，由于 $\tau_A^* = 1.1$ 且保持不变，从而当 $0 \leqslant s_n < s_K - a$ 时两地区的工资水平将不受 τ_A 变化的影响[①]，而当 $s_n \geqslant s_K - a$ 时，东部地区的工资水平将受 τ_A 的影响而发生变化，于是滚摆线在点 $s_n = s_K - a$ 处出现了分岔，变成了"扫帚"形；在其他条件不变的情形下，随着东部地区农业基础设施的改善，进口农产品与本地农产品间的价格差趋于扩大，从而东部地区工资水平的增加幅度扩大，生产成本增加，从而产业向东部地区的集聚程度下降，也就是说东部地区区内农业

---

　　① 此时西部地区进口农产品，东部地区的工资水平为 1，西部地区的工资水平为 $1 + \tau_I - \tau_A^*$，显然工资的变化与 τ_A 无关。这种情况也适用于当 τ_A 保持不变而东部进口农产品的时候，即图 3.18（b）图中 $s_K + a \leqslant s_n \leqslant 1$ 时的情形。

基础设施的改善构成了产业集聚的分散力，这在一定程度上解释了发达地区对于兴修水利、增加农业生产补贴等改善区内农业基础设施缺乏热情的现象。

由图（b）可见，在东部为发达地区且产业向东部地区集聚的情况下，由于西部地区进口农产品的现象难以发生，所以落后的西部地区农业基础设施的改善将不会对两地区工资水平产生影响，从而不会影响产业空间分布的长期均衡，也就是说此时落后地区区内基础设施的改善具有中性特征，这也在一定程度上说明了落后地区对改善区内农业基础设施热情不高的原因。

从图（c）可见，两地区共享的农业基础设施的改善将降低东部地区进口农产品的价格水平，从而能够降低东部地区因产业集聚而导致的工资水平上升的幅度，促进产业进一步向东部地区集聚，也就是说共享的农业基础设施的改善对发达地区有利，具有扩大区域发展差距的趋向。

由图（d）可见，当存在农业基础设施时，两地区共享的非农业基础设施 τ_C 的改善依然能够促进产业向东部地区集聚。但将图（d）与图3.4进行比较可以发现对于相同程度 τ_C 的变化，存在农业基础设施时 s_n 值要小很多，也就是说农业交易成本的存在其实是产业进一步向发达地区集聚的成本，它明显地降低了经济活动的集聚水平。

从图3.18还可以看到农业交易成本的存在使经济活动实现完全集聚（$s_n = 1$）的可能性下降，与图3.4相比可以看到只有当农业基础设施得到极大改善（即 τ_A、τ_A^*、τ_I 的值极低）时经济活动才有可能实现完全集聚，这表明农业交易成本缩小了发达地区聚集租金的空间。

命题3.5：当工业产业向发达地区集聚时，落后地区区内农业基础设施的改善不影响经济活动的空间集聚；发达地区区内农业基础设施的改善会增加工资水平上涨的幅度，增加产业集聚的成本支出，构成了产业集聚的分散力；共享的农业基础设施的改善能够降低发达地区的工资水平，对发达地区的经济增长更为有利；农业交易成本在本质上是产业向发达地区集聚的一种工资成本，它明显地降低了经济活动的集聚水平和发达地区聚集租金的空间。

四 区域总收入的变化

从前文的分析可知当存在农业运输成本时全社会及各地区的支出水平

不再是常数①。而且更需要注意的是农产品价格不再固定为 1，所以根据

$P = (P_M)^\mu (p_A)^{1-\mu}$ 可得两地区的总价格指数分别为：$\begin{cases} P = (\Delta)^{\frac{\mu}{1-\sigma}}(p_A)^{1-\mu} \\ P^* = (\Delta)^{\frac{\mu}{1-\sigma}}(p_A^*)^{1-\mu} \end{cases}$，

于是可得两地区的实际 GDP 为：

$$\begin{cases} E_r = \dfrac{E}{P} = \dfrac{w_L L + s_K b E^w}{(\Delta)^{\frac{\mu}{1-\sigma}}(p_A)^{1-\mu}} \\[4mm] E_r^* = \dfrac{E^*}{P} = \dfrac{w_L^* L^* + (1 - s_K) b E^w}{(\Delta^*)^{\frac{\mu}{1-\sigma}}(p_A^*)^{1-\mu}} \end{cases} \tag{3.33}$$

　　显然，难以从式（3.33）得到实际收入与交易成本之间的变化关系，于是我们采用数值模拟的方法对长期均衡状态下的各种收入水平进行图解，如图 3.19 所示，其中纵轴各变量 EW、E、ER、ES、ESR、SE 等符号分别表示全社会的总支出、东部地区名义 GDP、东部地区实际 GDP、西部地区名义 GDP、西部地区实际 GDP、东部地区的支出份额，横轴各变量 taua、tauas、taui、tauc 分别表示 τ_A、τ_A^*、τ_I、τ_C，除随着各图形变化的参数外，参数 τ_A、τ_A^*、τ_D、τ_D^*、τ_M、τ_M^*、τ_X、τ_X^*、τ_C 均取 1.1，τ_I 取 1.4，其他参数的取值与前文的图形相同。

　　从图 3.19（a）可以看到当 τ_A 减小时，东部地区的实际 GDPE_r 增加，在图 3.19（b）中当 τ_A^* 减小时，西部地区的实际 GDPE_r^* 增加，这说明两地区区内农业基础设施的改善虽然对名义 GDP 的影响不显著，但能够明显提高各自的实际 GDP 水平。对比图 3.18 和图 3.19 中的图（a）可以发现虽然东部地区区内农业基础设施的改善将降低东部地区的产业份额（s_n 值趋于减小），但由于能够有效提高劳动者的收入水平而使实际 GDP 水平呈上升趋势，并会扩大两地区的实际收入差距，这正是发达地区政府常常面临的艰难选择。是出于政绩的考虑选择更高的产业集中？还是出于民生的考虑选择更高的实际收入？从图（b）的对比分析中可以看到西部

---

　　① 在这里没有考虑消费者对异质性工业品替代弹性的差别，总支出的差异仅仅是由劳动工资的差异导致的，需要与第二节总支出水平差异的原因进行区分。

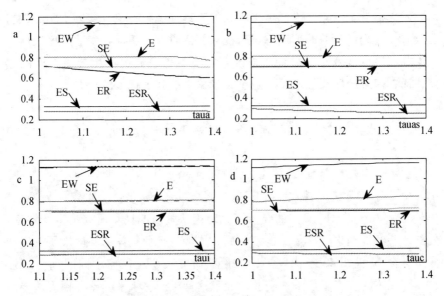

图 3.19　引入农产品运输成本的收入曲线

地区区内农业基础设施的改善对其吸引投资、增加产业份额并不会产生有利影响，但能够提高本地实际收入，并缩小区际间收入差距，所以对落后地区来说，不论发达地区是否选择改善区内农业基础设施，落后地区均应选择改善其区内农业基础设施。

从图 3.19（c）可以看到 τ_I 的变化对各类收入水平的影响程度较小，在此需要与图 3.18 中的图（c）相比较后能够发现由于 τ_I 增加会提高发达地区的生活成本指数，从而会产生经济空间活动的分散力，于是在理论上可能会降低 s_E 的取值，但由于引入农业运输成本后，经济活动空间分布的变化幅度明显降低，从而使得种类变量与 τ_I 之间的变化关系不明显。

从图 3.19（d）可以看到工业品区际交易成本 τ_C 的变化导致收入曲线呈两类变化趋向，首先，随着 τ_C 增加 EW、E、ES 曲线呈递增趋势，这主要是由于农业运输成本提高了农产品与工业品的出售价格，从而使得各类名义 GDP 水平上升；其次，可以看到 ER、ESR 曲线随着 τ_C 增加而呈微弱的递减趋势，这主要是由于价格水平的上升使得居民的实际收入水平下降。

命题3.6：从名义 GDP 来看，各类农业基础设施的改善对收入水平的影响不大，甚至不存在降低名义收入的不理性现象；但从实际 GDP 来看，各类农业基础设施的改善能够显著提高实际收入水平。在发达地区政府往往面临着吸引投资的政绩考虑与改善农业基础设施的民生考虑之间的选择，而在落后地区积极发展农业基础设施则是其占优策略。

第四节　异质性企业条件下的基础设施

生产效率是经济学研究的一个永久话题，亚当·斯密在《国富论》中讨论了分工与交换视域下生产效率的提升，Ricardo 的比较优势理论、Heckscher-Ohlin（H－O）的要素禀赋理论从贸易的视角研究了生产效率，但是这些经济理论往往是从国家层面，或者从企业整体的层面来研究生产效率。自20世纪80年代以来，大量的研究表明在任何不同的细分行业内，存在不同生产率水平的企业，而且这种生产率水平的差异稳固地与企业的出口地位相关，如 Bernard 和 Jensen（1999）对美国的研究、Aw、Chung 和 Roberts（2000）对中国台湾的研究、Clerides、Lack 和 Tybout（1998）对哥伦比亚、墨西哥和摩洛哥的研究均发现更高效率的企业自主选择进入出口市场的证据。Aw、Chung 和 Roberts（2000）也发现贸易迫使最低效率的企业退出。Pavcnik（2002）观察了在智利随着贸易自由度的变化，市场份额重新配置对行业生产率增长的贡献。

早期的新经济地理学家，如 Krugman（1991）、Brakman et al.（2001）、Baldwin et al.（2003）虽然在消费者效用最大化与企业利润最大化等微观基础上研究了要素流动与经济活动的空间分布，但他们并没有关注企业异质性问题。Melitz（2003）在垄断竞争和规模报酬递增平台下将 Krugman（1991）与 Hopenhayn（1992）相结合，将企业异质性研究成功地引入了新经济地理学，引发了一场"新新经济地理学"的革命。在 Melitz（2003）的研究中通过差异化产品生产企业边际成本的差异而引入企业生产效率的异质性，同时假定企业具有生产的固定成本、国际国内市场的不同进入成本，从而通过一个具有异质性企业的行业动态模型表明贸易使高效率的企业进入出口市场（同时一些低效率的企业仍旧仅为国内市场生产），与此同时迫使效率最低的企业退出市场。在 Melitz（2003）之后出现了一批在新经济地理学框架下研究异质性企业的文献，如 Helpman、

Melitz 和 Yeaple（2004）在新经济地理学框架下研究了企业是选择出口还是选择对外直接投资；Baldwin 和 Okubo（2006）将 Martin 和 Rogers（1995）与 Melitz（2003）相结合构建了异质性企业的拟线性自由资本模型，证明了最有效率的企业倾向于向规模较大的地区集聚；Melitz 和 Ottaviano（2008）进一步在线性函数下扩展了 Melitz（2003）的研究，构建了一个特别适合于在异质性企业和内生价格情形下分析贸易和区域一体化政策的一般化模型框架；Okubo（2009）在新经济地理的垂直联系模型的基础上加入企业异质性以及企业出口成本，分析表明逐渐的贸易自由化能够导致渐近的集聚而不是经济地理模型长期的建议的那种突发性集聚，同时会导致福利分异效应：边缘区损失而核心区获益；Okubo、Picard 和 Thisse（2010）以一种效率等级函数而非累积概率密度函数的方式研究了异质性企业的区位选择，即交易成本的减少会导致有效率的企业逐渐在大国聚集，因为在那里有更大的消费群，而高成本的企业通过在较小国家布局来寻求保护，以应对来自高效率企业的竞争。在实证研究方面，Eaton、Kortum 和 Kramarz（2004）通过对 16 个不同行业的法国企业进入 113 个国家市场的研究表明，企业在出口份额方面存在很大差距，大部分企业只在国内市场销售产品；而且在多个市场销售产品的企业数量随着距离增加而递减，数量与距离的弹性系数为 -2.5。

从现有研究成果来看，虽然大量的新经济地理学文献从理论与实证方面着重研究了异质性企业条件下的要素流动与企业空间布局，但是专门就基础设施（交易成本）对异质性企业空间布局的研究相对较少，而现实又表明基础设施的水平会对不同效率企业的生产与布局决策产生影响。基于此，本节将在基准模型基础上讨论基础设施与异质性企业的区位选择问题。

一 企业边际生产率异质性假定

在前文的分析中一直隐含着一个强假设，那就是企业的效率是同质的，从而我们可以将企业的边际成本设为一个常数 $a_M = (\sigma - 1)/\sigma$，虽然在第二节消费者对工业品替代性的异质性研究中曾假定两地区各自的边际成本不同，但在区域内部所有企业的生产效率都是相同的。显然这一假定与现实存在很大差距，在本节我们假定企业效率是异质的。

Melitz（2003）、Melitz 和 Ottaviano（2008）引入了生产率水平 $\phi > 0$，

而且 ϕ 服从某种任意给定的概率分布函数。在 FC 模型框架下，虽然两地区资本与劳动禀赋不同，由于每个厂商生产只需要一单位资本，假设资本禀赋数量巨大，从而两地区的企业数量巨大，于是可以假定两地区厂商的边际劳动投入服从相同的分布。Cabral 和 Mata（2003）利用葡萄牙工业企业的综合数据，从企业年龄、教育和财富等方面研究了企业数量与距离之间的关系，并且发现企业效率近似服从 Pareto I 型分布。Baldwin 和 Okubo（2009）、Okubo（2009）等假定企业边际成本的分布服从 Pareto 分布，即其累积概率密度函数可以写为：

$$G\,[\,a\,]\;=\;(a/a_0)^{\rho},\;1\equiv a_0\geqslant a>0,\;\rho\geqslant 1 \tag{3.34}$$

其中，$\rho\geqslant 0$ 为形状参数，a 为规模参数，表示的企业生产的边际劳动投入，显然 a 越小表示企业的生产效率越高；a_0 表示效率最低企业的边际劳动投入。在这种分布函数下虽然可以得到一些基本的企业空间分布结论，但是由于 a 的取值可以趋于无限小，从而意味着部分效率最高的企业其边际成本可以无限小、其产量趋于无穷大，这显然在理论与现实上难以得到合理的解释，于是 Forslid 和 Okubo（2010）等进一步将累积概率分布函数重新改造成：

$$G(\,a\,)=\frac{a^{\rho}}{a_0^{\rho}-\underline{a}^{\rho}},\;1\equiv a_0\geqslant a>\underline{a}>0,\;\rho\geqslant 1 \tag{3.35}$$

其中，$\underline{a}>0$ 表示效率最高企业的边际劳动投入，这意味着累积概率分布函数是跳跃函数，也就是将那些生产率无限大的厂商去除了。如图 3.20 所示为累积概率分布函数 $G\,(a)$ 的分布曲线，其中 $a1=\underline{a}$、$a0=a_0$，$G(a)$ 为未考虑资本数量的标准分布曲线；$KG(a)$、$K^{*}G(a)$ 分别为东部与西部的分布曲线；显然曲线在 $a=0.2$ 出现了跳跃。

在此需要对下文分析中的符号进行必要的说明，在前面的分析中事实上一直假定 $n=s_n$，而当存在异质性企业时，由于部分企业会发生区际流动，所以为便于书写，在此我们假定 $n=K=s_K$，也就是说用 n 表示资本发生空间流动之前东部地区企业的数量，于是 n 与 s_n 将不一定相等。

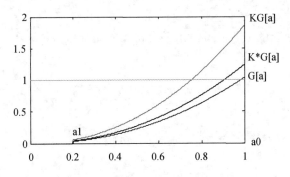

图 3.20　跳跃的累积概率分布函数

二　短期均衡

（一）消费者需求

在异质性企业条件下代表性消费者对差异化工业品的需求函数仍为式（3.4）。

（二）农业厂商

在完全竞争的农产品市场中，农产品价格与劳动工资相等 $p_A = p_A^* = w_L = w_L^* = w = 1$。

（三）工业厂商

首先，从生产来看，企业生产仍然需要投入一单位资本作为固定成本，但是厂商的边际成本存在差异，设厂商 i 生产单位产品需要投入 a_i 单位的边际成本，显然 a_i 越小厂商的生产效率越高，而且 a_i 的分布服从式（3.34）所示的累积概率密度函数。

根据企业利润最大化的边际成本加成定价法可知，任意边际成本为 a_i 厂商的出厂价格为：$p(a_i) = \dfrac{a_i \sigma}{\sigma - 1}$，则东部产品在本地市场的出售价格为 $\bar{p}(a_i) = \dfrac{a_i \sigma}{\sigma - 1}\tau_D$，东部产品在西部市场的出售价格为 $\bar{\bar{p}}(a_i) = \dfrac{a_i \sigma}{\sigma - 1}\tau_X \tau_C \tau_M^*$；同理可得，西部产品的出厂价格为：$p(a_i)^* = \dfrac{a_i \sigma}{\sigma - 1}$，西部产品在本地市场出售的价格为 $\bar{p}(a_i)^* = \dfrac{a_i \sigma}{\sigma - 1}\tau_D^*$，西部产品在东部市场的出售

价格为 $\bar{\bar{p}}(a_i)^* = \dfrac{a_i\sigma}{\sigma-1}\tau_M\tau_C\tau_X^*$。

根据两地区的工业品价格水平可得工业品价格指数为：

$$\begin{cases} (P_M)^{1-\sigma} = \dfrac{\gamma\sigma}{\sigma-1}(n\phi_D + n^*\phi_M\phi_C\phi_X^*) = \dfrac{A\gamma\sigma}{\sigma-1}\Delta \\[3mm] (P_M^*)^{1-\sigma} = \dfrac{\gamma\sigma}{\sigma-1}(n^*\phi_D^* + n\phi_X\phi_C\phi_M^*) = \dfrac{A\gamma\sigma}{\sigma-1}\Delta^* \end{cases} \tag{3.36}$$

其中：为保证价格指数为正，要求 $\gamma = \dfrac{\rho}{\rho+1-\sigma} > 0$，$A = \dfrac{1-a^{1-\sigma+\rho}}{1-a^{\rho}}$，

$\Delta = n\phi_D + n^*\phi_M\phi_C\phi_X^*$、$\Delta^* = n^*\phi_D^* + n\phi_X\phi_C\phi_M^*$。

其次，从产量来看，由式（3.34）可得东部对边际成本为 a_i 的本地企业生产的某种工业品需求量为 $c(a_i)_1 = \mu E P_M^{\sigma-1}[\bar{p}(a_i)]^{-\sigma}$；东部对边际成本为 a_i 的西部企业生产的某种工业品的需求量为 $c(a_i)_2 = \mu E P_M^{\sigma-1}[\bar{\bar{p}}(a_i)^*]^{-\sigma}$；西部对边际成本为 a_i 的东部企业生产的某种工业品的需求量为 $c(a_i)_1^* = \mu E^*(P_M^*)^{\sigma-1}[\bar{\bar{p}}(a_i)]^{-\sigma}$；西部对边际成本为 a_i 的本地企业生产的某种工业品的需求量为 $c(a_i)_2^* = \mu E^*(P_M^*)^{\sigma-1}[\bar{p}(a_i)^*]^{-\sigma}$。由此可得边际成本为 a_i 的企业产量为：

$$\begin{cases} x(a_i) = E^w \dfrac{\mu}{A\gamma}\left(\dfrac{\sigma}{\sigma-1}\right)^{-(1+\sigma)}\left(\dfrac{\phi_D s_E}{n\phi_D + n^*\phi_M\phi_C\phi_X^*} + \dfrac{\phi_X\phi_C\phi_M^* s_E^*}{n^*\phi_D^* + n\phi_X\phi_C\phi_M^*}\right)a_i^{-\sigma} \\[6mm] x(a_i)^* = E^w \dfrac{\mu}{A\gamma}\left(\dfrac{\sigma}{\sigma-1}\right)^{-(1+\sigma)}\left(\dfrac{\phi_D^* s_E^*}{n^*\phi_D^* + n\phi_X\phi_C\phi_M^*} + \dfrac{\phi_M\phi_C\phi_X^* s_E}{n\phi_D + n^*\phi_M\phi_C\phi_X^*}\right)a_i^{-\sigma} \end{cases} \tag{3.37}$$

再次，从企业收益来看，边际成本为 a_i 的企业利润为 $\pi(a_i) = \dfrac{a_i}{\sigma-1}x$ (a_i)，于是可得利润函数为：

$$
\begin{cases}
\pi\ (a_i)\ = \dfrac{b}{A\gamma}E^w B a_i^{\,1-\sigma} \\[3mm]
\pi\ (a_i)^* = \dfrac{b}{A\gamma}E^w B^* a_i^{\,1-\sigma}
\end{cases}
\tag{3.38}
$$

其中，$b = \dfrac{\mu\ (\sigma-1)^\sigma}{\sigma^{1+\sigma}}$，$B = \dfrac{\phi_D s_E}{n\phi_D + n^*\phi_M\phi_C\phi_X} + \dfrac{\phi_X\phi_C\phi_M^* s_E^*}{n^*\phi_D^* + n\phi_X\phi_C\phi_M^*}$，$B^* = \dfrac{\phi_D^* s_E^*}{n^*\phi_D^* + n\phi_X\phi_C\phi_M^*} + \dfrac{\phi_M\phi_C\phi_X s_E}{n\phi_D + n^*\phi_M\phi_C\phi_X^*}$。

最后，从支出水平来看，全社会的总支出为 $E^w = \dfrac{1}{1-b}$（附录 3 - G）。与前文的分析相同，假定两地区资本所有者持有的股票等资本所有权在两地区的分布与资本在世界的总分布相同，于是东部资本所有者拥有的资本禀赋所获得的资本总收益为：

$\displaystyle\int_0^1 s_n K\pi(a_i)\,dG(a_i) + \int_0^1 s_n^* K\pi\ (a_i)^*\,dG(a_i) = KbE^w$，从而东部地区的支出为：$E = w_L s_L L^w + KbE^w$，其支出份额为：

$$
s_E = \left(1 - \frac{\mu\ (\sigma-1)^\sigma}{\sigma^{1+\sigma}}\right)s_L + \mu\ \frac{(\sigma-1)^\sigma}{\sigma^{1+\sigma}}s_K = (1-b)s_L + bs_K
\tag{3.39}
$$

此为 EE 曲线。显然总支出 E^w、E、E^* 为常数，而且 EE 曲线为垂直线，也就是说，各类总支出水平只与初始禀赋有关。

三　长期均衡

（一）长期均衡条件与均衡状态

在异质性企业情形下，需要讨论单个企业（a_i）的行为，即有长期均衡条件：

$$\begin{cases} \pi\left(a_i\right) = \pi\left(a_i\right)^* & 0 < s_n < 1 \\ \pi\left(a_i\right) > \pi\left(a_i\right)^* & s_n = 1 \\ \pi\left(a_i\right) < \pi\left(a_i\right)^* & s_n = 0 \end{cases} \tag{3.40}$$

Baldwin 和 Okubo（2009）指出对那些生产率最高的企业来说，其向较大的市场布局的利益最高，因为他们拥有最大的销售量，并能够在较大的市场中应对较为激烈的市场竞争，于是企业的重新布局过程将从生产率最高的企业开始，也就是说落后地区生产率最高的企业首先会向发达地区转移。同时，由式（3.38）中的 $\pi\left(a_i\right) = \dfrac{bE^w B}{A\gamma}a_i^{1-\sigma}$ 可知，$\pi\left(a_i\right)$ 与 a_i 反向变化，也就是说劳动生产率最高（劳动的边际投入最小）的企业能够获得最大利润，并对市场规模的反应最敏感，从而其向最大规模的市场移动的动机最大。由于本书假定东部为发达地区，从而西部生产率最大的企业首先会向东部移动，假定这一迁移过程一直持续到边际成本为 a_R 的企业在两地区的收益相等为止，也就是说西部所有 $a_i \in [0, a_R]$ 的企业均迁移到东部。于是在长期均衡状态下，两地区企业的累积概率密度函数图形将由图 3.20 转变为图 3.21 所示的情形，此时全部边际成本小于 a_R 的企业将集聚到东部地区，而边际成本大于 a_R 的企业将不会改变其生产区位。

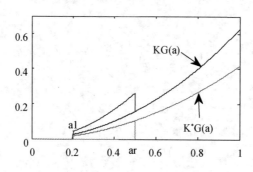

图 3.21 边际生产率企业的迁移

于是我们可以得到两地区的工业品价格指数为：

$$\begin{cases} (P_M)^{1-\sigma} = \dfrac{\gamma\sigma}{(\sigma-1)(1-\underline{a}^\rho)}\Delta \\[4mm] (P_M^*)^{1-\sigma} = \dfrac{\gamma\sigma}{(\sigma-1)(1-\underline{a}^\rho)}\Delta^* \end{cases} \tag{3.41}$$

其中：$\Delta = n\phi_D + n^*\phi_M\phi_C\phi_X^* + n^*(\phi_D - \phi_M\phi_C\phi_X^*)(a_R)^{\rho/\gamma} - \phi_D\underline{a}^{\rho/\gamma}$，

$\Delta^* = n^*\phi_D^* + n\phi_X\phi_C\phi_M^* + n^*(\phi_X\phi_C\phi_M^* - \phi_D^*)(a_R)^{\rho/\gamma} - \phi_X\phi_C\phi_M^*\underline{a}^{\rho/\gamma}$。

进一步可以得到边际成本为 a_R 的企业在两地区的产量为：

$$\begin{cases} x(a_R) = \dfrac{\mu E^w}{\gamma}\left(\dfrac{\sigma}{\sigma-1}\right)^{-1-\sigma}\left(\dfrac{\phi_D s_E}{\Delta} + \dfrac{\phi_X\phi_C\phi_M^* s_E^*}{\Delta^*}\right)(1-\underline{a}^\rho)\,a_R^{-\sigma} \\[6mm] x(a_R)^* = \dfrac{\mu E^w}{\lambda}\left(\dfrac{\sigma}{\sigma-1}\right)^{-1-\sigma}\left(\dfrac{\phi_D^* s_E^*}{\Delta^*} + \dfrac{\phi_M\phi_C\phi_X^* s_E}{\Delta}\right)(1-\underline{a}^\rho)\,a_R^{-\sigma} \end{cases} \tag{3.42}$$

边际成本为 a_R 的企业在两地区的利润为：

$$\begin{cases} \pi(a_R) = \dfrac{b(1-\underline{a}^\rho)}{\gamma}E^w B a_R^{1-\sigma} \\[4mm] \pi(a_R)^* = \dfrac{b(1-\underline{a}^\rho)}{\gamma}E^w B^* a_R^{1-\sigma} \end{cases} \tag{3.43}$$

其中：$B = \dfrac{\phi_D s_E}{\Delta} + \dfrac{\phi_X\phi_C\phi_M^* s_E^*}{\Delta^*}$、$B^* = \dfrac{\phi_D^* s_E^*}{\Delta^*} + \dfrac{\phi_M\phi_C\phi_X^* s_E}{\Delta}$。

由 $\pi(a_R) = \pi(a_R)^*$ 可得：$B = B^*$，解方程可以得到长期均衡时临界企业的边际成本 a_R 为（附录 3 - H）：

$$(a_R)^{\rho/\gamma} = \cfrac{\begin{bmatrix} (1-s_E)(\phi_D^* - \phi_X\phi_C\phi_M^*) \\ (n\phi_D + n^*\phi_M\phi_C\phi_X^* - \phi_D a^{\rho/\gamma}_{\underline{}}) - \\ s_E(\phi_D - \phi_M\phi_C\phi_X^*) \\ (n^*\phi_D^* + n\phi_X\phi_C\phi_M^* - \phi_X\phi_C\phi_M^* a^{\rho/\gamma}_{\underline{}}) \end{bmatrix}}{n^* \begin{bmatrix} s_E(\phi_D - \phi_M\phi_C\phi_X^*) \\ (\phi_X\phi_C\phi_M^* - \phi_D^*) - \\ (1-s_E)(\phi_D^* - \phi_X\phi_C\phi_M^*) \\ (\phi_D - \phi_M\phi_C\phi_X^*) \end{bmatrix}} \qquad (3.44)$$

根据长期均衡时的 a_R 值可以求得产业在东部地区的空间分布函数为：

$$s_n = \frac{\int_{\underline{a}}^1 n dG(a_i) + \int_{\underline{a}}^{a_R} n^* dG(a_i)}{\int_{\underline{a}}^1 n dG(a_i) + \int_{\underline{a}}^1 n^* dG(a_i)} =$$

$$\frac{n(1 - a^{\rho/\gamma}_{\underline{}}) + n^*((a_R)^{\rho/\gamma} - a^{\rho/\gamma}_{\underline{}})}{(n + n^*)(1 - a^{\rho/\gamma}_{\underline{}})} \qquad (3.45)$$

显然式（3.44）、式（3.45）分别为长期均衡时临界边际成本 a_R、东部地区的产业份额 s_n 与各类基础设施水平 τ_D、τ_D^*、τ_M、τ_M^*、τ_X、τ_X^*、τ_C 等变量之间的函数关系。由于函数表达式过于复杂，我们难以利用数理方法规范地讨论基础设施水平对 a_R 与 s_n 的影响，只能借助于数值模拟的手段，如图 3.22 所示。其中，纵轴为 a_R 与 s_n 值，横轴为各种基础设施水平，$a_R = ar$，除变化量外，τ_D、τ_D^*、τ_M、τ_M^*、τ_X、τ_X^*、τ_C 均取 1.2，参数 $\rho = 5$、$a = 0.1$，图中黑色实线表示 $a_R = f(\tau)$ 曲线，浅色实线表示 $s_n = f(\tau)$ 曲线。从图 3.22 整体上可以看到 a_R 与 s_n 曲线具有相同的变化趋向，从式（3.45）也能够得到同样的结论，即 $\dfrac{ds_n}{da_R} = \dfrac{(\rho + 1 - \sigma)n^*(a_R)^{(\rho-\sigma)}}{(n + n^*)(1 - a^{\rho/\gamma}_{\underline{}})} \geqslant$

0，也就是说当进行区际转移的临界企业的边际成本增加时，意味着有更多的企业从东部向西部转移，从而东部的产业份额也会增加，两地区的收入差距将趋于扩大。

再从各个子图来看，图 3.22（a）表明当东部地区的区内基础设施改善（即 τ_D 减小）时，临界企业的边际成本趋于增加，将有更多的西部企业向东部转移，这主要是由于东部的区内基础设施的改善能够降低东部市场的进入成本，扩大东部的市场规模，从而使生产效率更低的企业在东部组织生产变得有利可图。从图 3.22 中还可以看到当东部的区内基础设施水平下降到一定水平时，将不再有企业向东部转移，反而由于东部的区内交易成本太大，东部生产效率最高的企业将会从东部向西部转移（图 3.22 中没有做出相应的曲线）。

图 3.22（b）表明当西部地区的区内基础设施恶化（τ_D^* 增加）时，西部企业向东部转移的临界企业的边际成本趋于增加，东部的产业份额也趋于增加，这主要是由于西部区内基础设施的恶化高于西部的区内交易成本，使得区内市场规模递减，从而更多的企业愿意向东部转移。从图 3.22 中还可以看到当西部的区内基础设施水平下降到一定程度时，所有的产业都将集聚到东部地区，此时 $a_R = a_0$、$s_n = 1$，当西部的区内基础设施水平进一步下降时，就会在东部地区出现集聚租金。

图 3.22（d）、（e）表明当有利于东部产品出口的区际基础设施水平改善（即 τ_M^*、τ_X 减小）时，a_R 与 s_n 值将增加；图（c）、（f）表明当有利于西部产品出口的区际基础设施水平改善（即 τ_M、τ_X^* 减小）时，a_R 与 s_n 值将减小。这主要是由于便利的出口与国外市场进入条件能够增加本地企业的收益，从而吸引更多企业向东部集聚。图（g）表明两地区共享的区际基础设施水平改善（τ_C 减小）时，由于产品的区际流动成本降低，企业为了更多的收益倾向于在规模较大的市场组织生产，于是 a_R 与 s_n 值会增加，这表明区际共享基础设施的改善对发达地区有利而不利于落后地区。

对比图 3.22（a）、（b）与图 3.22（c）、（d）、（e）、（f）、（g）还可以看到当存在企业异质性时，区内基础设施水平对产业集聚的影响程度大于区际基础设施的影响，而且较大的区内交易成本往往还会形成产业的逆向流动或核心—边缘型的集聚模式，而较大的区际交易成本对集聚的影响程度就显得温和了很多。

命题 3.8：当存在企业异质性时，区内基础设施的改善有利于产业向本

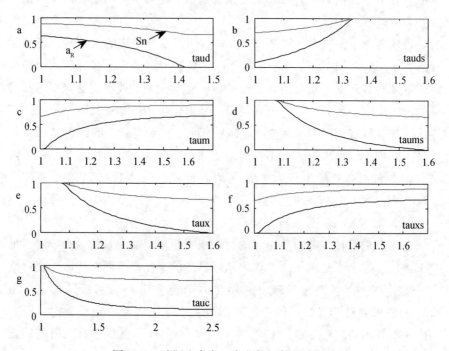

图 3.22   边际生产率、产业份额与基础设施

地区集聚；有利于产品出口的区际基础设施的改善也有利于产业向本地区集聚；区际共享基础设施的改善则对发达地区有利而不利于落后地区。而且区内基础设施的变化往往会导致产业空间分布的剧烈变化，并会形成产业的逆向流动或核心—边缘模式，其影响程度大于区际基础设施变化的影响。

（二）长期均衡时收入的变化

虽然总支出 E^w、E、E^* 为常数，但是由于临界转移企业边际成本的变化对产业分布及两地的价格指数产生影响，从而会改变地区间的实际 GDP 水平。由式（3.41）可得两地的实际 GDP 水平为：

$$
\begin{cases}
E_r = E\,(P_M)^{-\mu} = E\left[\dfrac{\gamma\sigma}{(\sigma-1)(1-a^\rho)}\underline{\Delta}\right]^{\frac{-\mu}{1-\sigma}} \\[4mm]
E_r^* = E^*\,(P_M^*)^{-\mu} = E^*\left[\dfrac{\gamma\sigma}{(\sigma-1)(1-a^\rho)}\underline{\Delta}^*\right]^{\frac{-\mu}{1-\sigma}}
\end{cases}
\tag{3.46}
$$

图 3.23 为两地区实际 GDP 与交易成本之间的曲线关系图，首先对比图 3.23 与图 3.7、图 3.8 可以看到当存在企业异质性条件时实际 GDP 的变化幅度缩小了，这主要是由于在异质性条件下，不论基础设施水平如何变化，生产效率较低（边际成本较高）的企业不会发生区际流动，也就是说在落后地区始终会存在一部分差异化工业品的生产行为，从而生产成本指数的作用力会下降，实际 GDP 的变化幅度也会下降。

从图（a）可见，当东部的区内基础设施改善时，东部的实际 GDP 趋于增加而西部的实际 GDP 趋于减小，两地区的收入差距趋于扩大；从图（b）可见，当西部的区内基础设施改善时，西部的实际 GDP 趋于增加而东部的实际 GDP 趋于减小，两地区的收入差距趋于收敛；这表明区内基础设施的改善有利于本地区实际收入增加，而不利于对方，在这个零和博弈中，选择改善本地区内基础设施是各地区的占优策略选择。从图（a）与（b）、（c）、（d）、（e）、（f）、（g）等图形的对比中还可以看到，发达地区区内基础设施变化对实际 GDP 变化的影响程度远远大于其他因素的影响。

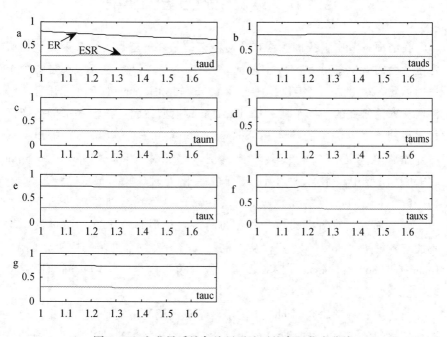

图 3.23 企业异质性条件下两地区的实际收入曲线

图（d）、（e）中当 τ_M^*、τ_X 减小时东部的实际 GDP 呈微弱的上升趋势，而当 τ_M、τ_X^* 减小时西部的实际 GDP 呈微弱的上升趋势，这表明有利于本地产品出口的基础设施政策能够增加本地的收入水平。τ_C 减小时两地区的实际 GDP 均呈微弱的增加趋势，这表明虽然区际共享基础设施的改善更有利于产业向东部地区集聚，但是由于生活成本指数的下降，两地区的实际 GDP 水平均会改善，于是落后地区政府会面临产业分布的政绩与实际收入的民生考虑之间的两难选择。

命题 3.9：引入企业异质性后，由于低效率的企业不流动，从而落后地区始终会有一部分企业存在，所以实际收入的变化幅度趋于减小。区内基础设施的改善有利于本地区实际收入增加，在这个零和博弈中，选择改善本地区内基础设施是各地区的占优策略选择；区际共享基础设施的改善更有利于产业向东部地区集聚，同时会改善两地区的实际 GDP 水平，从而现实中落后地区政府往往面临产业分布的政绩与实际收入的民生考虑之间的两难选择。

第五节　基础设施与增长模型

在前面各节中，我们始终在相对静态的条件下进行讨论，因为我们假定全社会的人口总量 L^w、资本总量 K^w 保持不变。但是经济增长是一个永恒的话题，20 世纪 40 年代，Harrod（1939）和 Domar（1946）开启了经济增长理论研究的一场革命，Harrod-Domar 模型在固定技术水平的生产函数上得到了"刀锋上的均衡"；Solow（1956）和 Swan（1956）提出了具有外生性技术进步的新古典增长模型。为了对 Solow（1956）和 Swan（1956）模型中的技术外生性进行内生化处理，Kaldor（1957）、Cass（1965）、Koopmans（1965）、Arrow（1962）等分别从储蓄理论、"干中学"等方面试图对新古典增长模型进行改进，但是由于这些改进模型均不能有效解决"Solow 残差"，从而也就未能解决技术进步的内生化问题，Romer（1986）和 Lucas（1985）再一次开启了内生经济增长问题研究的热潮。

与传统经济学研究不同，空间经济学更强调经济活动的空间集聚与经济增长之间的相关与统一性。资源的空间配置和经济活动的空间区位选择是空间经济学研究的主要内容，而且经济活动的空间集聚和经济增长是一个难以分割的过程（Baldwin 和 Martin，2004），Quah（1996）等已经证明经济活动的空间集聚与增长之间具有很强的正相关关系，如 19 世纪欧洲工业革命期间，伴随着经济快速增长的是城市化与产业集群在欧洲核心区的出现与形成，城市经济学家（如 Henderson，1988；Fujita 和 Thisse，1996）、发展经济学家（如 Williamson，1988）也强调经济增长与技术进步在城市发展（经济活动空间集聚）中的重要性。在经济增长的内生性——技术创新方面，空间经济学更注重技术的空间溢出效应研究，Coe 和 Helpman（1995，1997）、Ciccone 和 Hall（1996）证明了技术溢出既不是全球性的，也不是完全区域性的，存在穿越区域和国家的技术扩散，然而技术扩散的效应会随着距离而衰减。Keller（2002）指出虽然随着时间推移，技术扩散更具有全球效应，但技术本质上具有区域属性，因为技术扩散的收益会随着距离而衰减。

在现有空间经济学的增长文献中，依据技术进步的作用对象不同，对于技术进步的内生化过程大概可以分为三类，一类是考虑资本增长的模型，如 Baldwin（1999）基于 FC 模型提出了资本具有损耗与创造功能的 CC（Constructed capital model）模型，但是该模型由于没有考虑技术创新而使模型具有"增长的极限"；Baldwin、Martin 和 Ottaviano（2001），Martin 和 Ottaviano（1999）分别在 FC 模型基础上引入了技术的局部扩散与全局扩散效应，很好解释了内生性经济增长条件下产业的空间集聚与扩散，然而模型中限定资本不能跨区域流动，在一定程度上损害了模型的解释能力。一类是考虑企业家或技术劳动者增长的模型，如 Berliant 和 Fujita（2007）、Fujita（2007）等研究了知识具有空间扩散效应的知识分子空间转移的增长模型。一类是同时考虑劳动与资本同时按相同的增长率增长的模型，如 González、Lanaspa 和 Pueyo（2009）。

在本节，我们试图将 Baldwin、Martin 和 Ottaviano（2001）与 González、Lanaspa 和 Pueyo（2009）相结合，在具有技术空间扩散效应的模型中讨论不同的基础设施对经济增长、产业空间集聚与区域差距之间的关系。

一 基本假设的扩展

（一）关于资本创造函数的假定

在本节我们假定一个经济体由东部和西部两个地区构成，经济中除完全竞争的农业部门和规模报酬递增的工业部门外，还存在一个资本创造部门。资本创造部门在学习曲线约束下利用劳动创造新资本，而且资本创造行为发生在资本使用地区，一个地区使用的资本越多，其资本创造部门的生产成本将越低，所以使用资本越多的部门，其资本创造能力越强，其资本拥有份额也将越多。由此假定新资本创造的成本函数为：

$$\begin{cases} F = w_L a & a \equiv 1/(K^w A) & A \equiv s_n + \lambda(1 - s_n) \\ F^* = w_L a^* & a^* \equiv 1/(K^w A^*) & A^* \equiv \lambda s_n + 1 - s_n \end{cases} \tag{3.47}$$

其中，$\lambda \in [0, 1]$反映公共知识在空间传播的难易程度，$\lambda = 0$表示知识只在本地溢出，$\lambda = 1$表示知识在全社会溢出，$\lambda \in (0, 1)$表示知识在本地传播的效应大于跨地区的效应，所以λ在一定程度上可以用来度量制度环境。在本节的讨论中，我们认为λ也是某种基础设施，如果说前文所讨论的以交易成本τ为载体的基础设施在更多程度上表达了区域或区际硬环境方面的基础设施的话，那么以公共知识空间传播程度λ为载体的基础设施在更大程度上反映了软环境方面的基础设施，如区域间是否采取更有利于创新的政策措施等。显然，在式（3.47）中随着分母$K^w A$或$K^w A^*$增大，a与a^*将减小，这表明创造新的单位资本所需的劳动量随着资本量的积累而下降；而且只要$\lambda < 1$，则本地产业份额对A或A^*的影响就比异地产业份额的影响大，这表明资本创造具有本地溢出的特征，也就是说东部地区创新部门的工人从东部地区学习的知识比从西部地区学习的知识多。

显然，在上述假定下，资本的积累量越大，创造新资本的成本就越低，经济中新创造的资本也就更多，这种资本创造无限循环的长期结果必将导致资本的创造成本趋于0，资本总量及企业数量趋于无穷，这显然与现实世界不相符合，因此我们假定存在一个资本折旧率δ。

与Baldwin、Martin和Ottaviano（2001）不同，本书假定资本可自由流动，但资本所有者不能流动，即资本收益要回到资本所有者所在地。在此，我们有必要再强调一下资本自由流动的意义，在该假定之下，虽然两地区资本创造成本不同，但是由于资本可以自由流动，资本所有者以股票、有价证券等可以无限分割的证券形式持有资本，从而所有的资本收益为全体资本所有者分享，所以两地区资本的增长率必然相等，从而两地区的经济增长率也相等。

（二）关于时间及跨期问题的假定

在前文的分析中我们均不考虑时间问题，而且假定消费者是短视的，只追求当期效用最大化。而引入资本增长问题后，显然就会存在消费者支出的跨期最优选择问题，在后文中我们将引入消费者的跨期效用函数与某种效用折现率。

二　短期均衡

在短期，全社会资本存量 K^w 的增长率 g 与资本的空间分布 s_n 固定不变。

（一）消费者均衡

由于存在消费者的跨期选择问题，于是假定消费者的效用函数为：

$$U = \int_{i=0}^{\infty} e^{-t\rho} \ln\left(C_A^{1-\mu} C_M^{\mu} \right) \mathrm{d}t \tag{3.48}$$

其中，ρ 为消费者的效用折现率，表示消费者的时间偏好，工业品消费的二次效用函数仍为 $C_M = \left(\int_0^n c_i^{(\sigma-1)/\sigma} \mathrm{d}i \right)^{\sigma/(\sigma-1)}$。根据消费者效用最大化的选择行为可得代表性消费者对差异化工业品的需求函数仍为 $c_j = \mu Y P_M^{\sigma-1} p_j^{-\sigma}$。

（二）厂商均衡

农业生产满足瓦尔拉斯一般均衡，从而有：$p_A = p_A^* = w_L = w_L^* = w = 1$

与第一节的分析相似，东部产品在东部市场的出售价格为 $\bar{p} = \tau_D$、在西部市场的出售价格为 $\bar{p} = \tau_X \tau_C \tau_M$；西部产品在西部市场的出售价格为 $\bar{p}^* = \tau_D^*$、在东部市场的出售价格为 $\bar{p}^* = \tau_M \tau_C \tau_X^*$。由价格水平可得两地区的工业品价格指数与式（3.5）相同；两地区代表性企业的产量水平与式（3.6）相同；资本收益与式（3.7）相同。

（三）跨期最优支出选择

令 $C = C_A^{1-\mu} C_M^{\mu}$、$u(C) = \ln(C)$，由式（3.48）可得消费者的目标是

使效用函数最大化，即：

$$\begin{cases} \max \left[U = \int_{i=0}^{\infty} e^{-t\rho} u(C) \, dt \right] \\ s.\,t. \qquad dD/dt = rD + wL - C \end{cases} \tag{3.49}$$

其中，D 表示消费者的总资产，w 表示消费者收入水平，r 为资本回报率，即消费者执有的有价证券的利息率。根据 Pontryagin 的最大值原理，则上式中 C 为控制变量；D 为状态变量；由此可以建立如下 Hamilton 方程：

$$H = u(C) e^{-t\rho} + \lambda (rD + wL - C) \tag{3.50}$$

其中 λ 表示消费者资产的影子价格。根据最优化条件有：$\dfrac{\partial H}{\partial C} = u'(C) e^{-t\rho} - \lambda = 0$，整理后有：$\lambda = u'(C) e^{-t\rho}$ (3.51)

根据欧拉方程可得：$\dot{\lambda} = -\dfrac{\partial H}{\partial D} = -r\lambda$ (3.52)

对一阶段条件 $\lambda = u'(C) e^{-t\rho}$ 求导，有：$\dot{\lambda} = u''(C) \dfrac{dC}{dt} e^{-t\rho} - \rho u'(C) e^{-t\rho}$，再将式 (3.51)、式 (3.52) 带入，有：$u''(C) \dfrac{dC}{dt} e^{-t\rho} - \rho u'(C) e^{-t\rho} = -r\lambda = -r u'(C) e^{-t\rho}$，化简，则有：$\dfrac{u''(C)}{u'(C)} \dfrac{dC}{dt} = \rho - r$，其中 $u'(C) = \dfrac{1}{C}$，$u''(C) = -\dfrac{1}{C^2}$，代入，可得：

$$\frac{\dot{C}}{C} = r - \rho \tag{3.53}$$

此为最优的消费增长速度。

三　长期均衡

全社会资本存量的增长率 g 与资本使用的空间分布 s_n 是经济体长期

均衡的长期变量。

（一）增长的长期均衡条件

当经济体实现长期均衡时，两地区的产业分布将保持不变，于是有：

$$\dot{s}_n \equiv (g - g^*) s_n (1 - s_n) \qquad (3.54)$$

其中 g 和 g^* 分别为两地区的资本增长率。因此长期均衡必定会出现在 $g = g^*$、$s_n = 1$ 或 $s_n = 0$ 时，此时产业的空间分布将保持稳定。

（二）增长的长期均衡特征

由于资本生产部门是完全竞争且规模收益不变的生产部门，因此资本的创造成本在任何区域都相同，于是有：
$$\begin{cases} q \equiv \dfrac{v}{F} = 1 \\[2mm] q^* \equiv \dfrac{v^*}{F^*} = 1 \end{cases} \qquad (3.55)$$

其中，v 表示资本价值，q 是资本的价值与资本成本的比率，即托宾的 q 值。

在长期均衡时，单位资本的价值是单位资本未来收益流的折现值，从而东部单位资本价值为：$v = \int_{i=0}^{\infty} e^{-\rho t} e^{-\delta t} e^{-g t} \pi dt = \dfrac{\pi}{\rho + \delta + g}$，西部单位资本价值为：$v = \int_{i=0}^{\infty} e^{-\rho t} e^{-\delta t} e^{-g t} \pi^* dt = \dfrac{\pi^*}{\rho + \delta + g}$。

（三）长期均衡时的经济增长率

长期均衡时，由于 $q = \dfrac{v}{F} = 1$，这意味着 $v = F$，又由于 $v = \dfrac{\pi}{\rho + \delta + g}$，从而可得东部单位资本收益为 $\pi = F(\rho + \delta + g)$。上式两边同乘资本数量，就可得东部的总资本利润为：$\pi K = (\rho + \delta + g) F K$。

由于东部的支出为劳动收入、资本收入、资本生产成本与折旧成本之和，所以有：

$$E = L + (\rho + \delta + g) F K - (g + \delta) K F = L + \rho F K = L + \rho v K \qquad (3.56)$$

同理可得西部的支出为：

$$E^* = L^* + (\rho + \delta + g)F^*K^* - (g + \delta)K^*F^* = L^* + \rho F^*K^* \qquad (3.57)$$

两式相加可得全社会的总支出为：$E^w = L^w + \dfrac{\rho b E^w}{\rho + \delta + g}$，经整理可得：

$$E^w = \frac{(\rho + \delta + g)L^w}{\rho + \delta + g - \rho b} = f(g) \qquad (3.58)$$

又由于在长期均衡时有 $q \equiv \dfrac{v}{F} = 1$，联袂 v 与式（3.47）可得：

$\dfrac{bAL^w}{\rho + \delta + g - \rho b} = 1$，即：$bAL^w = \rho + \delta + g - \rho b$，从而资本的增长率为：

$$g = bAL^w - \rho(1 - b) - \delta = bL^w[s_n + \lambda(1 - s_n)] - \rho(1 - b) - \delta \qquad (3.59)$$

在上式中，由于 $\dfrac{\mathrm{d}g}{\mathrm{d}s_n} = bL^w(1 - \lambda) \geqslant 0$，从而 g 与 s_n 呈同向变化关系。

（四）企业生产区位的决定

由于资本可以自由流动，所以两地区资本的收益必然相等，即 $\pi = \pi^*$，从而根据式（3.7）有 $B = B^*$，于是：

$$s_E = (\phi_D^* - \phi_X\phi_C\phi_M^*)\frac{(\phi_D - \phi_M\phi_C\phi_X^*)s_n + \phi_M\phi_C\phi_X^*}{(\phi_D^*\phi_D - \phi_M\phi_C\phi_X^*\phi_X\phi_C\phi_M^*)} \qquad (3.60)$$

对上式求一阶导数可得：$\dfrac{\mathrm{d}s_E}{\mathrm{d}s_n} = \dfrac{(\phi_D^* - \phi_X\phi_C\phi_M^*)(\phi_D - \phi_M\phi_C\phi_X^*)}{\phi_D^*\phi_D - \phi_M\phi_C\phi_X^*\phi_X\phi_C\phi_M^*} > 0$，显然，在长期均衡时产业的空间分布 s_n 与收益的空间分布 s_E 呈同向变化关系。

（四）区际收入差异

联袂式（3.56）、式（3.58）可得东部的相对市场规模为：

$$s_E = s_L + \frac{b\rho(s_K - s_L)}{\rho + \delta + g} \qquad (3.61)$$

显然支出的空间分布 s_E 与均衡的经济增长率 g 呈反向变化关系。

（六）长期均衡分析

联袂式（3.59）—式（3.61）在理论上可以解得长期均衡时的经济增长率 g、产业的空间分布份额 s_n 和支出的空间分布份额 s_E。但是由于表达式过于复杂，我们难以得到模型的显性解，而且我们更难以分析各类不同的基础设施对长期均衡的影响，所以与前文的处理手段相同，我们利用数值模拟的方法来图示各类基础设施对长期均衡的影响，如图 3.24 和图 3.25 所示。图中 $\lambda = lambda$，图 3.24 中纵轴表示经济的长期均衡增长率 g，图 3.25 中纵轴表示产业的空间分布份额 s_n，图中黑色实线、虚线、浅色实线分别表示 λ 取 0、0.5、1 时的长期均衡曲线；除变化量外，τ_D、τ_D^*、τ_M、τ_M^*、τ_X、τ_X^*、τ_C 均取 1.1，参数取值 $\rho = 0.02$、$\delta = 0.02$。

从图 3.24 中可以看到，在其他条件不变的情形下，λ 越大则经济增长率越高。当公共知识在空间不存在传播障碍，即 $\lambda = 1$ 时，由于所有地区创造新知识的成本均相同且达到最低值，从而经济增长率最高且为某一固定值，也就是说当 $\lambda = 1$ 时其他各类硬环境的基础设施水平不会影响经济增长率。而当公共知识传播存在空间阻力，即 $\lambda < 1$ 时，由于其他基础设施水平会影响产业的空间分布，而式（3.47）表明产业空间份额越大的地区其创造新知识的成本越低，从而在软环境的基础设施小于 1 时，硬环境的基础设施将会影响经济体的增长率。结合图 3.24 与图 3.25 可以看到，对于 $\lambda < 1$ 的情形，两个图形中曲线的变化趋向完全一致，也就是说所有使东部地区产业份额增加的基础设施的变化均会提升增长率水平，所有使东部地区产业份额减小的基础设施的变化均会降低增长率水平。这是因为，如果发达地区拥有更多的产业份额，则在该地区集聚的公共知识也越多，从而经济中新知识创造的成本会趋于降低，创造的知识问题也越大。从而我们发现，当经济中存在公共知识传播阻力时[①]，产业的空间分布越集中、经济发展水平越不平等，则经济的增长率越大。

---

① 经济中存在公共知识传播阻力是一种必然现象，完全自由的知识传播是不可能的，也就是说 $\lambda = 1$ 的情况只是一种理想状态。

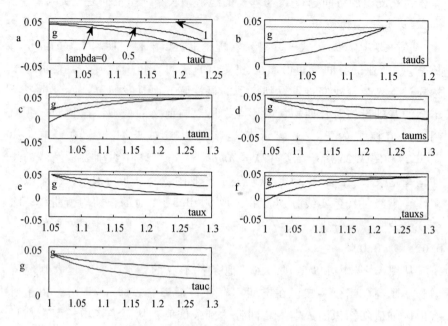

图 3. 24 基础设施与增长率的关系图

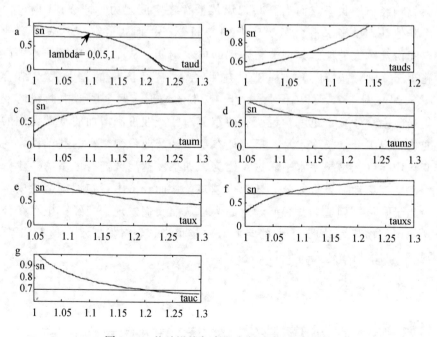

图 3. 25 基础设施与产业空间分布的关系图

图 3.25 中各曲线的走势与图 3.5 非常相似，只是在图 3.25 的各子图中其实存在三种曲线，即 λ 分别取 0、0.5、1。显然 λ 的取值并不影响产业的空间分布，这是因为模型假定资本是自由流动的，也就是说不论知识空间传播的难易程度如何，所有资本收益与新创造的资本都将按原始的资本份额在资本执有者之间平均分配，而且在两地区劳动资本比相同的情形下，新资本的创造过程也不会影响劳动资本比的结构，于是两地区的支出份额将成为一个固定值。而式（3.59）—式（3.61）表明 λ 是通过影响增长率 g 而间接影响支出份额 s_E，而当支出份额由于资本自由流动成为固定值时，λ 对 s_E 的影响通道也就被截断了。

命题 3.10：**公共知识在空间传播越自由，则新知识创造成本就越低，从而经济的增长率水平就越大，这表明知识传播软环境的改善能够有效提高经济增长率；当公共知识传播不能实现完全自由时，产业空间分布越集中、经济发展水平越不平等，则经济增长率就越大，所以发达地区越发达、区域发展差距越大，全社会的经济增长率也就越大。**

四 名义和实际收入差异

根据本研究对要素禀赋的假定：两地区的劳动资本比相等且资本自由流动，从而资本收益以及新创造的资本将在所有的资本所有者之间平均分配，这就意味着当经济处于长期均衡时两地区的资本份额将为常数，且等于要素初始禀赋的分配。这一点也可从式（3.61）得到，该式中由于 $s_K = s_L$，则必然存在 $s_E = s_K$。又根据式（3.58）可得两地区的名义收入：

$$\begin{cases} E = s_E E^w = \dfrac{s_E(\rho + \delta + g)}{\rho + \delta + g - \rho b} \\[4mm] E^* = s_E^* E^w = \dfrac{s_E^*(\rho + \delta + g)}{\rho + \delta + g - \rho b} \end{cases} \quad (3.62)$$

其中，假定总人口不变，且 $L^w = 1$。由此可见，在长期均衡状态下，只要由前文所述的图 3.24、图 3.23 或式（3.59）—式（3.61）得到的长期均衡增长率 g，就可以得到全社会及各地区的名义收入水平，显然在既定的长期增长率下，各地区的名义收入也是常数。

相对于名义收入而言，更有意义的是实际收入的变化。在本研究所界定的增长条件下，经济增长意味着资本数量的增加，从而也意味着企业数量与产品种类数的增加，而产品数量的增加以及产业的空间分布又会直接改变经济中的价格指数，从而通过生活成本指数的变化而间接影响居民的实际收入。根据对经济增长的界定，有：$\dot{K}^w/K^w = g$，从而有：$K^w(t) = K^w(0)e^{gt} \Rightarrow n^w(t) = n^w(0)e^{gt}$，由式（3.5）可以得到两地区在 0 时刻与 t 时刻的价格指数分别为：

$$\begin{cases} P_M(0) = [n^w(0)\Delta]^{\frac{1}{1-\sigma}} \\ P_M^*(0) = [n^w(0)\Delta^*]^{\frac{1}{1-\sigma}} \end{cases}$$

$$\begin{cases} P_M(t) = [n^w(t)\Delta]^{\frac{1}{1-\sigma}} = [n^w(0)e^{gt}\Delta]^{\frac{1}{1-\sigma}} = P_M(0)e^{\frac{gt}{1-\sigma}} \\ P_M^*(t) = [n^w(t)\Delta^*]^{\frac{1}{1-\sigma}} = [n^w(0)e^{gt}\Delta^*]^{\frac{1}{1-\sigma}} = P_M^*(0)e^{\frac{gt}{1-\sigma}} \end{cases}$$

从而可以得到两地区在 0 时刻与 t 时刻的实际收入分别为：

$$\begin{cases} E_r(0) = \dfrac{s_E E^w}{[P_M(0)]^{\mu}} \\ \\ E_r^*(0) = \dfrac{s_E^* E^w}{[P_M^*(0)]^{\mu}} \end{cases} \tag{3.63}$$

$$\begin{cases} E_r(t) = \dfrac{s_E E^w}{[P_M(t)]^{\mu}} = \dfrac{s_E E^w}{[P_M(0)e^{\frac{gt}{1-\sigma}}]^{\mu}} = E_r(0)e^{\frac{\mu g}{\sigma-1}t} \\ \\ E_r^*(t) = \dfrac{s_E^* E^w}{[P_M^*(t)]^{\mu}} = \dfrac{s_E^* E^w}{[P_M^*(0)e^{\frac{gt}{1-\sigma}}]^{\mu}} = E_r^*(0)e^{\frac{\mu g}{\sigma-1}t} \end{cases} \tag{3.64}$$

这意味着在长期均衡状态下，两地区实际收入以相同的增长率 $\frac{\mu g}{\sigma - 1}$ 增长。将式（3.63）中的两个等式相除，就可以得到两地区实际收入的比值：

$$S(t) = \frac{E_r(t)}{E_r^*(t)} = \frac{E_r(0)}{E_r^*(0)} = \frac{s_E E^w}{[P_M(0)]^\mu} \Big/ \frac{s_E^* E^w}{[P_M^*(0)]^\mu} = \frac{s_E \Delta^\mu}{s_E^* (\Delta^*)^\mu} \quad (3.65)$$

对上式求一阶导数，可得：

$$\frac{dS(t)}{ds_n} = \mu \cdot \frac{s_E}{s_E^*} \left(\frac{s_n \phi_D + s_n^* \phi_M \phi_C \phi_X^*}{\phi_X \phi_C \phi_M^* s_n + s_n^* \phi_D^*} \right)^{\mu - 1}$$

$$\frac{\left[\begin{array}{c} (\phi_D - \phi_M \phi_C \phi_X^*)(\phi_X \phi_C \phi_M^* s_n + s_n^* \phi_D^*) \\ - (s_n \phi_D + s_n^* \phi_M \phi_C \phi_X^*)(\phi_X \phi_C \phi_M^* - \phi_D^*) \end{array} \right]}{(\phi_X \phi_C \phi_M^* s_n + s_n^* \phi_D^*)^2} > 0$$

$$(3.66)$$

从式（3.63）—式（3.66）可见，只要经济的增长率 g 大于 0，则从长期来看，两地区的实际收入水平始终会增加，也就是说从长期来看，收入水平的改善是必然的过程。但从两地区实际收入的比值来看，$S(t)$ 是产业的空间分布 s_n 的函数，而与时间 t 及增长率 g 无关，而且 $S(t)$ 与 s_n 呈正相关关系，也就是说所有使得产业向发达地区集聚的基础设施改变的政策均会扩大两地区的实际收入差距，而所有使产业分散分布的政策均会缩小两地区的收入差距。而且，我们也应当看到，即使维持 $\frac{ds(t)}{ds_n} = 0$ 的政策从长期而言对落后地区也是不利的，因为即便是两地区实际收入之比保持不变，但绝对收入差距必然会扩大。再一次结合图 3.25 我们可以得到，各地区区内基础设施的改善由于能够吸引更多的企业向本地区布局而会使本地区的实际收入水平增加，而共享基础设施的改善只对发达地区有利，具有典型的马太效应。

命题 3.11：即使在增长条件下两地区名义收入（支出）份额也保持不变，等于其要素禀赋份额；只要经济增长率大于 0，则从长期来看，两地区的实际收入均会增加；但实际收入的比值与时间及增长率无关，仅受产业空间分布份额的影响，所有使产业向发达地区集聚的基础设施改变的政策均会扩大两地区的实际收入差距，而使产业分散分布的政策均会缩小两地区的收入差距。

第六节　本章小结

本章我们在两地区基准 FC 模型框架下引入了多种交易成本，通过对假定条件的不断扩展来研究在基准 FC 模型、存在农业运输成本、消费者异质性、企业异质性和增长模型条件下不同类型基础设施对产业空间布局、区域经济增长与区域差距等的影响，得到的主要结论如下：

1. 对任何地区来说，本地区区内基础设施、出口基础设施以及其他地区进口基础设施的改善以及本地区进口阻力的增加均会扩大本地区的产业份额；而两地区共享基础设施的改善只能更加有利于规模较大地区市场份额的进一步扩大，而不利于落后地区的发展。迁移成本的存在降低了产业空间布局的敏感性，使得产业空间转移与基础设施间的关系由单一的曲线形状变为带状形状，并在发达地区与落后地区间建立了一个产业转移的缓冲区；该缓冲区的存在具有双刃剑的作用：一方面在防止产业向发达地区转移方面保护了落后地区；另一方面又为落后地区发挥后发优势设置了障碍。

2. 消费者对工业品替代弹性的增加将弱化基础设施改善的效应，发达地区工业品替代弹性的增加不利于产业进一步向发达地区集聚；落后地区工业品替代弹性的增加会促使产业进一步向发达地区集聚，扩大两地区的发展差距。

3. 当工业产业向发达地区集聚时，落后地区区内农业基础设施的改善不影响经济活动的空间集聚；发达地区区内农业基础设施的改善会增加工资水平上涨的幅度，增加产业集聚的成本支出，构成了产业集聚的分散力；共享的农业基础设施的改善能够降低发达地区的工资水平，对发达地区的经济增长更为有利；农业交易成本在本质上是产业向发达地区集聚的一种工资成本，它明显地降低了经济活动的集聚水平和聚集租金。在发达地区政府往往面临着吸引投资的政绩考虑与改善农业基础设施的民生考虑之间的两难选择，而在落后地区积极发展农业基础设施则是其占优策略。

4. 当存在企业异质性时，区内基础设施的改善有利于产业向本地区集聚；有利于产品出口的区际基础设施的改善也有利于产业向本地区集聚；区际共享基础设施的改善则对发达地区有利而不利于落后地区。而且区内基础设施的变化往往会导致产业空间分布的剧烈变化，并会形成产业的逆向流动或核心—边缘模式。区内基础设施的改善有利于本地区实际收入增加，在这个零和博弈中，选择改善本地区内基础设施是各地区的占优策略选择；区际共享基础设施的改善更有利于产业向发达地区集聚，同时会改善两地区的实际 GDP 水平，从而现实中落后地区政府往往面临产业分布的政绩考虑与实际收入的民生考虑之间的两难选择。

5. 公共知识在空间传播越自由，则新知识创造成本就越低，从而经济的增长率水平就越大，这表明知识传播软环境的改善能够有效提高经济增长率；当公共知识传播不能实现完全自由时，产业空间分布越集中、经济发展水平越不平等，则经济增长率就越大，所以发达地区越发达、区域发展差距越大，全社会的经济增长率也就越大。只要经济增长率大于 0，则从长期来看，两地区的实际收入均会增加；但实际收入的比值与时间及增长率无关，仅受产业空间分布份额的影响，所有使产业向发达地区集聚的基础设施改变的政策均会扩大两地区的实际收入差距，而使产业分散分布的政策均会缩小两地区的收入差距。

附　　录

附录 3 - A：基准模型中总支出的计算

所有的资本收益和劳动者收入构成了全社会的总支出，于是有：

$$E^w = w_L L^w + (s_n K^w \pi + s_n^* K^w \pi^*) = w_L L^w + \left(s_n K^w b \frac{E^w}{K^w} B + s_n^* K^w b \frac{E^w}{K^w} B^* \right)$$

$$= w_L L^w + b E^w (s_n B + (1 - s_n) B^*) = w_L L^w + b E^w$$

其中：

$$s_n B + (1 - s_n) B^* = s_n \left(\frac{\phi_D s_E}{\Delta} + \frac{\phi_X \phi_C \phi_M^* s_E^*}{\Delta^*} \right) +$$

$$(1 - s_n) \left(\frac{\phi_M \phi_C \phi_X^* s_E}{\Delta} + \frac{\phi_D^* s_E^*}{\Delta^*} \right)$$

$$= \frac{\phi_D s_n s_E}{\Delta} + \frac{\phi_X \phi_C \phi_M^* s_n s_E^*}{\Delta^*} +$$

$$\frac{\phi_M \phi_C \phi_X^* (1 - s_n) s_E}{\Delta} + \frac{\phi_D^* (1 - s_n) s_E^*}{\Delta^*}$$

$$= s_E \frac{\phi_D s_n + \phi_M \phi_C \phi_X^* (1 - s_n)}{s_n \phi_D + s_n^* \phi_M \phi_C \phi_X^*} +$$

$$s_E^* \frac{\phi_X \phi_C \phi_M^* s_n + \phi_D^* (1 - s_n)}{s_n \phi_X \phi_C \phi_M^* + s_n^* \phi_D^*} = 1$$

从而：$E^w = w_L L^w / (1 - b) = 1 / (1 - b)$，全社会的总支出水平为一个常数。

附录 3 - B：长期均衡时 s_n 的计算

由 $B = B^*$ 可得：

$$\frac{\phi_D s_E - \phi_M \phi_C \phi_X^* s_E}{s_n \phi_D + (1 - s_n) \phi_M \phi_C \phi_X^*} = \frac{\phi_D^* (1 - s_E) - \phi_X \phi_C \phi_M^* (1 - s_E)}{s_n \phi_X \phi_C \phi_M^* + (1 - s_n) \phi_D^*} \quad (3—A1)$$

将上式展开，并化简可得：

$$(\phi_D - \phi_M \phi_C \phi_X^*)\ (\phi_D^* - \phi_X \phi_C \phi_M^*) s_n = (\phi_D - \phi_M \phi_C \phi_X^*)\ \phi_D^* s_E - (\phi_D^* - \phi_X \phi_C \phi_M^*)\ \phi_M \phi_C \phi_X^*\ (1 - s_E)$$

进一步整理可以得到式（3—11）。

附录 3 - C：实际 GDP 与贸易自由度间的关系

式（3—17）分别对各种交易成本求导就可以得到实际 GDP 与不同交易成本间的变化关系，对于东部地区，有：

$$\begin{cases} \dfrac{\partial E_r}{\partial \phi_D} = \dfrac{a\,(s_K)^2}{1-b}(\Delta)^{a-1}\dfrac{\phi_D^*}{\phi_D^* - \phi_X\phi_C\phi_M^*} > 0 \\[4mm] \dfrac{\partial E_r}{\partial \phi_D^*} = \dfrac{a\,(s_K)^2}{1-b}(\Delta)^{a-1}\phi_X\phi_C\phi_M^*\dfrac{-\phi_D + \phi_M\phi_C\phi_X^*}{(\phi_D^* - \phi_X\phi_C\phi_M^*)^2} < 0 \\[4mm] \dfrac{\partial E_r}{\partial \phi_X} = \dfrac{a\,(s_K)^2}{1-b}(\Delta)^{a-1}\phi_D^*\phi_C\phi_M^*\dfrac{-\phi_M\phi_C\phi_X^* + \phi_D}{(\phi_D^* - \phi_X\phi_C\phi_M^*)^2} > 0 \\[4mm] \dfrac{\partial E_r}{\partial \phi_X^*} = \dfrac{a\,(s_K)^2}{1-b}(\Delta)^{a-1}\dfrac{-\phi_M\phi_C\phi_X\phi_C\phi_M^*}{\phi_D^* - \phi_X\phi_C\phi_M^*} < 0 \\[4mm] \dfrac{\partial E_r}{\partial \phi_M} = \dfrac{a\,(s_K)^2}{1-b}(\Delta)^{a-1}\dfrac{-\phi_C\phi_X^*\phi_X\phi_C\phi_M^*}{\phi_D^* - \phi_X\phi_C\phi_M^*} < 0 \\[4mm] \dfrac{\partial E_r}{\partial \phi_M^*} = \dfrac{a\,(s_K)^2}{1-b}(\Delta)^{a-1}\phi_D^*\phi_X\phi_C\dfrac{-\phi_M\phi_C\phi_X^* + \phi_D}{(\phi_D^* - \phi_X\phi_C\phi_M^*)^2} > 0 \\[4mm] \dfrac{\partial E_r}{\partial \phi_C} = \dfrac{a\,(s_K)^2}{1-b}(\Delta)^{a-1}\phi_X\phi_M^*\dfrac{\phi_M\phi_C\phi_X^*\phi_X\phi_C\phi_M^* + \phi_D^*\phi_D - 2\phi_D^*\phi_M\phi_C\phi_X^*}{(\phi_D^* - \phi_X\phi_C\phi_M^*)^2} \end{cases} \quad (3\text{—}C1)$$

对于西部地区，有：

$$\begin{cases} \dfrac{\partial E_r^*}{\partial \phi_D} = \dfrac{a\,(s_K^*)^2}{1-b}(\Delta^*)^{a-1}\phi_M\phi_C\phi_X^*\dfrac{-\phi_D^* + \phi_X\phi_C\phi_M^*}{(\phi_D - \phi_M\phi_C\phi_X^*)^2} < 0 \\[4mm] \dfrac{\partial E_r^*}{\partial \phi_D^*} = \dfrac{a\,(s_K^*)^2}{1-b}(\Delta^*)^{a-1}\dfrac{\phi_D}{\phi_D - \phi_M\phi_C\phi_X^*} > 0 \\[4mm] \dfrac{\partial E_r^*}{\partial \phi_X} = \dfrac{a\,(s_K^*)^2}{1-b}(\Delta^*)^{a-1}\dfrac{-\phi_M\phi_C\phi_X\phi_C\phi_M^*}{\phi_D - \phi_M\phi_C\phi_X^*} < 0 \\[4mm] \dfrac{\partial E_r^*}{\partial \phi_X^*} = \dfrac{a\,(s_K^*)^2}{1-b}(\Delta^*)^{a-1}\phi_D\phi_M\phi_C\dfrac{-\phi_X\phi_C\phi_M^* + \phi_D}{(\phi_D - \phi_M\phi_C\phi_X^*)^2} > 0 \end{cases}$$

$$\begin{cases} \dfrac{\partial\, E_r^*}{\partial\, \phi_M} = \dfrac{a\,(s_K^*)^2}{1-b}(\Delta^*)^{a-1}\phi_D\phi_C\phi_X\, \dfrac{-\phi_X\phi_C\phi_M^* + \phi_D^*}{(\phi_D - \phi_M\phi_C\phi_X^*)^2} > 0 \\[4mm] \dfrac{\partial\, E_r^*}{\partial\, \phi_M^*} = \dfrac{a\,(s_K^*)^2}{1-b}(\Delta^*)^{a-1}\dfrac{-\phi_M\phi_C\phi_X^*\,\phi_X\phi_C}{\phi_D - \phi_M\phi_C\phi_X^*} < 0 \\[4mm] \dfrac{\partial\, E_r^*}{\partial\, \phi_C} = \dfrac{a\,(s_K^*)^2}{1-b}(\Delta^*)^{a-1}\phi_M\phi_X \\[4mm] \dfrac{\phi_M\phi_C\phi_X^*\,\phi_X\phi_C\phi_M^* + \phi_D\phi_D^* - 2\phi_D\phi_X\phi_M^*\phi_C}{(\phi_D - \phi_M\phi_C\phi_X^*)^2} \end{cases} \tag{3—C2}$$

附录 3 - D：消费者异质性条件下的支出份额

由于假设资本可以自由流动且总资本量很大，则东西部各自所拥有的资本在世界的分布同总分布相同，于是东部资本所有者拥有的资本禀赋所获得的资本总收益为：

$s_n K\pi + s_n^* K\pi^* = K\dfrac{E^w}{K^w}[\,bs_n B + b^*(1-s_n)B^*\,]$，所以有：$E = L + K\dfrac{E^w}{K^w}$

$[\,bs_n B + b^*(1-s_n)B^*\,]$，于是东部的支出份额为：

$$s_E = s_L + [\,bs_n B + b^*(1-s_n)B^*\,](s_K - s_L) \tag{3—D1}$$

B 与 B^* 的表达式代入，可以得到一般情形下支出份额的表达式：

$$s_E = \dfrac{s_L + \dfrac{bs_n\phi_X\cdot\phi_C\cdot\phi_M^*\cdot\Delta + b^*(1-s_n)\phi_D^*\cdot\Delta}{\Delta\Delta^*}(s_K - s_L)}{1 - \left[\dfrac{bs_n\phi_D\Delta^* + b^*(1-s_n)\phi_M\phi_C\phi_X^*\Delta^* -}{\Delta\Delta^*} - \dfrac{bs_n\phi_X\cdot\phi_C\cdot\phi_M^*\cdot\Delta - b^*(1-s_n)\phi_D^*\cdot\Delta}{\Delta\Delta^*}\right](s_K - s_L)}$$

$$= \dfrac{\Delta\Delta^* s_L + [\,bs_n\phi_X\cdot\phi_C\cdot\phi_M^*\cdot\Delta + b^*(1-s_n)\phi_D^*\cdot\Delta\,](s_K - s_L)}{\Delta\Delta^* - [\,bs_n\phi_D\Delta^* + b^*(1-s_n)\phi_M\phi_C\phi_X^*\Delta^* - bs_n\phi_X\cdot\phi_C\cdot\phi_M^*\cdot\Delta - b^*(1-s_n)\phi_D^*\cdot\Delta\,](s_K - s_L)}$$

$$\tag{3—D2}$$

将 $s_L = s_K$ 代入则可得 $s_E = s_K$。

附录 3 - E：存在农业运输成本条件下的支出水平计算

两地区劳动者收入与资本收益构成全社会的总支出：

$E^w = w_L L + w_L^* L^* + (s_n K^w \pi + s_n^* K^{w*} \pi^*) = w_L L^w + bE^w$ 其中存在关系式：

$$s_n \varpi B + (1 - s_n) \varpi^* B^* = s_n \varpi \left(\frac{\phi_D s_E}{\Delta} + \frac{\phi_X \phi_C \phi_M^* s_E^*}{\Delta^*} \right) +$$

$$(1 - s_n) \varpi^* \left(\frac{\phi_M \phi_C \phi_X^* s_E}{\Delta} + \frac{\phi_D^* s_E^*}{\Delta^*} \right)$$

$$= \frac{\phi_D \varpi s_n s_E}{\Delta} + \frac{\phi_X \phi_C \phi_M^* \varpi s_n s_E^*}{\Delta^*} +$$

$$\frac{\phi_M \phi_C \phi_X^* \varpi^* (1 - s_n) s_E}{\Delta} + \frac{\phi_D^* \varpi^* (1 - s_n) s_E^*}{\Delta^*}$$

$$= s_E \frac{\phi_D \varpi s_n + \phi_M \phi_C \phi_X^* \varpi^* (1 - s_n)}{\Delta} +$$

$$s_E^* \frac{\phi_X \phi_C \phi_M^* \varpi s_n + \phi_D^* \varpi^* (1 - s_n)}{\Delta^*} = 1,$$

从而可得：$E^w = 1/(1 - b)$。

附录 3 - F：引入农产品交易成本时的长期均衡

由 $\varpi B = \varpi^* B^*$ 可得：$\varpi \left(\frac{\phi_D s_E}{\Delta} + \frac{\phi_X \phi_C \phi_M^* s_E^*}{\Delta^*} \right) = \varpi^*$

$\left(\frac{\phi_M \phi_C \phi_X^* s_E}{\Delta} + \frac{\phi_D^* s_E^*}{\Delta^*} \right)$，经整理可得：

$$\frac{\phi_D \varpi s_E - \phi_M \phi_C \phi_X^* \varpi^* s_E}{s_n \varpi \phi_D + s_n^* \varpi^* \phi_M \phi_C \phi_X^*} = \frac{\phi_D^* \varpi^* s_E^* - \phi_X \phi_C \phi_M^* \varpi s_E}{s_n \varpi \phi_X \phi_C \phi_M^* + s_n^* \varpi^* \phi_D^*}$$，这是关于

$s_E = f(s_n)$ 的函数，求解方程有：

$$s_E = (\varpi^* \phi_D^* - \varpi \phi_X \phi_C \phi_M^*) \frac{(\varpi \phi_D - \varpi^* \phi_M \phi_C \phi_X^*)}{\varpi \varpi^* (\phi_D^* \phi_D - \phi_M \phi_C \phi_X^* \phi_X \phi_C \phi_M^*)} \qquad (3\text{—}F1)$$

联袂 $s_E = \dfrac{w_L L}{w_L L + w_L^* L^*}(1-b) + b s_K$ 与（A3-6）可得长期均衡时的产

业空间分布。

进一步可以求解滚摆线，即式（3.32）。

附录3-G：异质性企业条件下的支出决定

总支出等于工资收入与资本收益之和，即有：

$$E^w = w_L L^w + \int_0^1 n\pi(a_i)\,dG(a_i) + \int_0^1 n^*\pi(a_i)^*\,dG(a_i)$$

$$= w_L L^w + \mu E^w \frac{(\sigma-1)^\sigma}{\sigma^{1+\sigma}}[nB + n^*B^*]，其中：nB + n^*B^* =$$

$$\frac{n\phi_D s_E}{n\phi_D + n^*\phi_M\phi_C\phi_X^*} + \frac{n\phi_X\phi_C\phi_M^* s_E^*}{n^*\phi_D^* + n\phi_X\phi_C\phi_M} + \frac{n^*\phi_D^* s_E^*}{n^*\phi_D^* + n\phi_X\phi_C\phi_M} +$$

$$\frac{n^*\phi_M\phi_C\phi_X^* s_E}{n\phi_D + n^*\phi_M\phi_C\phi_X^*} = \frac{n\phi_D s_E + n^*\phi_M\phi_C\phi_X^* s_E}{n\phi_D + n^*\phi_M\phi_C\phi_X^*} + \frac{n\phi_X\phi_C\phi_M^* s_E^* + n^*\phi_D^* s_E^*}{n^*\phi_D^* + n\phi_X\phi_C\phi_M^*} = 1$$

从而，$E^w = w_L L^w + \mu E^w \dfrac{(\sigma-1)^\sigma}{\sigma^{1+\sigma}}$，即：$E^w = \dfrac{\sigma^{1+\sigma}}{\sigma^{1+\sigma} - \mu(\sigma-1)^\sigma}$，全社

会的总支出水平为一个常数。

附录3-H：异质性企业条件下的临界边际成本

由 $\pi(a_R) = \pi(a_R)^*$ 可得 $B = B^*$，从而有：

$$\frac{\phi_D s_E}{\Delta} + \frac{\phi_X\phi_C\phi_M^* s_E^*}{\Delta^*} = \frac{\phi_D^* s_E^*}{\Delta^*} + \frac{\phi_M\phi_C\phi_X^* s_E}{\Delta}，将 \Delta、\Delta^* 代入，有：$$

$$\frac{\phi_D s_E - \phi_M\phi_C\phi_X^* s_E}{n\phi_D + n^*\phi_M\phi_C\phi_X^* + n^*(\phi_D - \phi_M\phi_C\phi_X^*)(a_R)^{\rho/\gamma} - \phi_D a^{\rho/\gamma}}$$

$$= \frac{\phi_D^* s_E^* - \phi_X\phi_C\phi_M^* s_E^*}{n^*\phi_D^* + n\phi_X\phi_C\phi_M^* + n^*},$$

$$(\phi_X\phi_C\phi_M^* - \phi_D^*)(a_R)^{\rho/\gamma} - \phi_X\phi_C\phi_M^* a^{\rho/\gamma}$$

经化简整理可得：

$$(a_R)^{\rho/\gamma} = \cfrac{\left[\begin{array}{l}(\phi_D^* s_E^* - \phi_X \phi_C \phi_M^* s_E^*)(n\phi_D + n^* \phi_M \phi_C \phi_X^* - \phi_D a^{\rho/\gamma}) \\ -(\phi_D s_E - \phi_M \phi_C \phi_X^* s_E)(n^* \phi_D^* + n\phi_X \phi_C \phi_M^* - \phi_X \phi_C \phi_M^* a^{\rho/\gamma})\end{array}\right]}{n^*\left[\begin{array}{l}(\phi_D s_E - \phi_M \phi_C \phi_X^* s_E)(\phi_X \phi_C \phi_M^* - \phi_D^*) \\ -(\phi_D^* s_E^* - \phi_X \phi_C \phi_M^* s_E^*)(\phi_D - \phi_M \phi_C \phi_X^*)\end{array}\right]}$$

$$(3—H1)$$

第 四 章
基础设施与运输网络选择

在第三章我们重点讨论了不同的经济环境与非对称市场规模下基础设施对产业空间布局与地区收入差距的影响。通过分析我们发现对于任何地区而言，区内基础设施的改善有利于本地区实际收入的增加，而共享区际基础设施的改善则存在典型的马太效应——有利于发达地区而不利于落后地区。但是我们在抽象化的以 FC 模型为基准模型的分析过程中，始终忽略了这样一个问题，为什么在有些地区会形成产业集聚，为什么有些地区间的交通运输非常便利，而有些地区之间却很不便利？

Mori 和 Nishikimi（2002）认为产业集聚经常出现在主要的交通节点上，明显的例子是城市经常出现在接近于重要的高速公路、大型铁路站点等重要节点上，最为典型的例子是 20 世纪 80 年代亚洲工业的空前增长发生于香港、新加坡、高雄三个世界最大的港口周围。我们认识到产业集聚往往出现于重要运输节点处是企业对节省金钱和时间的考虑，一方面，企业具有向交通节点附近布局以节约运输成本的动机。有研究表明主要的工业企业支付的运输成本占他们总销售额的 8.69%（Japan Logistic Systems Association，1996）。除了货币成本考虑外，接近于交通节点还可使企业明显地节省时间成本。因为企业经常需要与他们的消费者以及供应商相互联系、交流，甚至在企业内部，地方经理人也必须经常与企业决策者见面。所有这些事情当然需要在区域间频繁地交通往来，从而会产生时间和金钱成本。比如，亚洲的电子产品装配企业时常会遭受市场需求和生产技术方面不确定性的变化而被迫频繁地改变他们配件的数量和类型；由于配件运输需要时间，所以他们常常需要在不知道准确的型号和所需数量的情况下及早地下订单。为避免这类风险，企业宁愿在接近于交通节点的地区布局，如国际性的港口。另一方面，产业集聚的增长会导致运输需求的迅速增加，从而能够提高运输效率。这主要因为如集装箱货轮、高速火车、大型飞机等现代运输工具的发展，使得运输业的规模经济得到了体现；而规模经济的发展又进一步促进了集合式运输的发展。比如存在一个给定航线的运输服务，于是随着运输业的发展，会有更多的货船会被吸引到该航线上，反过来又为该航线提供了更大的运输能力，这种正反馈机制最终会形成一种内生的航线和产业集聚区。

在现有文献中，存在两种关于产业区位类型和运输网络结构的文献。一类文献主要在于描述运输网络设计，并主要为运输部门的规划者提供帮助（Campbell，1996；Hendricks et al.，1995），但是这类模型往往不能解释运输网络结构是如何影响产业区位类型的。另一类文献集中于给定运输网络结构条件下对产业空间分布模式的研究（Fujita and Mori，1996；Konishi，2000；Krugman，1993；Mills，1972），然而它们却不能解释产业的空间分布是如何影响运输网络结构的。

其实新经济地理学家很早就将距离因素引入了模型分析，如 Fujita et al.（1999）在研究城市问题时，将地区间的距离引入了指数型的交易成本中，但是在他们的模型中单位交易成本保持不变，也就是说在该模型中未能将运输规模与运输效率相联系。Mori 和 Nishikimi（2002）将运输规模与运输效率引入了一个三地区新经济地理模型，但在他们的模型中假定存在一个外生的中间品生产部门，该中间品生产部门只与其他两个地区存在贸易，从而运输网络结构的分析仅限于中间品部门与最终商品生产部门之间，而最终商品部门间却未能进入模型的考虑范围。本研究在上述已有研究成果的基础上，试图构建一个运输成本内生化的一般均衡模型，分析产业空间分布行为和运输网络结构间的相互依赖关系。本章的结构安排如下：第一节我们构建一个由产业空间分布内生决定运输成本的两地区基准模型；第二节将研究从两地区扩展到三地区模型，建立一个交易成本内生化的三地区基准模型；第三、第四、第五节将分别讨论不同交通运输网络的优化选择；第六节为本章的结论。

第一节　基于两地区区际运输的基准模型

一　基本假设

与第三章第一节的基本假定相似，我们设定一个两地区（东部和西部）、两部门（农业和工业）、两要素（劳动和资本）的 FC 型模型，我们在此仅对图3—2描述的冰山运输成本进行必要的改进，如图4.1所示。

依然假定两地区的区内运输成本分别为 $\tau_D > 1$ 和 $\tau_D^* > 1$，但对区际运输成本适当简化为 $T > 1$。

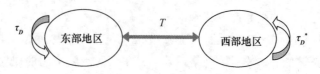

图 4.1　冰山运输成本

　　一些研究已经证明在旅客运输中客运规模对运输效率具有非常重要的影响。[①] 与此同时，经济规模对货物运输效率也具有重要的影响，如在航海运输中，货船尺寸每增加 1%，那么集装箱运输成本会减少 0.31%（Journal of Commerce，1997）。又如，在从日本向每个东南亚港口的现有航线上，货船受利润驱动向某些航线集中时，货船数量每增加 1% 运费就会下降 0.12%。从而，运输需求和运输服务对于运输效率表现出一种正相关关系（Mori and Nishikimi，2002），这种相互促进效应可以从新加坡至日本和雅加达至日本的航线对比中得到验证[②]。这表明两地区之间的运输规模或运量越大，则单位距离的运输成本将下降。

　　于是本书在此需要构建商品的单位运输成本与运输规模之间的关系，为此我们首先需要知道两地区之间的工业品运输规模[③]。在市场规模 s_E 和产业份额 s_n 间应当存在如下相互关系，即当 s_E 与 s_n 比较接近时，因为各地区之间的企业分布比较合理，从而地区间的产品运输量应当比较小；当 s_E 与 s_n 差距较大时，说明企业分布不够合理，企业分布较少市场的消费产品中靠运输的比例越大，从而产品运输量应当比较大，因此我们假定存

---

① 如 Brueckner and Spiller（1991），Brueckner et al.（1992），Caves et al.（1984）等关于航空客运的研究和 Braeutigam et al.（1982，1984）等关于铁路客运的研究。

② 两条航线具有相同的距离和不同的运输密度，在时间上雅加达至日本航线是新加坡至日本航线的两倍，其原因就在于新加坡拥有一个与国际重要港口相连的港口（Shipping Gazette，1997）。平均而言，从日本至无港口东南亚国家的运输成本比相同距离的有港口的国家高 22.6%。

③ 由于模型中假定劳动不能跨地区流动，农产品无运输成本，所以我们在此进行了必要的简化，只考虑工业品运输量对区际交易成本的影响。

在如下产品运输量函数[①]:

$$Q = s_n^2(1 - s_E) + (1 - s_n)^2 s_E \qquad (4.1)$$

由于产品运输量 Q 和运输成本之间具有反向变化关系，为此我们参照 Mori and Nishikimi（2002）的研究方法，在地区之间引入距离参数 $d \geqslant 1$、不考虑运输量时的单位产品运输成本 $\tau \geqslant 1$，由于单位距离的运输成本与产品的运输量相关，从而令 1 单位工业品的运输成本为:

$$T(\tau, d, Q) = \left(\frac{1}{Q + \alpha} + \frac{1}{x} \right) \tau d \qquad (4.2)$$

其中 α 为调整系数[②]，x 为地区数量。由于 $\frac{dT}{dQ} = \frac{-1}{(Q + \alpha)^2} < 0$，所以单位产品运输成本与运输量之间呈反向变化关系。其实，区际间基础设施的改善既可以理解为单位运输成本 τ 的下降，也可以理解为地区间空间距离 d 的缩短，比如区际间通信网络基础设施的建设能够便利信息沟通；又如高速公路、高速铁路等基础设施的建设即能够降低产品运输的单位耗油量等成本支出，而且能够缩短运输的时间成本支出，所以基础设施的改善可以同时体现在 τ 与 d 值的减小。根据交易成本与贸易自由度之间的关系可得表达式: $\varphi = T^{1-\sigma}$。于是我们得到了既定产业布局条件下内生化的产品运输量、交易成本、贸易自由度之间的相互关系式，并可以得到图 4.2 所

---

① 事实上，如果准确地度量两地区间的产品运输量，应当根据式（3.6）中有关产品需要量的研究，两地区之间的产品运输量 Q 应当等于东部对西部产品的需求量 $c_2 = \mu E P_M^{\sigma-1} (\bar{\bar{p}}^*)^{-\sigma}$ 和西部对东部产品的需求量 $c_1^* = \mu E^* (P_M^*)^{\sigma-1} (\bar{\bar{p}})^{-\sigma}$ 之和，即有: $Q = T (c_1^* + c_2) = \mu\phi \dfrac{E^w}{n^w}$ $\left(\dfrac{s_E^*}{\Delta^*} + \dfrac{s_E}{\Delta} \right)$。本研究在此的重点在于通过产品运输量 Q 建立某种交易成本内生化的函数表达式，而该式所表达的 Q 和 s_E、s_n 间的函数关系与式（4.1）相同，而式（4.1）又具有简化运算的效果，所以我们采用能够近似表达产品运输量的式（4.1）。

② 由于地区间产品运输量 Q 可能会很小，于是 $1/Q$ 以及运输成本 T 的值可能会很大，这会影响到地区间的产品交易与产业分布，所以为了得到一个恰当的产品运输成本 T，需要引入某种调整系数 α。

示的曲线图。

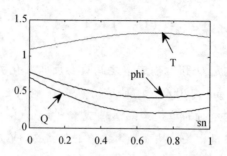

图 4.2　产品运输量与交易成本关系图

其中，$\phi = phi$，参数 $\tau = 1$、$d = 1$、$\alpha = 1$、$x = 2$。

二　短期均衡

与前文的分析相似，消费者的对某种工业品的需求函数为 $c_j = \mu w P_M^{\sigma-1} p_j^{-\sigma}$。农产品市场为完全竞争的，农产品价格与第三章第一节的价格相似。

由于交易成本形式发生了变化，从而工业品价格及其指数将会发生变化。结合前文的分析可知两地区产品的出厂价格均为 1；东部产品在本地市场的销售价格为 $\bar{p} = \tau_D$，东部产品在西部市场的出售价格为 $\bar{\bar{p}} = T$；西部产品在西部市场出售的价格为 $\bar{p}^* = \tau_D^*$，西部产品在东部市场的出售价格为 $\bar{\bar{p}}^* = T$。从而有如下的产品价格矩阵：$\begin{vmatrix} \bar{p} & \bar{\bar{p}}^* \\ \bar{\bar{p}} & \bar{p}^* \end{vmatrix} = \begin{vmatrix} \tau_D & T \\ T & \tau_D^* \end{vmatrix}$。

由 $P_M = \left(\int_0^n p_i^{(1-\sigma)} di \right)^{1/(1-\sigma)}$ 可得两地区的工业品价格指数分别为：

$$\begin{cases} (P_M)^{1-\sigma} = n^w (s_n \phi_D + s_n^* \phi) = n^w \Delta \\ (P_M^*)^{1-\sigma} = n^w (\phi s_n + s_n^* \phi_D^*) = n^w \Delta^* \end{cases} \quad (4.3)$$

其中 $\Delta = s_n \phi_D + s_n^* \phi$、$\Delta^* = \phi s_n + s_n^* \phi_D^*$、$\phi = (T)^{(1-\sigma)}$。

根据前文的分析可知全社会的总支出为 $E^w = 1/(1-b)$，两地区的支出份额为：$s_E = s_K$、$s_E^* = s_K^*$。两地区厂商的经营利润为：

$$\begin{cases} \pi = b\dfrac{E^w}{n^w}\left(\dfrac{\phi_D s_E}{\Delta} + \dfrac{\phi s_E^*}{\Delta^*}\right) = b\dfrac{E^w}{n^w}B \\[3mm] \pi^* = b\dfrac{E^w}{n^w}\left(\dfrac{\phi s_E}{\Delta} + \dfrac{\phi_D^* s_E^*}{\Delta^*}\right) = b\dfrac{E^w}{n^w}B^* \end{cases}$$

三 长期均衡

长期均衡条件与式（3—11）相同，所以在理论上可以得到不同运输距离与运输成本条件下均衡的产业分布，但现在区际交易成本是内生化变量了，也就是说 π 和 π^* 是关于 s_n 的非线性函数，由 $\pi = \pi^*$ 以及 $B = B^*$ 可得：$\dfrac{\phi_D s_E - \phi s_E}{s_n \phi_D + s_n^* \phi} = \dfrac{\phi_D^* s_E^* - \phi s_E^*}{\phi s_n + s_n^* \phi_D^*}$。由于 $\phi = f(s_n)$ 以及 $B = B^*$ 是关于 s_n 的非线性函数，所以我们无法得到其显性解，只能利用数值模拟的方法求解，如图 4.3 和图 4.4 所示。

图 4.3 分别为两地区间的距离 d、各类基础设施 τ、τ_d、τ_d^* 以及市场规模 s_E 等变化时的滚摆线图，图 4.4 为与其相对应的战斧图；在其他值不变时，参数取值为 $s_L = s_K = 0.7$、$\tau = 1$、$d = 1$、$\tau_d = 1.2$、$\tau_d^* = 1.2$；图 4.3 中实线表示稳定的长期均衡状态，虚线表示不稳定的长期均衡。对比图 4.3、图 4.4 与图 3.5 可以看到当将基础设施水平与产品运输量之间建立内生化关系后，长期均衡状态的战斧图变得复杂了很多，也就是说长期均衡状态也趋于复杂化。具体而言，从图 4.3 的图（a）可以看到，当两地区共享基础设施水平很高，如 d 和 τ 的值比较小时，由于两地区间的交易成本很低，所以此时产业在两地区的任何一个地区集聚都是长期均衡；而当 d 和 τ 的值逐渐增加时，在规模较小地区实现集聚的概率在下降，产业更倾向于向规模较大的地区集聚；而 d 和 τ 的值较大时，由于产品的总运输成本比较高，产业将在两地区间分散布局。这就是在现实生活中我们经常见到的现象：当两个规模不相等的地区间相距很近时，往往能够形成产业的专业化分布特征，即不论是规模较大还是较小的地区，往往能够专业化生产某种产品而供给全部地区；而当两个规模相异的地区相距较远时，由于产品运输成本巨大，难以形成同城一体化的专业化产业布局。同时我们也应当注意到，高速公路、高速铁路等基础设施建设等价于 d 和 τ 值下降，从而有利于产业向落后地区集聚，这是与前文的研究有所差别的地方，这意味着区际交易成本的改善使落后地区实现发展成为可

能，但是这种可能性又小于发达地区进一步发展的概率，也就是说虽然区际交易成本的改善使落后地区的发展成为可能，但能够将这种可能性转变为现实则需要落后地区进一步的努力。

从图（b）可以看到，当发达地区的区内基础设施水平较高，即当 τ_d <1.15 时，由于产品在发达地区生产可以节省较大的区内交易成本，所以产业在长期倾向于向发达地区集聚。当 τ_d 逐渐增加时，发达地区的集聚优势下降，产业在两地区的任何地区集聚都成为长期均衡的可能选择。当 τ_d 进一步增加时，产业在两地区分散分布或向落后地区集聚成为可能，而当 τ_d 增加到一定程度时，产业将完全集聚到落后地区以实现在落后地区节省更多的区内交易成本。从对比图（b）、（c）可以看到两个图的形状正好相反变化，即产业倾向于集聚区内交易成本较低的地区。与前文所述的战斧图不同，在图（b）、图（c）中战斧图呈"Z"字形变化。

从图（d）可以看到，当两地区的市场规模变化时，长期均衡状态也将发生变化。当两地区的市场规模比较接近，即 $0.5<s_E<0.6$ 时，产业将在两地区分散分布或在落后地区集聚，而当 s_E 较大时，则产业将选择在两地区集聚分布，而且在发达地区集聚的概率较大。而比较有意思的一点是，随着 s_E 逐渐增加，产业向落后地区集聚的可能性也在增加。

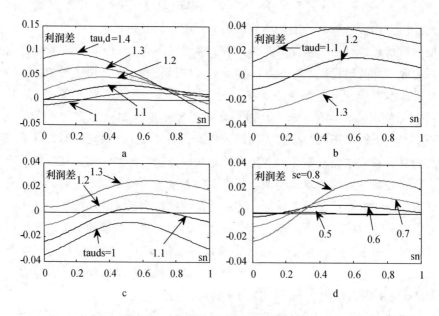

图 4.3　内生化基础设施的滚摆线图

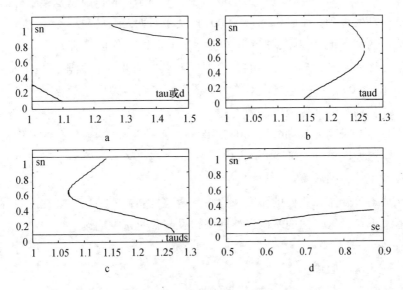

图 4.4 内生化基础设施的战斧图

命题 4.1：当用区际产品运输量内生化区际基础设施后，区际基础设施水平改善或两地区运输距离缩小使得两地区实现专业化生产成为可能，而且使落后地区实现发展成为可能，而如何将这种可能性转变为现实性则是落后地区需要努力的方向；两地区区内基础设施的改善均有利于产业在本地区集聚并促进本地区的发展，两者的战斧图呈 "Z" 字形且反向变化。

第二节　三地区基准模型

在本研究前文的分析中，我们一直基于经典新经济地理学的两地区模型进行讨论。虽然两地区模型能够解释区际间不同要素流动条件下产业空间分布的长期均衡，为区际贸易政策提供更多的选择。但是现实世界毕竟是多元的，两地区模型的结论有时候并不完全适用于多地区的情况，而且在两地区模型中对交通网络优化的选择其实是非常简单的，难以进行更为全面的优化选择行为，所以相对而言，对基础设施网络建设与优化选择方面，我们更加注重在多地区模型中不同网络间的选择。

其实自 Krugman（1991）以来，新经济地理学很早就开始关注多地区问题。如 Monfort 和 Nicolini（2000）在一个两国四地区模型框架下分析了经济活动的地理集中；Paluzie（2001）基于对西班牙的分析，建立了一个三地区的经济地理模型：2 个国内地区、1 个国外地区，研究了国内贸易政策对区域不平衡模式的影响，模型表明贸易自由化将加剧区域不平衡；Forslid（2003）在一个规模不等的三地区新经济地理模型框架下讨论了经济一体化的影响与区域间的政府行为、基础设施投资及补贴等政策选择；Brülhart、Crozet 和 Koenig（2004）基于欧盟的扩张与经济重心东移构建了一个三地区模型；Sheard（2008）在一个三地区动态模型下研究了减少区际差距的补贴政策。

从本节开始，我们的研究视角将从两地区转向三地区，并在三地区模型框架下讨论区域间的基础设施网络建设与优化选择问题。

一　基本假设

承接上一节的假设，本节我们进一步假定一个经济体由东部（A）、中部（B）和西部（C）三个地区构成，每个地区拥有两个生产部门（农业和工业）、使用两种生产要素（劳动和资本）。模型的其他假定与经典 FC 模型相似，即工业部门在 D—S 框架下按规模报酬递增的技术生产差异化的工业品，农业部门是完全竞争部门且农产品为计价物、农产品区际区内运输无成本，劳动力不能跨地区流动，资本自由流动但资本所有者不可流动。

假设三地区拥有的劳动禀赋分别为 L、$L^{\#}$、L^{*}①，且 $L + L^{\#} + L^{*} = L^{w} = 1$，则三地区拥有的劳动份额分别为 s_{L}、$s_{L}^{\#}$、s_{L}^{*}，由于劳动者只能跨部门流动而不能在区际间流动，所以工农业部门劳工的工资水平相同。设三地区拥有的资本量分别为 K、$K^{\#}$ 和 K^{*}，资本总量为 $K^{w} = K + K^{\#} + K^{*} = 1$，则三地区拥有的资本份额分别为 s_{K}、$s_{K}^{\#}$ 和 s_{K}^{*}。由于一个企业只使用一个单位资本，则有 $K^{w} = n^{w}$。设三地区的企业数量分别为 n、$n^{\#}$ 和 n^{*}，则有 $n^{w} = n + n^{\#} + n^{*} = K^{w}$，于是三地区的企业份额分别为 s_{n}、$s_{n}^{\#}$ 和 s_{n}^{*}。为便于分析，进一步假定三地区拥有的要素禀赋不等，其中东部为发达地区、中部为中等发达地区、西部为落后地区，且各地区的资本劳动比相

---

① 为便于分析，除特别说明外，书中的符号保持一致，以上标"*"表示西部地区的变量；以上标"#"表示中部地区的变量。

等，即 $\dfrac{s_K}{s_L} = \dfrac{s_K^{\#}}{s_L^{\#}} = \dfrac{s_K^{*}}{s_L^{*}}$、$s_K > s_K^{\#} > s_K^{*}$。

由于三个地区在空间能够形成多种不同的区位分布，于是我们假定三地区呈一般的空间三角形区位分布关系，其中东部 A 与中部 B 地区间的直线距离为 $d_{AB} \geqslant 1$，中部 B 与西部 C 地区间的距离为 $d_{BC} \geqslant 1$，东部 A 与西部 C 地区间的距离为 $d_{AC} \geqslant 1$。为便于研究假定地区 A 与 B 的位置固定不变且 $d_{AB} = 1$，C 地区的位置在空间可以任意变化，且三地区间的位置满足基本的三角形关系：$d_{AC} + d_{BC} \geqslant d_{AB}$、$|d_{AC} - d_{BC}| \leqslant d_{AB}$。从而能够形成任意空间布局的三角形区位关系，整个经济的空间结构如图 4.5 所示：

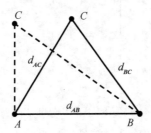

图 4.5 三地区模型的空间区位分布图

与前文的分析相似，假定产品运输存在区内运输成本，而且三地区的区内运输成本分别为 τ_d、$\tau_d^{\#}$、τ_d^{*}。根据式（4.1）中关于产品运输量与市场规模 s_E、产业份额 s_n 间的相互关系，可以构造如下的产品运输量函数：

$$\begin{cases} Q_{AB} = (s_n)^2 s_E^{\#} + (s_n^{\#})^2 s_E \\[2mm] Q_{BC} = (s_n^{\#})^2 s_E^{*} + (s_n^{*})^2 s_E^{\#} \\[2mm] Q_{AC} = (s_n)^2 s_E^{*} + (s_n^{*})^2 s_E \end{cases} \tag{4.4}$$

同时假设不考虑运输量时地区之间单位距离的运输成本为 τ，从而根据式（4.2）可以将地区之间的运输成本分别定义为：

$$
\begin{cases}
T_{AB}(\tau,\ d_{AB},\ Q_{AB}) = \left(\dfrac{1}{Q_{AB}+\alpha} + \dfrac{1}{x}\right)\tau d_{AB} \\[3mm]
T_{BC}(\tau,\ d_{BC},\ Q_{BC}) = \left(\dfrac{1}{Q_{BC}+\alpha} + \dfrac{1}{x}\right)\tau d_{BC} \\[3mm]
T_{AC}(\tau,\ d_{AC},\ Q_{AC}) = \left(\dfrac{1}{Q_{AC}+\alpha} + \dfrac{1}{x}\right)\tau d_{AC}
\end{cases}
\tag{4.5}
$$

根据交易成本与贸易自由度之间的关系可得表达式：

$$
\begin{cases}
\phi_{AB} = (T_{AB})^{1-\sigma} \\[3mm]
\phi_{BC} = (T_{BC})^{1-\sigma} \\[3mm]
\phi_{AC} = (T_{AC})^{1-\sigma}
\end{cases}
\tag{4.6}
$$

由式（4.4）—式（4.6）我们可以分别画出产品运输量、交易成本、贸易自由度之间的空间关系图，如图 4.6 所示。

其中，参数 $\tau=1$、$d=1$、$\alpha=1$、$x=3$。

二　短期均衡

与前面的分析类似，在短期可以认为流动要素（资本）的空间分布 s_n 是给定的，在这种情况下考查资本收益的决定。消费者的效用函数与式（3—1）相同，根据消费者效用最大化的选择可知代表性消费者对差异化工业品 j 的需求函数为 $c_j = \mu Y P_M^{\sigma-1} p_j^{-\sigma}$。

农业生产满足瓦尔拉斯一般均衡，从而有：$p_L = w_L = w = 1$。

（一）工业厂商的价格决定

由厂商利润最大化的边际成本加成法可知三地区产品的出厂价格为 $p_A = p_B = p_C = 1$，考虑到交易成本，则 A 地区厂商生产的产品在 A 地区市场的销售价格为：$p_{AA} = \tau_A$；A 地区厂商生产的产品在 B 地区市场的销售价格为：$p_{AB} = T_{AB}$；A 地区厂商生产的产品在 C 地区市场的销售价格为：$p_{AC} = T_{AC}$。B 地区厂商生产的产品在 B 地区的销售价格为：$p_{BB} = \tau_B$；B 地区厂商生产的产品在 A 地区市场的销售价格为：$p_{BA} = T_{AB}$；B 地区厂商生产的产品在 C 地区市场的销售价格为：$p_{BC} = T_{BC}$。C 地区厂商生产的产品

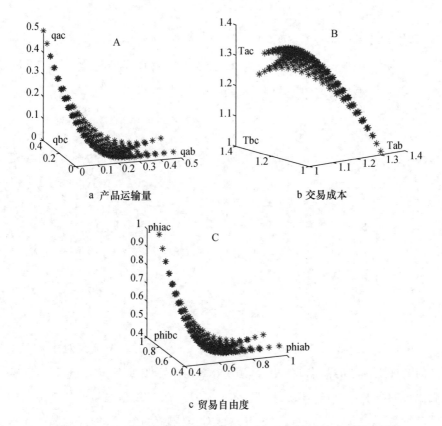

a 产品运输量　　　　　b 交易成本

c 贸易自由度

图 4.6　三地区的产品运输量、交易成本、贸易自由度空间关系图

在 C 地区市场的销售价格为：$p_{CC} = \tau_C$；C 地区厂商生产的产品在 A 地区市场的销售价格为：$p_{CA} = T_{AC}$；C 地区厂商生产的产品在 B 地区市场的销售价格为：$p_{CB} = e^{\tau d_{BC}} = T_{BC}$。即存在如下的价格矩阵：

$$\begin{vmatrix} p_{AA} & p_{AB} & p_{AC} \\ p_{AB} & p_{BB} & p_{BC} \\ p_{AC} & p_{BC} & p_{CC} \end{vmatrix} = \begin{vmatrix} \tau_A & T_{AB} & T_{AC} \\ T_{AB} & \tau_B & T_{BC} \\ T_{AC} & T_{BC} & \tau_C \end{vmatrix} \qquad (4.7)$$

由工业品价格指数 $P_M = \left(\int_0^n p_i^{(1-\sigma)} di \right)^{1/(1-\sigma)}$ 可得三地区的工业品价格

指数为：

$$\begin{cases} P_{MA} = \left[n^w \left(s_{nA}\phi_A + s_{nB}\phi_{AB} + s_{nC}\phi_{AC} \right) \right]^{1/(1-\sigma)} = \left(n^w \Delta_A \right)^{1/(1-\sigma)} \\ P_{MB} = \left[n^w \left(s_{nA}\phi_{AB} + s_{nB}\phi_B + s_{nC}\phi_{BC} \right) \right]^{1/(1-\sigma)} = \left(n^w \Delta_B \right)^{1/(1-\sigma)} \\ P_{MC} = \left[n^w \left(s_{nA}\phi_{AC} + s_{nB}\phi_{BC} + s_{nC}\phi_C \right) \right]^{1/(1-\sigma)} = \left(n^w \Delta_C \right)^{1/(1-\sigma)} \end{cases} \quad (4.8)$$

其中，$\Delta_A = s_{nA}\phi_A + s_{nB}\phi_{AB} + s_{nC}\phi_{AC}$、$\Delta_B = s_{nA}\phi_{AB} + s_{nB}\phi_B + s_{nC}\phi_{BC}$、$\Delta_C = s_{nA}\phi_{AC} + s_{nB}\phi_{BC} + s_{nC}\phi_C$，$\phi$ 表示贸易自由度，并存在如下的贸易自由度矩阵：

$$\begin{vmatrix} \phi_A & \phi_{AB} & \phi_{AC} \\ \phi_{AB} & \phi_B & \phi_{BC} \\ \phi_{AC} & \phi_{BC} & \phi_C \end{vmatrix} = \begin{vmatrix} (\tau_A)^{1-\sigma} & (T_{AB})^{1-\sigma} & (T_{AC})^{1-\sigma} \\ (T_{AB})^{1-\sigma} & (\tau_B)^{1-\sigma} & (T_{BC})^{1-\sigma} \\ (T_{AC})^{1-\sigma} & (T_{BC})^{1-\sigma} & (\tau_C)^{1-\sigma} \end{vmatrix} \quad (4.9)$$

（二）资本收益率

由差异化工业品的需求函数 $c_j = \mu Y P_M^{\sigma-1} p_j^{-\sigma}$ 可知，A 地区对本地区生产的某种工业品的需求量为 $c_{AA} = \mu E_A P_{MA}^{\sigma-1} p_{AA}^{-\sigma}$，B 地区对 A 地区生产的工业品的需求量为 $c_{AB} = \mu E_B P_{MB}^{*\sigma-1} p_{AB}^{-\sigma}$，C 地区对 A 地区生产的工业品的需求量为 $c_{AC} = \mu E_C P_{MC}^{*\sigma-1} p_{AC}^{-\sigma}$；B 地区对本地区生产的某种工业品的需求量为 $c_{BB} = \mu E_B P_{MB}^{*\sigma-1} p_{BB}^{-\sigma}$，A 地区对 B 地区生产的工业品的需求量为 $c_{BA} = \mu E_A P_{MA}^{*\sigma-1} p_{BA}^{-\sigma}$，C 地区对 B 地区生产的工业品的需求量为 $c_{BC} = \mu E_C P_{MC}^{*\sigma-1} p_{BC}^{-\sigma}$；C 地区对本地区生产的某种工业品的需求量为 $c_{CC} = \mu E_C P_{MC}^{*\sigma-1} p_{CC}^{-\sigma}$，A 地区对 C 地区生产的工业品的需求量为 $c_{CA} = \mu E_A P_{MA}^{\sigma-1} p_{CA}^{-\sigma}$，B 地区对 C 地区生产的工业品的需求量为 $c_{CB} = \mu E_B P_{MB}^{*\sigma-1} p_{CB}^{-\sigma}$。这表明经济中存在如下的差异化工业品需求矩阵：

$$\begin{vmatrix} C_{AA} & C_{AB} & C_{AC} \\ C_{BA} & C_{BB} & C_{BC} \\ C_{CA} & C_{CB} & C_{CC} \end{vmatrix} = \mu \begin{vmatrix} E_A P_{MA}^{\sigma-1} p_{AA}^{-\sigma} & E_B P_{MB}^{*\sigma-1} p_{AB}^{-\sigma} & E_C P_{MC}^{*\sigma-1} p_{AC}^{-\sigma} \\ E_A P_{MA}^{\sigma-1} p_{BA}^{-\sigma} & E_B P_{MB}^{*\sigma-1} p_{BB}^{-\sigma} & E_C P_{MC}^{*\sigma-1} p_{BC}^{-\sigma} \\ E_A P_{MA}^{\sigma-1} p_{CA}^{-\sigma} & E_B P_{MB}^{*\sigma-1} p_{CB}^{-\sigma} & E_C P_{MC}^{*\sigma-1} p_{CC}^{-\sigma} \end{vmatrix}$$

$$(4.10)$$

于是三地区厂商的产量分别为 $x_A = \tau_A c_{AA} + T_{AB} c_{AB} + T_{AC} c_{AC}$、$x_B = T_{AB} c_{BA} + \tau_B c_{BB} + T_{BC} c_{BC}$、$x_C = T_{AC} c_{CA} + T_{BC} c_{CB} + \tau_C c_{CC}$，经整理可得：

$$\begin{cases} x_A = \mu(\phi_A E_A P_{MA}^{\sigma-1} + \phi_{AB} E_B P_{MB}^{*\sigma-1} + \phi_{AC} E_C P_{MC}^{*\sigma-1}) \\ x_B = \mu(\phi_{AB} E_A P_{MA}^{\sigma-1} + \phi_B E_B P_{MB}^{*\sigma-1} + \phi_{BC} E_C P_{MC}^{*\sigma-1}) \\ x_C = \mu(\phi_{AC} E_A P_{MA}^{\sigma-1} + \phi_{BC} E_B P_{MB}^{*\sigma-1} + \phi_C E_C P_{MC}^{*\sigma-1}) \end{cases} \quad (4.11)$$

在均衡状态下厂商的超额利润为零，从而三地区厂商的利润函数分别为 $\pi_A = \dfrac{p_A x_A}{\sigma}$、$\pi_B = \dfrac{p_B x_B}{\sigma}$、$\pi_C = \dfrac{p_C x_C}{\sigma}$，经整理可得厂商利润为：

$$\begin{cases} \pi_A = b\dfrac{E^w}{K^w}\left(\dfrac{s_{EA}\phi_A}{\Delta_A} + \dfrac{s_{EB}\phi_{AB}}{\Delta_B} + \dfrac{s_{EC}\phi_{AC}}{\Delta_C}\right) = b\dfrac{E^w}{K^w}B_A \\ \pi_B = b\dfrac{E^w}{K^w}\left(\dfrac{s_{EA}\phi_{AB}}{\Delta_A} + \dfrac{s_{EB}\phi_B}{\Delta_B} + \dfrac{s_{EC}\phi_{BC}}{\Delta_C}\right) = b\dfrac{E^w}{K^w}B_B \\ \pi_C = b\dfrac{E^w}{K^w}\left(\dfrac{s_{EA}\phi_{AC}}{\Delta_A} + \dfrac{s_{EB}\phi_{BC}}{\Delta_B} + \dfrac{s_{EC}\phi_C}{\Delta_C}\right) = b\dfrac{E^w}{K^w}B_C \end{cases} \quad (4.12)$$

其中：$b = \dfrac{\mu}{\sigma}$，$B_A = \dfrac{s_{EA}\phi_A}{\Delta_A} + \dfrac{s_{EB}\phi_{AB}}{\Delta_B} + \dfrac{s_{EC}\phi_{AC}}{\Delta_C}$，$B_B = \dfrac{s_{EA}\phi_{AB}}{\Delta_A} + \dfrac{s_{EB}\phi_B}{\Delta_B} + \dfrac{s_{EC}\phi_{BC}}{\Delta_C}$，$B_C = \dfrac{s_{EA}\phi_{AC}}{\Delta_A} + \dfrac{s_{EB}\phi_{BC}}{\Delta_B} + \dfrac{s_{EC}\phi_C}{\Delta_C}$。

（三）相对市场规模

由全部劳动力与资本收入可得经济的总支出为：$E^w = 1/(1-b)$。由于资本自由流动，从而单位资本获得世界平均的资本率为 bE^w/K^w，并由各地区的支出水平可得各地区的支出份额为：

$$\begin{cases} s_{EA} = s_{KA} \\ s_{EB} = s_{KB} \\ s_{EC} = s_{KC} \end{cases} \quad (4.13)$$

三 长期均衡

（一）长期均衡条件

在长期资本可以自由流动，此时可能会产生三种长期均衡状态，其一是产业在三地区分散分布，资本在三地区获得相同的资本收益率的均衡状态，即 $\pi_A = \pi_B = \pi_C$；其二是产业在其中的任意两个地区聚集分布，另一个地区成为边缘区；其三是所有的资本都流向其中一个地区，其他两个地区成为边缘区，形成核心边缘结构，即有如下长期均衡表达式：

$$\begin{cases} \pi_A = \pi_B = \pi_C & 0 < s_{nA},\ s_{nB},\ s_{nC} < 1 \\ \pi_i = \pi_j > \pi_k & s_{ni} + s_{nj} = 1,\ s_{nk} = 0 \\ \pi_i > \pi_j,\ \pi_k & s_{ni} = 1,\ s_{nk},\ s_{nj} = 0 \end{cases} \tag{4.14}$$

其中 $i \neq j \neq k$，且分别取 A、B、C。

（二）产业空间分布的长期均衡

在产业空间分散分布的一般情况下，三地区的资本收益都相同 $\pi_A = \pi_B = \pi_C$，从而可以得到：$\begin{cases} \pi_A = \pi_B \\ \pi_B = \pi_C \\ \pi_A = \pi_C \end{cases}$，将利润的有关表达式代入，可得：

$\begin{cases} B_A = B_B \\ B_B = B_C \\ B_A = B_C \end{cases}$，解方程可得长期均衡时的产业空间分布为：

$$\begin{cases} s_{EC} Z \Delta_B = s_{EB} G \Delta_C \\ s_{EA} Q \Delta_B = s_{EB} R \Delta_A \\ 1 = s_{nA} + s_{nB} + s_{nC} \end{cases} \tag{4.15}$$

其中，$$\begin{cases} Z = \phi_C\phi_A - \phi_{BC}\phi_A - \phi_C\phi_{AB} + \phi_{AB}\phi_{AC} + \phi_{AC}\phi_{BC} - (\phi_{AC})^2 \\ G = \phi_A\phi_B - \phi_A\phi_{BC} - \phi_{AC}\phi_B - (\phi_{AB})^2 + \phi_{AC}\phi_{AB} + \phi_{AB}\phi_{BC} \\ J = \phi_{AB}\phi_C - \phi_{AB}\phi_{AC} + (\phi_{AC})^2 - \phi_C\phi_A + \phi_A\phi_{BC} - \phi_{BC}\phi_{AC} \\ R = \phi_C\phi_{AB} - \phi_{BC}\phi_{AB} + (\phi_{BC})^2 - \phi_B\phi_C + \phi_B\phi_{AC} - \phi_{AC}\phi_{BC} \end{cases},$$

$$\begin{cases} \Delta_A = s_{nA}\phi_A + s_{nB}\phi_{AB} + s_{nC}\phi_{AC} \\ \Delta_B = s_{nA}\phi_{AB} + s_{nB}\phi_B + s_{nC}\phi_{BC} \\ \Delta_C = s_{nA}\phi_{AC} + s_{nB}\phi_{BC} + s_{nC}\phi_C \end{cases}。$$

由于式（4.15）是一个关于 s_{nA}、s_{nB}、s_{nC} 的非线性方程组，难以直接从中求解，只得借助于软件模拟。

第三节　三地区线性空间分布下的基础设施

在三地区模型下，区域间地理空间的布局会影响到不同地区间的产品运输量和交易成本，所以我们需要在不同的地理空间分布模式下研究产业的空间分布。

一　基本假定的扩展

假定地区间呈线性地理空间分布关系，如图 4.7 所示，三地区的区内运输成本依然为 τ_d、$\tau_d^{\#}$、τ_d^{*}，各地区间的产品运输量仍然由式（4.4）界定。由于 $d_{AC} = d_{AB} + d_{BC}$，A 地区与 C 地区间的产品运输必须通过 B 地区，于是 AB 与 BC 交通线上的运输量会比原来大，从而各条交通线上的运输成本会下降，即式（4.5）要发生变化：

$$\begin{cases} T_{AB}(\tau, d_{AB}, Q_{AB}, Q_{AC}) = \left(\dfrac{1}{Q_{AB} + Q_{AC} + \alpha} + \dfrac{1}{x} \right)\tau d_{AB} \\[3mm] T_{BC}(\tau, d_{BC}, Q_{BC}, Q_{AC}) = \left(\dfrac{1}{Q_{BC} + Q_{AC} + \alpha} + \dfrac{1}{x} \right)\tau d_{BC} \\[3mm] \qquad\qquad T_{AC}(\tau, d_{AC}, Q_{AC}) = T_{AB}T_{BC} \end{cases} \quad (4.16)$$

地区间的贸易自由度依然由式（4.6）定义。由此我们可以模拟出内生化产品运输量的三地区交易成本与贸易自由度关系图（如图 4.8 所示）。对比图 4.8 与图 4.6 可以看到，当三地区的地理空间分布由三角形变为线性分布后，交易成本与贸易自由度空间关系由空间曲面演变为空间平面。而且从图中还可以看到，在线性空间分布情形下由于 AB、BC 运输线上的运输量增加，从而 AB、BC 运输线上的运输成本比三角形空间分布时低、贸易自由度比较高，而 AC 之间由于必须经过 B 地区运输，地区间的距离增加，从而运输成本比较高、贸易自由度比较低。

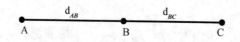

图 4.7　三地区线性空间分布图

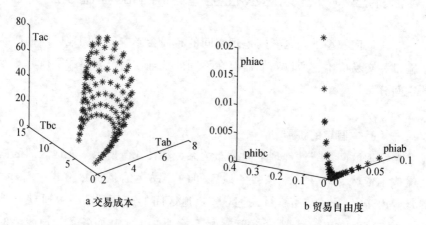

a 交易成本　　　　　　　　b 贸易自由度

图 4.8　三地区线性空间分布的交易成本和贸易自由度

其中，参数 $\tau = 1$、$d = 1$、$\alpha = 0$、$x = 3$。

二　均衡分析

根据本研究的有关假定，地理空间关系的改变只改变地区间的产品运输量，并会使区际交易成本发生变化，由此而会导致工业品出售价格、工业品价格指数、厂商的产量、资本收益率以及长期均衡状态发生改变，但是不论是短期还是长期均衡状态下产业空间分布的函数表达式并不会发生变化。也就是说第三节的公式中，除式（4.4）、式（4.5）外，式（4.6）——式（4.15）在形式上均不会发生变化。这表明，式（4.15）描述了长期均衡时产业的空间分布，由于该式过于复杂，难以直观地分析变量间的相互变化关系，从而我们只能利用数值模拟方法。如图4.9所示为三地区产业空间集聚的战斧图，其中 $tauta = \tau_a$、$taub = \tau_b$、$tauc = \tau_c$、$sna = s_{nA}$、$snb = s_{nB}$、$snc = s_{nC}$，除图中特别标明外，τ_a、τ_b、τ_c 取1.2，τ 取1，$d_{AB} = d_{BC} = 1$，$s_{LA} = s_{KA} = 0.5$，$s_{LB} = s_{KB} = 0.2$，$s_{LC} = s_{KC} = 0.3$，即东部为发达地区，西部次之，中部为落后地区。

从图（a）中可以看到，当东部地区的区内基础设施水平很高（τ_a 很小）时，产业将全部集聚于东部发达地区（如图中粗实线所示），显然此时发达地区不但拥有产业支出份额（GDP或市场规模）方面的优势，而且其区内基础设施水平相对发达，产业在发达地区集聚不但可以获得来自市场规模的收益，而且可以得到区内交易成本节省的好处。当东部地区的区内基础设施水平逐渐降低（τ_a 增加）时，企业在东部地区能够获得的区内交易成本节省的空间将逐渐减少，也就是说东部地区的区内聚集租金逐渐下降，而当东部地区的区内基础设施水平下降到一定程度时，如 τ_a = 1.575 时，企业在东部地区集聚需要支付的区内交易成本超过了企业在中部地区集聚能够获得的收益，于是企业将突发式地由东部发达地区向中部落后地区集聚。虽然在中部地区企业能够从市场规模中获得的好处是最小的，但是由于产品运输量增加能够减少区际运输成本，从而企业在中部落后地区集聚就成为东部区内交易成本相对较高时的长期均衡（如图中虚线所示）。但无论发达地区的区内交易成本如何变化，相对落后且与发达地区距离较远的地区永远不会成为产业集聚区（如图中底端的细实线所示）。

从图（b）可以看到，当中部地区的区内基础设施水平很高（τ_b 很小）时，由于产业在中部地区集聚不但可以节省区内交易成本，而且由于区际产品运输量的增加可以降低区际交易成本，从而产业在落后的中部地区集聚是最优选择。当中部地区的区内基础设施水平下降时，中部地区的区内交易成本优势相对于东部地区将下降，产业在中部地区集聚能够节省的交易成本也会减少，这表明中部地区聚集随着其区内交易成本的增加而下降，当 τ_b 增加到一定程度时，产业将从中部向东部地区集聚。同样我们可以看到不论区内交易成本如何变化，产业始终不会在较为发达的西部地区集聚，这意味着如果西部为落后地区，那么产业就更不可能在西部地区集聚。对比图4.9（a）、（b）可以发现，当东部与中部的区内基础设施水平较高，且两者相等或接近时，产业将在东部地区集聚；只有当东部地区的区内基础设施水平远高于中部地区时，产业才有可能在中部地区集聚；这表明中部地区要成为集聚区的先决条件是其区内基础设施水平要高于东部地区，也就是说在中部地区具有更高的贸易自由度，而这与我国目前东部发达地区往往比中西部等落后地区拥有更为优越的基础设施水平、交易成本更为低廉的现实并不相符，这也是形成目前东部发达地区成为我国重要的产业集聚区的重要原因。

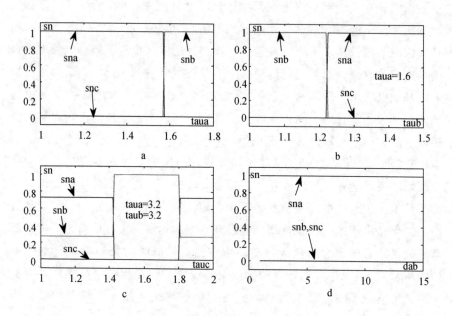

图4.9 三地区产业集聚的战斧图

从图（c）可以看到，当东部与中部地区的区内交易成本都很大（τ_a、τ_b值很高）时，如果西部地区的区内交易成本较低，则产业将在东部与中部地区间分散分布，其中东部地区将因其市场规模较大而会占有较大的产业份额。当西部地区的区内交易成本逐渐提高时，产业将由分散分布变为集聚于中部地区；当西部的区内交易成本进一步提高时，产业将再一次变为两地区分散分布的模式。对比图（a）、（b）、（c）可以看到只有当中部地区的区内基础设施水平远高于东部地区，或东中部两地区的区内基础设施水平均很低时，产业才有可能全部或部分地在中部地区集聚，从而中部地区到底能否成为产业集聚区则完全取决于东部地区对其区内基础设施的选择行为，也就是说中部地区很难依靠自身的行为来决定产业的分布。

从图（d）可以看到，当中西部地区间的距离固定为 $d_{BC}=1$ 时，无论东中部地区间的距离如何变化，均不会改变产业在东部地区集聚的现实，这是因为两地区间产品运输量的增加对交易成本的节省在一定程度上会弱化绝对距离增加带来的成本增加。对比图 4.9 中的四个小图可以发现，市场规模效应在产业集聚行为中发挥了重要作用，市场规模最大的地区无论其在地理空间分布中是否位于边缘或中心地带，均最有可能成为产业集聚区，比如我国的东部沿海地区；市场规模较小的地区一旦在地理空间分布中位于边缘地带，则其将不可能成为产业集聚区，比如我国的西部落后地区；市场规模较小的地区如果在地理空间分布中位于中心地带，则只要其努力改善区内基础设施水平，而且当其区内基础设施水平高于发达的地理边缘地区时，则落后的中部就有可能成为产业集聚区。而且对于落后的中部地区而言，区内基础设施水平的改善对产业分布的影响远大于区际基础设施改善的影响。于是，我们可以得到如下命题：

命题 4.2：在地理空间呈水平分布的三地区情形下，市场规模效应在产业集聚行为中发挥了最重要的作用，市场规模最大的地区无论其在地理空间分布中是否位于边缘或中心地带，均最有可能成为产业集聚区；市场规模较小的地区一旦在地理空间分布中位于边缘地带，则其不可能成为产业集聚区；市场规模较小的地区如果在地理空间分布中位于中心地带，则只要其努力改善区内基础设施水平，而且当其区内基础设施水平高于发达的地理边缘地区时，则落后的中部就有可能成为产业集聚区。所以中部地区要成为集聚区的先决条件是其区内基础设施水平要高于发达地区，也就是说在中部地区具有更高的贸易自由度，这就使得中部地区成为产业集聚区的可能性增加，但其是否能够成为集聚区完全取决于东部地区对基础设施的选择行为。

三　收入水平分析

由于没有考虑经济增长问题，而且假定资本收益返回资本所有者所在地，因此全社会及各地区的总支出将保持不变，即全社会及各地区的名义

GDP 为常数，于是根据劳动工资与资本收益构成总支出可得：

$$\begin{cases} E^w = 1/(1-b) \\ E_A = s_{LA}L^w + bE^w s_{KA} = s_{KA}/(1-b) \\ E_B = s_{LB}L^w + bE^w s_{KB} = s_{KB}/(1-b) \\ E_C = s_{LC}L^w + bE^w s_{KC} = s_{KC}/(1-b) \end{cases} \tag{4.17}$$

又根据式（4.8）可得三地区的实际收入为：

$$\begin{cases} E_A^r = s_{KA}(\Delta_A)^a/(1-b) \\ E_B^r = s_{KB}(\Delta_B)^a/(1-b) \\ E_C^r = s_{KC}(\Delta_C)^a/(1-b) \end{cases} \tag{4.18}$$

其中 $a = \dfrac{-\mu}{1-\sigma}$。从而，由地区的总实际收入除以地区总人口就可以得到该地区人均的实际收入水平为：

$$\begin{cases} E_A^{pr} = (\Delta_A)^a/(1-b) \\ E_B^{pr} = (\Delta_B)^a/(1-b) \\ E_C^{pr} = (\Delta_C)^a/(1-b) \end{cases} \tag{4.19}$$

显然，人均的实际收入水平只与地区的价格指数有关。从式（4.18）、式（4.19）难以看出变量间的变化关系，只能借助于数值模拟的方法。如图4.10、图4.11所示分别为三地区的总实际收入和人均实际收入曲线，其中 Er 表示总实际收入；Epr 表示人均实际收入；$Era = E_A^r$、$Erb = E_B^r$、$Erc = E_C^r$、$Epra = E_A^{pr}$、$Eprb = E_B^{pr}$、$Eprc = E_C^{pr}$；其他各参数的取值与图4.9相同。

从图4.10（a）可以看到，当东部地区的区内基础设施水平较高且呈逐渐下降趋势时，由于此时产业完全集聚于东部地区，随着 τ_a 逐渐增加，东部地区从生活成本效应中获得的好处逐渐减少，从而东部地区的实际收入呈下降趋势，而由于中西部地区的产品均进口于东部，在区际交易成本不变的情形下中西部地区的实际收入也将保持不变。而当 τ_a 增加到一定程度时，由于产业将由东部地区突发性地向中部地区集聚，此时中部地区从生活成本效应中获得好处，其实际收入上升；西部地区的产品进口将从东部地区转向中部地区，其需支付的运输成本将下降，实际收入将上升；东部地区由于需要全部从中部地区进口产品，需要支付较多的区际交易成本，其实际收入水平下降；因为当产业完全集聚于中部地区后，东部地区区内基础设施的变化将不影响价格水平，从而所有的实际收入曲线将成为直线。

从图4.10（b）可以看到，当中部地区的区内基础设施水平较高且呈逐渐下降趋势（τ_b 很小且逐渐增加）时，由于 τ_b 增加使得中部地区从价格指数效应中获得的好处不断减少，从而中部地区的实际收入将不断下降。当 τ_b 增加到一定程度使得产业完全集聚于东部地区时，东部地区因从生活成本效应中获得好处而使其实际收入增加；中部地区因不但失去了价格指数优势而且需要另外支付区际运输成本，从而其实际收入下降；西部地区由于其产品进口地由东部变为西部后需要支付更多的区际运输成本，从而其实际收入也下降。

从图4.10（c）可以看到曲线的变化形状比较特别，而且与图4.9（c）相比发现曲线的变化趋势并不一致，即当产业由东部地区集聚到中部地区后，东部地区的实际收入反而增加，这似乎与现实不完全相符，造成这一现象的原因主要是由于东部地区的区内交易成本太高以至于大于区际交易成本，从而使得产品的进口价格低于本地生产价格。同时，当产业集聚于中部地区后西部地区从区际运输成本的节省中获得好处，其实际收入也增加。

从图4.10（d）可以看到，东部与中部地区间距离的增加相当于两地区间运输成本增加，由于产业完全集聚于东部地区，所以东部地区的实际收入不变且其值最大；而由于中西部地区需要支付越来越大的区际运输成本，从而其实际收入水平呈显著下降趋势，发达地区与落后地区间的收入差距也越来越大。

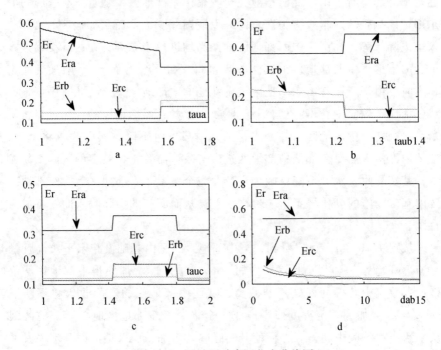

图4.10 三地区总实际收入曲线图

　　图4.11中各图形曲线的变化趋势与图4.10完全同步，综合两个图形中的曲线变化趋势可以发现，区内基础设施水平的变化只对产业集聚区或有产业分布地区的实际收入产生影响，而不影响产业分布边缘区的实际收入水平；而且区内交易成本增加将使拥有产业分布或产业集聚地区的实际收入水平下降；区际交易成本的增加会降低所有产品进口地区的实际收入。当考虑人均水平时，人均量的区域差距要小于总量意义下的区域差距。从图4.11的各图中还可以看到在人均意义下，一般而言在产业集聚地区，实际人均收入水平相对较高；而且产业在边缘的东部发达地区的集聚将扩大区际收入水平，特别是会扩大东西部两个地理空间边缘地区的实际收入差距，而在中部地区的集聚则有利于区域差距收敛，特别是会缩小东西部地区间的收入差距。另外还需要注意的一点是，不论产业最终集聚于东部还是中部地区，西部地区的实际收入水平始终是最低的，当产业集聚于东部地区时，中部地区因地理优势需支付的区际运输成本小于西部地区，从而其实际收入大于西部地区；当产业集聚于中部地区时，由于东部

地区的市场规模较大，东中部地区间的产品运输量大于中西部地区间的产品运输量，从而东部地区面临的区际交易成本相对较低，实际收入水平也相对较高。于是我们可以得到如下命题：

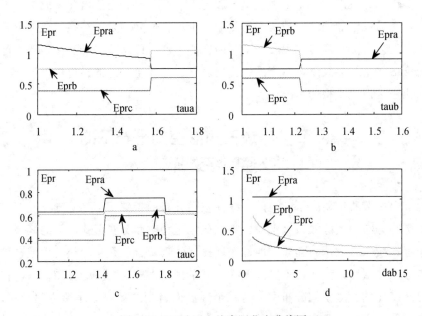

图 4.11 三地区人均实际收入曲线图

命题 4.3：区内基础设施水平的变化只对产业集聚区或有产业分布地区的实际收入产生影响，而不影响产业分布边缘区的实际收入水平；区内交易成本增加将使拥有产业分布或产业集聚地区的实际收入水平下降；区际交易成本的增加会降低所有产品进口地区的实际收入。当考虑人均水平时，人均量的区域差距要小于总量意义下的区域差距。在人均意义下，一般而言在产业集聚地区，实际人均收入水平相对较高；而且产业在边缘的东部发达地区的集聚将扩大区际收入水平，特别是会扩大东西部两个地理空间边缘地区的实际收入差距，而在中部地区的集聚则有利于区域差距收敛，特别是会缩小东西部地区间的收入差距。不论产业最终集聚于东部还是中部地区，西部地区的实际收入水平始终是最低的。

其实，在本节的分析中，我们放松了一个重要的假定条件，即不再限定区内交易成本一定要小于区际交易成本，从而会呈现出图 4.9—图 4.11

（c）所示的情况，如果限定区内交易成本必须小于区际交易成本，则上述的（c）中的曲线应当是直线，因为落后的西部地区的所有产品均需要进口，其区内基础设施的改变将不会影响产业的空间分布与实际收入水平的变化。之所以在一个更为放松的假定下展开研究，是区内交易成本小于区际交易成本的现象在现实中虽然比较少见，但并不是不存在，比如由于生产工艺、交易环境、税收补贴等因素的影响，使得一些产品在本地生产的价格水平反而高于进口产品的价格水平，或在生产地的出售价格高于在其他地区出售价格的情况。

第四节　等边三角形空间分布下的
交通网络选择

上一节我们研究了三地区呈线性空间分布的特殊情形下基础设施对产业空间分布与实际收入水平的影响，虽然这种空间分布形式在大的区域分布上比较符合我国目前东中西部区域发展的现实，但是从较小的省域、城市等区域层面来看，则不同的地区间又呈现出多样化的空间分布形态。在复杂多样的区域空间分布中，对三个地区而言则主要呈三角形空间分布，在本节我们将在等边三角形的空间分布下分别讨论当选择以三角形的三条边为交通线、以各点过三角形中心点的连线为交通线以及以顶点与底边连线为交通线等不同情形下的产业空间分布与实际收入水平，在不考虑交通建设成本的情形下，以全社会总实际收入最大化为原则选择全社会最优的交通运输网络。

一　以等边三角形的边为交通运输线的交通网络

（一）交通网络的假定

为研究方便起见，与前文相似，在本节我们依然假定三地区拥有的初始劳动与资本禀赋不同，但三地区的资本劳动比相等，设东部 A 为发达地区；中部 B 为中等发达地区；西部 C 为落后地区；从而有 $\frac{s_{KA}}{s_{LA}} = \frac{s_{KB}}{s_{LB}} = \frac{s_{KC}}{s_{LC}}$、$s_{KA} > s_{KB} > s_{KC}$。

假定地区间呈等边三角形的地理空间分布，如图 4.12 所示，三地区的区内运输成本依然为 τ_A、τ_B、τ_C，各地区间的距离为 $d_{AC} = d_{AB} = d_{BC} = 1$，各地区间的产品运输量、单位产品运输成本、贸易自由度等由式（4.4）一式（4.6）界定。取参数 $\tau = 1$、$d = 1$、$\alpha = 0.5$、$x = 3$，就可以得到交易成本、贸易自由度之间的空间关系，如图 4.13 所示。从图 4.13 中可以看到由于 AB 间的产品运输量最大，AC 次之，BC 最小，所以相对而言，AB 间的运输成本最小、贸易自由度最大，BC 间的运输成本最大、贸易自由度最小。

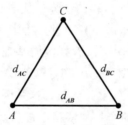

图 4.12　以等边三角形的边为运输线的交通网络

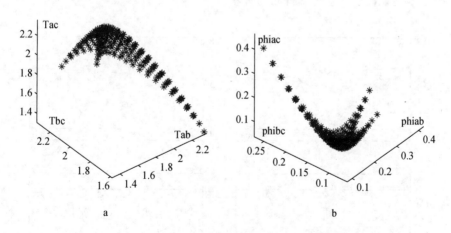

图 4.13　以等边三角形的边为交通网络的交易成本与贸易自由度

（二）产业分布的短期与长期均衡

式（4.7）—式（4.13）决定了经济的短期均衡。

经济的长期均衡条件由式（4.14）表达，产业的空间分布满足式
（4.15）。显然在此我们只能通过数值模拟的办法画出不同的基础设施水
平下长期均衡时的产业空间分布 s_{nA}、s_{nB}、s_{nC} 曲线，如图 4.14 所示，除图
中特别标明外，τ_a、τ_b、τ_c 取 1.5，τ 取 1。从图（a）中可以看到，在现
有的参数条件下，A 地区区内基础设施条件的改善（τ_a 减小）将增加 A
地区的产业份额，同时 B 地区的产业份额将减小，也就是说随着 τ_a 减小
产业具有从 B 地区向 A 地区转移的趋势；从图（b）可以看到，B 地区区
内基础设施条件的改善（τ_b 减小）将使产业具有从 A 地区向 B 地区转移
的趋势；由（a）、（b）两图可以看到区内基础设施条件的改善将有利于
本地产业份额的增加。从图（c）可以看到 C 地区区内基础设施的改善
（τ_c 下降）并不会影响产业的空间分布，这是因为在现有参数条件下 C 地
区始终是边缘区，其所有的产品均依赖于进口。从图（d）可以看到区际
基础设施条件的改善（τ 减小）也不会影响产业的空间分布，这主要是因
为现有参数条件下的区际交易成本比较高，产业已处于分散分布状态（A
地区与 B 地区的产业份额均接近于 0.5），区际基础设施水平的改善并不
会根本性地改变产业分散分布的现状。

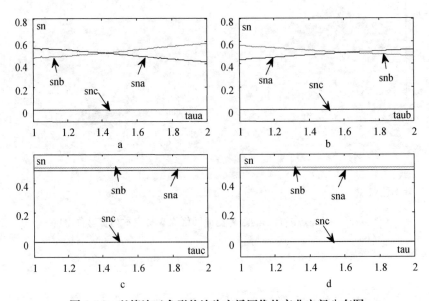

图 4.14 以等边三角形的边为交通网络的产业空间分布图

（三）实际收入水平的变化

图 4.15、图 4.16 分别为在产业分布的长期均衡下各地区的总实际收入与人均实际收入曲线。从总体上来看，图 4.15、图 4.16 中的 4 个小图中曲线的变化趋势基本一致，这主要是由于各地区的人口规模是一个固定的值，两图中对应曲线的区别只在于具体数值上的差别，而曲线的走势是一致的。从图 4.15、4.16（a）可以看到随着地区 A 的区内基础设施水平的提升（τ_a 下降），由于更多的产业集聚于地区 A，其工业品价格指数下降，从而 A 地区的总实际收入与人均实际收入均会增加；从图 4.15、4.16（b）可以看到随着地区 B 的区内基础设施水平提升（τ_b 减小），B 地区将会吸引更多的产业，其工业品价格指数与生活成本指数将下降，B 地区的总实际收入与人均实际收入将增加；从图 4.15、4.16（c）可以看到 C 地区区内基础设施条件的改善（τ_c 下降）并不会影响实际收入水平，这主要是因为 C 地区不从事工业品生产，从而 C 地区区内基础设施的变化不会改变产业的空间分布，于是也就不会影响地区价格指数与生活成本指数。从图 4.15、4.16（d）可以看到，随着区际基础设施水平的提升（τ 减小），各地区的总实际收入与人均实际收入均会增加，这是因为在现有参数取值下，产业将在 A、B 两地区间分散分布，从而所有的地区均需要进口工业品，所以 τ 的减小会为各地区节省成本支出，使各地区的工业品价格指数下降，实际收入增加。而且从图（d）中还可以看到，τ 的变化使得 C 地区实际收入变化的幅度大于 A、B 地区，这一方面是因为 A、B 间的产品运输量 Q_{AB} 较大，使得区际运输成本 T_{AB} 较低，τ 的下降使 T_{AB} 进一步下降的空间有限，而 A、C 与 C、B 间的产品运输量 Q_{AC}、Q_{BC} 较小。运输成本 T_{AC} 与 T_{BC} 较大，从而 τ 的下降能够较为显著地降低区际运输成本；另一方面则是因为 C 地区所有的工业品均需要进口，而 A、B 地区只是部分进口工业品，所以区际运输成本 τ 的下降能够更大程度上降低 C 地区的产品运输成本与价格指数。上述分析表明，当考虑了与产品运输量相关的内生化的区际运输成本后，对于那些拥有一定产业分布的非边缘地区而言，区内基础设施水平的改善能够有效地提高其实际收入水平；区际基础设施水平的提升能够改善全社会的实际收入水平，相对而言，进口产品越多的边缘地区的实际收入水平增加得越大。

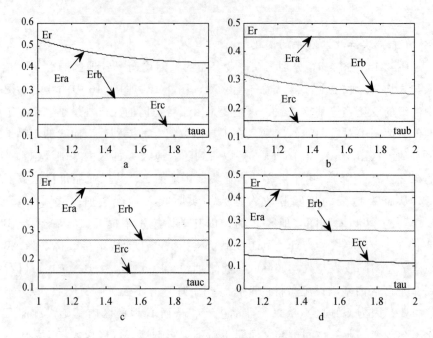

图 4.15　以等边三角形的边为交通网络的总实际收入曲线图

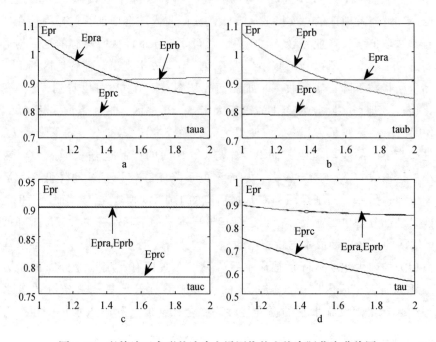

图 4.16　以等边三角形的边为交通网络的人均实际收入曲线图

二　以过等边三角形中心点构建的交通网络

（一）交通网络的假定

假定呈等边三角形空间分布的三地区按过中心点 D 的交通网络运输产品（如图 4.17 所示），图中的实线为交通运输线。由于地区间的初始禀赋保持不变，从而地区间的运输量仍然为式（4.4）。但与前文分析不同的是，在 AD 交通线上，将会运输 A、B 地区间的产品需求量 Q_{AB} 和 A、C 地区间的产品需求量 Q_{AC}，BD 与 CD 交通线上的情形与此相似，也就是说与原来按等边三角形的三个边直接运输产品的情况相比，在过 D 点的交通网络线上，每两个地区间的运输距离增加了，这会增加地区间的区际运输成本；但另一方面，每条运输线上的产品运输量增加了，从而每条线上的运输成本下降了，所以此时对于各地区及全社会而言，就需要按照一定的标准判别到底哪种交通网络更优。

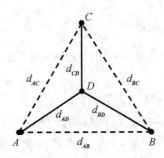

图 4.17　以过等边三角形的中心点为运输线的交通网络

在图 4.17 所示的交通运输网络下，各地区间单位产品的运输成本为：

$$
\begin{cases}
T_{AB} = \left[\left(\dfrac{1}{Q_{AB} + Q_{AC} + \alpha} + \dfrac{1}{x} \right) d_{AD} + \left(\dfrac{1}{Q_{AB} + Q_{BC} + \alpha} + \dfrac{1}{x} \right) d_{BD} \right] \tau \\[2.5em]
T_{BC} = \left[\left(\dfrac{1}{Q_{AB} + Q_{BC} + \alpha} + \dfrac{1}{x} \right) d_{BD} + \left(\dfrac{1}{Q_{BC} + Q_{AC} + \alpha} + \dfrac{1}{x} \right) d_{CD} \right] \tau \quad (4.20) \\[2.5em]
T_{AC} = \left[\left(\dfrac{1}{Q_{AB} + Q_{AC} + \alpha} + \dfrac{1}{x} \right) d_{AD} + \left(\dfrac{1}{Q_{BC} + Q_{AC} + \alpha} + \dfrac{1}{x} \right) d_{CD} \right] \tau
\end{cases}
$$

其中，按等边三角形的基本关系可得 $d_{AD} = d_{BD} = d_{CD} = 1/\sqrt{3}$。取参数 $\tau = 1$、$\alpha = 0.5$、$x = 3$，就可以得到交易成本、贸易自由度之间的空间关系，如图 4.18 所示。

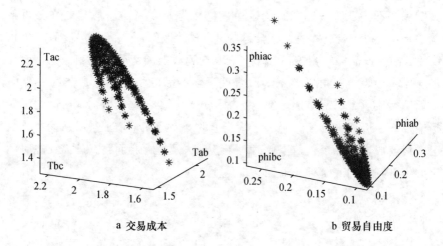

a 交易成本   b 贸易自由度

图 4.18　以过等边三角形中点为交通网络的交易成本与贸易自由度

（二）产业分布的短期与长期均衡

与前述分析相似，经济的长期均衡条件由式（4.14）表达，产业的空间分布满足式（4.15）。图 4.19 为长期均衡时的产业空间分布图，除图中特别标明外，τ_a、τ_b、τ_c 取 1.5，τ 取 1。从图（a）、（b）中可以看到，在现有参数条件下，当 A 或 B 之中某一地区的区内基础设施水平很高（即 τ_a 或 τ_b 极低）时，产业将完全集聚于区内基础设施水平最高的地区，而随着 τ_a 或 τ_b 下降，产业分布将逐渐由完全集聚转变为在两地区分散分布，而且一般而言，市场规模较大的地区，当其区内基础设施水平较高时，其拥有的产业份额也较大，这表明对于发达或较发达地区，其区内基础设施的改善有利于产业向该地区转移。与前文的分析相似，图（c）表明落后地区由于不存在工业生产，所以其区内基础设施水平的改善并不影响产业的空间分布。比较有意思的是图（d），在图（d）中随着区际基础设施水平的改善（τ 减小），A 地区的产业份额呈逐渐递减趋势，而 B 地区的产业份额却呈逐渐上升趋势。

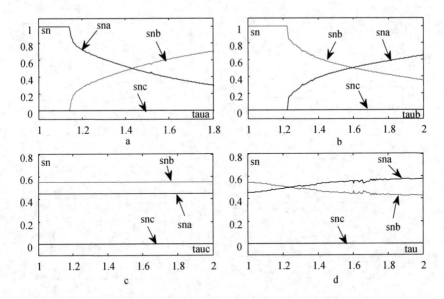

图 4.19　以过等边三角形中点为交通网络的产业空间分布图

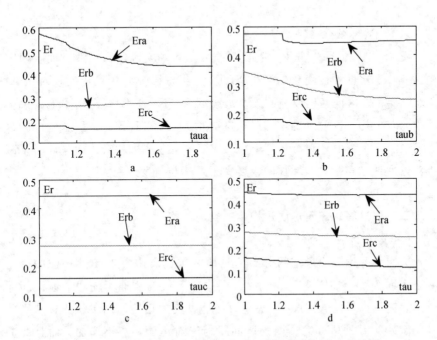

图 4.20　以过等边三角形中点为交通网络的总实际收入曲线图

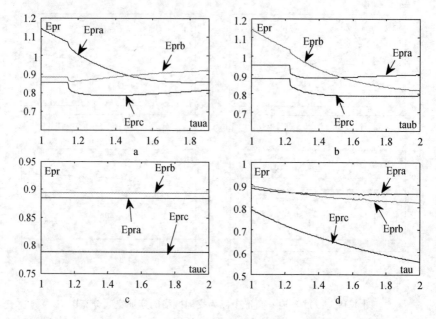

图4.21 以过等边三角形中点为交通网络的人均实际收入曲线图

（三） 实际收入水平的变化

图4.20、图4.21分别为总实际收入与人均实际收入曲线，而且两图中对应小图中曲线的变化趋势相似。从图（a）、（b）中可以发现对于A、B地区而言，区内基础设施的改善（τ_a或τ_b下降）均有利于本地区总实际收入与人均实际收入的增加。从图（d）中可以看到，区际基础设施水平的改善（τ减小）则有利于全社会实际收入水平的提升，而且此时τ减小对落后地区实际收入增加的幅度大于发达与较发达地区。

三 以过等边三角形底边构建的交通网络

（一） 交通网络的假定

假定呈等边三角形空间分布的三地区按过底边中心点D构建的交通网络运输产品（如图4.22所示），图中的实线为交通运输线。地区间的产品运输量仍然由式（4.4）决定。在这种交通运输网络下，比较特别的是对于A与B地区而言，两地区间不但绝对运输距离不增加，而且交通线AD、DB上的产品运输量增加、运输成本下降、贸易自由度增加；而对

于落后的 C 地区而言，一方面由于产品运输整合使得其在每条运输线上单位距离的运输成本下降了；但另一方面其从 A、B 地区进口产品时的绝对运输距离均增加了。由此可见，在该交通运输网络下，原本发达的 A、B 地区将会获得更大的贸易收益，而落后的 C 地区则可能会遭受损失，但是从全社会来看，如果 A、B 地区增加的收益大于 C 地区蒙受的损失，则全社会的总收益将会增加，此时，如果 C 地区能够从 A、B 地区获得一定的补偿则在一定程度上可以实现三地区共赢的局面。

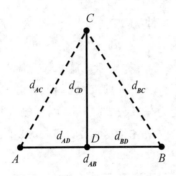

图 4.22　以过等边三角形的底边为运输线的交通网络

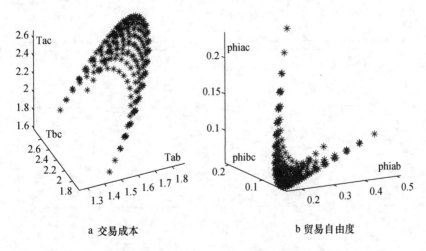

a　交易成本　　　　　　　　b　贸易自由度

图 4.23　以过等边三角形底边为交通网络的交易成本与贸易自由度

　　在图 4.22 所示的交通运输网络下，各地区间单位产品的运输成本在形式上与式（4.20）相同，但由于 D 点的移动导致各个距离发生了变化，根据等边三角形的相关知识有 $d_{AD} = d_{BD} = 0.5$，$d_{CD} = \sqrt{3}/2$。取参数 $\tau = 1$、$\alpha = 0.5$、$x = 3$，就可以得到交易成本、贸易自由度之间的空间关系，如图 4.23 所示。从图 4.23（a）、（b）可以看到地区 A、B 间的交易成本 T_{AB} 明显小于 A、C 与 B、C 间的交易成本 T_{AC} 和 T_{BC}，相应地 A、B 间的贸易自由度就相对较高。

　　（二）产业分布的短期与长期均衡

　　经济的长期均衡条件由式（4.14）表达，产业的空间分布满足式（4.15），图 4.24 为长期均衡时的产业空间分布。从图（a）、（b）可以看到，当 A 或 B 地区的区内基础设施水平很高时，产业将完全集聚于其中的某一地区；而当 A 或 B 地区的区内基础设施水平逐渐下降时，产业逐渐由完全集聚转变为分散分布。从 d 图可以看到，当区际基础设施水平逐渐提高时，产业具有从 A 地区向 B 地区转移的趋势。

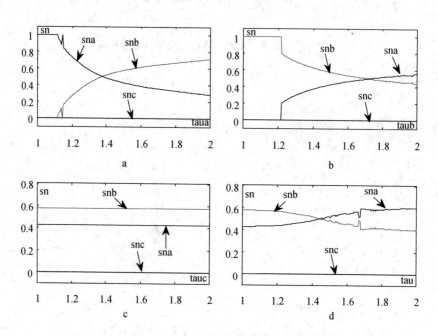

图 4.24　以过等边三角形底边为交通网络的产业空间分布图

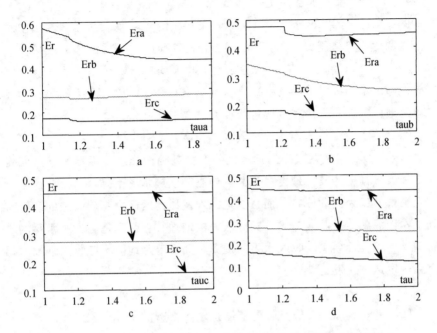

图 4.25　以过等边三角形底边为交通网络的总实际收入曲线图

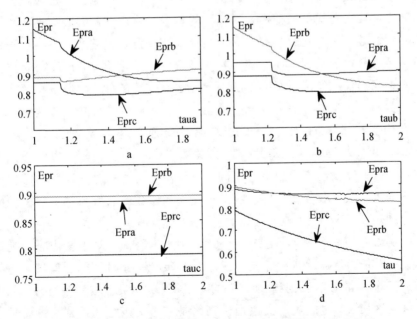

图 4.26　以过等边三角形底边为交通网络的人均实际收入曲线图

（三）实际收入水平的变化

图 4.25、图 4.26 分别为总实际收入与人均实际收入曲线，两图中对应曲线的变化趋势相似。从图 4.25 中可以发现区内基础设施的改善（τ_a 或 τ_b 下降）均有利于本地区总实际收入与人均实际收入的增加。而区际基础设施水平的改善（τ 减小）则有利于全社会实际收入水平的提升，而且落后地区实际收入增加的幅度大于发达与较发达地区。

综合前述内容，我们可以得到如下命题：

命题 4.4：当发达或次发达地区的区内基础设施水平很高时，产业将完全集聚于其中的某一地区，当其区内基础设施水平下降时，产业逐渐由完全集聚转变为分散分布。而且发达或次发达地区区内基础设施的改善有利于本地区总实际收入与人均实际收入的增加，但区际基础设施水平的改善则有利于全社会实际收入水平的提升，而且落后地区实际收入增加的幅度大于发达与次发达地区。

四 基于实际收入最大化的交通运输网络选择

在本节前文，我们分别考虑了不同交通运输网络模式下长期均衡的产业空间分布与实际收入水平，现在我们需要进一步地比较选择这些不同的交通网络模式中哪种模式是最优的。事实上，对任何事物进行优劣判别的标准是多样化的，有些标准侧重于社会公平的考虑，有些标准侧重于经济效率的比较，还有些标准侧重于环境保护等，为了简化分析，在本书我们仅从经济效率的角度进行考虑，而且在众多的经济指标，我们更侧重于民生的考虑，也就是说在本书，我们主要是基于总实际收入与人均实际收入最大化的角度来考虑交通运输网络的选择。如图 4.27—图 4.29 分别为以等边三角形的边界、中心点、过底边中心点等构建的交通运输网络模型下，不同基础设施水平变化时各地区的总实际收入与人均实际收入变化的曲线图，图中各参数的取值与本节前文的图形相同。

从图 4.27—图 4.29 的 3 个图（b）中可以看到，对于发达的 A 地区来说，在任意基础设施水平（τ_a、τ_b、τ）变化的条件下，选择过底边的交通运输网络模式能够实现地区人均实际收入最大化，也就是说对于发达的 A 地区而言，过底边的交通运输网络是其占优策略选择，这主要是因为 C 地区不进行任何产品的生产活动，A 地区所有的产品进口均来自 B 地区，选择过底边的运输网络，能够使 A 地区不但可以实现运输距离最短，而且可以最大程度地节省交易成本。

从 3 个图（c）中可以看到，在区际基础设施水平既定条件下（τ 不变），不论两地区的区内基础设施水平如何变化（τ_a 或 τ_b 变化），对于 B 地区而言选择选择过底边的交通运输网络是其占优策略，这主要是由于 B 地区所有的产品进口均来自 A 地区，过底边的交通运输网络能够为 B 地区最大程度地节省运输成本；而当区际基础设施水平较低（τ_b 较大）时，选择以边界为交通线的运输网络能够为 B 地区带来最大的人均实际收入，这是因为当区际运输成本较高时，在过底边的交通线上能够节省的运输成本相当有限，而在边界交通线上，B 地区可以获得更多的产业份额，从而可以从市场规模增加中获得更大收益。

从 3 个 d 图中首先可以看到，无论在何种基础设施水平（τ_a、τ_b、τ）变化情形下，过底边的交通运输网络对 C 地区而言均是最劣选择，因为在该运输网络下，C 地区到达 A、B 地区间的绝对运输距离增加了，而其在单位距离上可省的运输成本是相当有限的；其次我们发现过中心点的交通网络对 C 地区而言能够带来最大的人均实际收入，这是因为 C 地区所有的工业品均需要从 A、B 地区进口，选择过中心点的交通运输网络与过底边的运输网络相比，不但可以享受单位距离运输成本下降的好处，而且可以缩短产品运输距离，与边界交通运输网络相比，则可以获得单位距离运输成本下降的好处。

上述分析表明，由于资源禀赋的差异，从人均实际收入来看，不同地区的消费者对交通运输网络具有不同的偏好，很难达成利益一致性的占优策略选择，为此我们需要从全社会总实际收入来进行总体判别。图 4.27—图 4.29 的 3 个图（a）为不同交通运输网络下全社会实际总收入[①]的变化曲线，首先从图中可以看到，当 A、B 地区的区内基础设施水平较高（τ_a、τ_b 较小）时，选择过中心点或过底边的交通运输网络能够实现总实际收入最大化，这是因为当 τ_a、τ_b 较小时，产业往往会集聚于区内基础设施水平较高的某一地区，从而 A、B 地区间的产品运输量较大，所以选择过中心点或过底边的交通运输网络能够更多地节省运输成本；而当 τ_a、τ_b 较大时，产业往往在 A、B 地区间分散分布，从而 A、

---

① 为简化分析起见，我们在此假定各地区实际总收入之和为全社会实际总收入。

B 地区间的产品运输量较小，此时过中心点或过底边的交通运输网络节省的运输成本不能够抵消 C 地区因运输距离增加而导致的收入损失。其次我们发现，当区内基础设施水平较高（τ_a、τ_b 均为 1.5 且固定）时，区际基础设施的改善（τ 减小）往往使由边界线构成的交通运输网络具有更大优势。通过上述分析，我们可以得到如下命题：

命题 4.5：从人均实际收入来看，不同地区的消费者对交通运输网络具有不同的偏好，很难达成利益一致性的占优策略选择。从全社会实际总收入来看，发达或次发达地区区内基础设施水平较高时，选择过中心点或过底边的交通运输网络能够实现总实际收入最大化；当区内基础设施水平较高时，区际基础设施的改善往往使由边界线构成的交通运输网络具有更大优势。

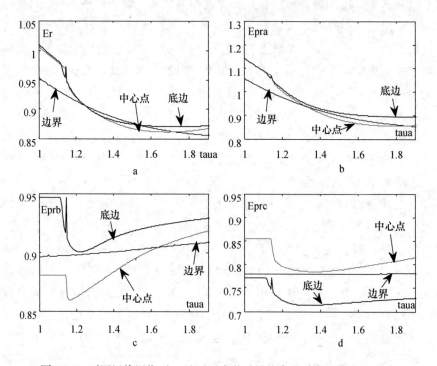

图 4.27　不同运输网络下 A 地区区内基础设施变化对实际收入的影响

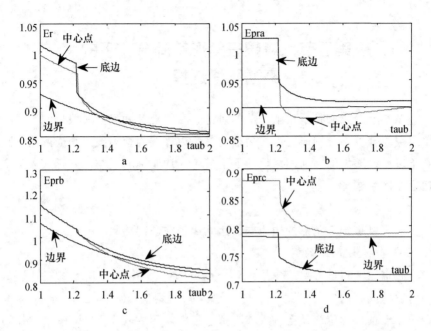

图 4.28　不同运输网络下 B 地区区内基础设施变化对实际收入的影响

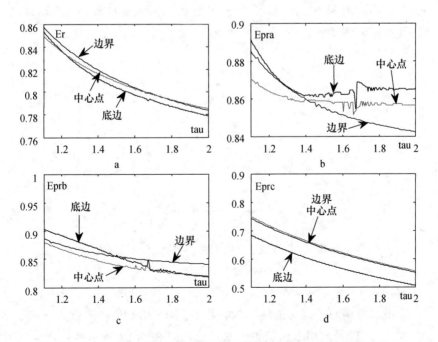

图 4.29　不同运输网络下区际基础设施变化对实际收入的影响

第五节   等腰三角形空间分布下的交通网络选择

在本节，我们将承接上一节的讨论，在三地区间呈更一般化的等腰三角形空间分布下分别研究以三角形的三条边界线为交通线的交通网络、在某条边界线缺失的交通网络等情形下基于人均实际收入与总实际收入的交通运输网络选择。

一   以等腰三角形的边为交通运输线的交通网络

（一）交通网络的假定

假定地区间呈等腰三角形地理空间分布，如图 4.30 所示，三地区的区内运输成本依然为 τ_A、τ_B、τ_C，地区间的距离 $d_{AB}=1$、$d_{AC}=d_{BC}=2$，产品运输量、单位产品运输成本、贸易自由度等由式（4.4）—式（4.6）界定。取参数 $\tau=1$、$\alpha=1$、$x=3$，可得交易成本、贸易自由度之间的空间关系，如图 4.31 所示。显然由于 AB 间的产品运输量最大且距离最短，从而其运输成本 T_{AB} 最小、贸易自由度 ϕ_{AB} 最大。

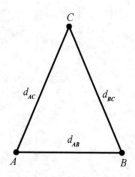

图 4.30   以等腰三角形的边为运输线的交通网络

（二）产业分布的短期与长期均衡

经济的短期与长期均衡均与本章第二节的分析相似，产业的空间分布满足式（4.15），利用数值模拟方法可以得到图 4.32 所示的产业空间分

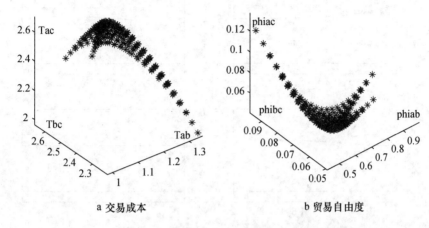

a 交易成本   b 贸易自由度

图4.31 以等腰三角形的边为交通网络的交易成本与贸易自由度

布曲线图。首先，从图中可以看到，在既定的参数取值下，落后且距离偏远的 C 地区很难吸引到工业产业，也就是说 C 地区由于市场规模小且地理区位偏僻，将始终位于产业分布的边缘区。其次，从图（a）、（b）中可以看到，对于发达与次发达地区而言，区内基础设施的改善将有利于该地区吸引产业；从图（c）中可见区际基础设施的改善对产业空间分布的影响有限，且不会影响产业分散分布的状况；从图（d）中可见偏远地区空间距离的变化不会影响 C 地区成为产业分布边缘区的地位，这是因为较小的市场规模决定了 C 地区与 A、B 地区间的产品运输量很小，从而区际交易成本很大，于是企业更乐意在市场规模较大的地区生产。

（三）实际收入水平的变化

图4.33、图4.34分别为总实际收入与人均实际收入曲线，两图中对应曲线的变化趋势相似。从图（a）、（b）中可以发现区内基础设施的改善（τ_a 或 τ_b 下降）均有利于本地区总实际收入与人均实际收入的增加；从图（c）可见区际基础设施水平的改善（τ 减小）则有利于全社会实际收入水平的提升，而且落后地区实际收入增加的幅度大于发达与较发达地区；从图（d）可见偏远地区空间距离的缩小能够明显改善落后地区的实际收入水平，这是因为 C 地区的工业品需要全部进口，所以空间距离的缩小能够显著节省运输成本。

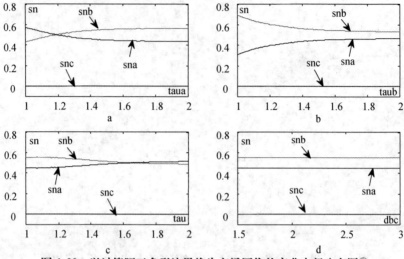

图 4.32　以过等腰三角形边界线为交通网络的产业空间分布图①

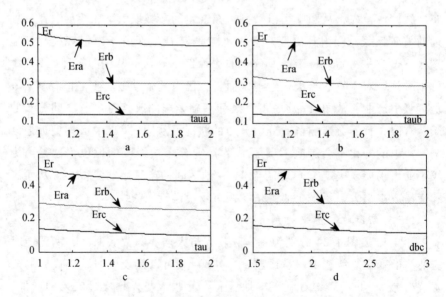

图 4.33　以过等腰三角形边界线为交通网络的总实际收入曲线图

---

①　在本节所有的图形分析中均假定 $d_{AC} = d_{BC}$。

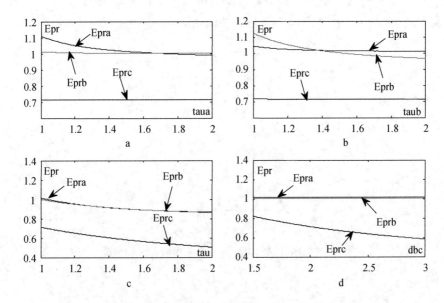

图4.34 以过等腰三角形边界线为交通网络的人均实际收入曲线图

二 以 B 点为中点构建的交通网络

（一）交通网络的假定

假定呈等腰三角形空间分布的三地区以次发达地区 B 为中心点构建交通网络来运输产品（如图4.35所示），图中的实线为交通运输线。显然在 AB 与 BC 交通线上的产品运量将增加为 $Q_{AB} + Q_{AC}$、$Q_{BC} + Q_{AC}$，与以三角形边界线构建的运输网络相比，此时 AB 与 BC 交通线上因产品运输量增加而使其运输成本下降，而 A 与 C 地区间的产品运输距离将增加。根据地区间产品运输成本的式（4.5）可得：

$$\begin{cases} T_{AB} = \left(\dfrac{1}{Q_{AB} + Q_{AC} + \alpha} + \dfrac{1}{x} \right) \tau d_{AB} \\[3mm] T_{BC} = \left(\dfrac{1}{Q_{BC} + Q_{AC} + \alpha} + \dfrac{1}{x} \right) \tau d_{BC} \\[3mm] T_{AC} = \left[\left(\dfrac{1}{Q_{AB} + Q_{AC} + \alpha} + \dfrac{1}{x} \right) d_{AB} + \left(\dfrac{1}{Q_{BC} + Q_{AC} + \alpha} + \dfrac{1}{x} \right) d_{BC} \right] \tau \end{cases} \quad (4.21)$$

依据式（4.21）和式（4.6），并取参数 $\tau = 1$、$\alpha = 1$、$x = 3$，可得

图 4.36所示的交易成本、贸易自由度。由图中可见，AB 交通线上的运输成本最小，而 A、C 地区间的运输成本最大。

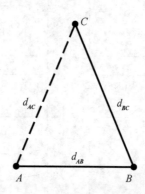

图 4.35　以等腰三角形的 B 点为中心的交通网络

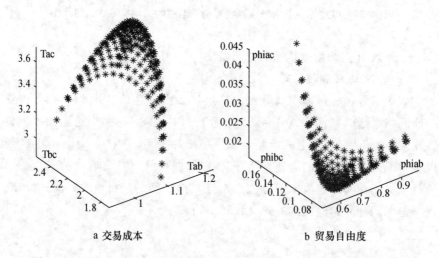

a 交易成本　　　　　　　　b 贸易自由度

图 4.36　以等腰三角形的 B 点为中心的交通网络的交易成本与贸易自由度

（二）产业分布的短期与长期均衡

与前文的分析相似，通过数值模拟可以得到图 4.37 所示的产业空间分布曲线图。从图 4.36（a）、（b）可以得到与前文相似的结论，即对于发达与次发达地区而言，区内基础设施的改善将有利于该地区吸引产业。比较有意思的是在图 c 中，随着区际基础设施条件的恶化（τ 增加）产业将完全集中于地理区位相对偏远的发达地区 A，这似乎与我们的经验观察并不完全一致，但是就本书模型的设定而言却具有一定的合理性。因为在本书的模型假定中，地区间的产品运输量越大则运输成本越低，显然当区际基础设施水平较高（τ 较低）时，区际运输成本相对较低、区际贸易自由度相对较高，从而产品运输量增加对交易成本降低的作用有限，此时产业在 A、B 两地区间分散分布将有利于企业接近本地市场；当区际基础设施水平较低（τ 较大）时，产品运输量增加对交易成本下降的作用就非常显著，此时，产品运输量达到最大值时能够节省的区际运输成本最低，由于只有当产业完全集中于相对偏远的发达地区 A 时，地区间的产品运输量达到最大、运输成本也最低，从而随着区际基础设施水平的恶化，产业将完全集聚于 A 地区。从这个意义上来看，又与我国产业在东部地区集中的现实相符合，比如在 20 世纪 80 年代，产业集中于相对发达的东部沿海地区不但能够实现集聚优势，而且在交通运输条件较差的情况下由东部地区集中向中、西部地区运输产品反倒能够节省大量的交易成本；而随着经济的发展与交通运输条件的改善，产业逐渐呈现出由东部地区向中、西部地区转移的趋势。

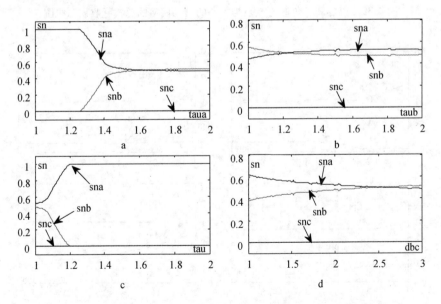

图 4.37　以等腰三角形的 B 点为中心的交通网络的产业空间分布图

（三） 实际收入水平的变化

图 4.38、图 4.39 分别为总实际收入与人均实际收入曲线。从图中可以发现曲线的变化趋向与图 4.33、图 4.34 相似。

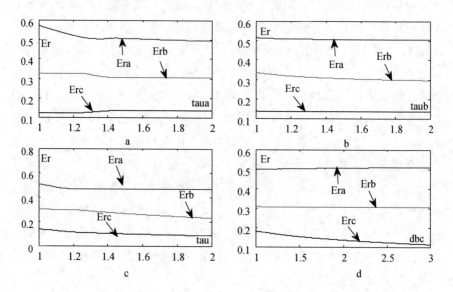

图 4.38　以等腰三角形的 B 点为中心的交通网络的总实际收入曲线图

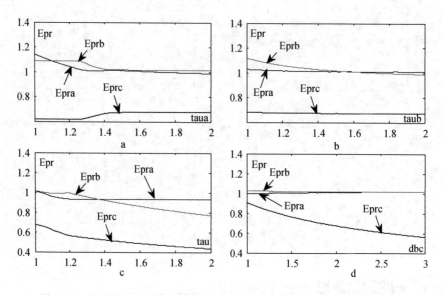

图 4.39　以等腰三角形的 B 点为中心的交通网络的人均实际收入曲线图

三　以 A 点为中点构建的交通网络

（一）交通网络的假定

假定呈等腰三角形空间分布的三地区以发达地区 A 为中心点构建交通网络来运输产品（如图 4.40 所示），图中的实线为交通运输线。显然在 AB 与 AC 交通线上的产品运输量将增加为 $Q_{AB} + Q_{BC}$、$Q_{BC} + Q_{AC}$。根据式（4.5）可得地区间的产品运输成本为：

$$
\begin{cases}
T_{AB} = \left(\dfrac{1}{Q_{AB} + Q_{BC} + \alpha} + \dfrac{1}{x} \right) \tau d_{AB} \\[4mm]
T_{AC} = \left(\dfrac{1}{Q_{BC} + Q_{AC} + \alpha} + \dfrac{1}{x} \right) \tau d_{AC} \\[4mm]
T_{BC} = \left[\begin{array}{l} \left(\dfrac{1}{Q_{AB} + Q_{BC} + \alpha} + \dfrac{1}{x} \right) d_{AB} + \\[3mm] \left(\dfrac{1}{Q_{BC} + Q_{AC} + \alpha} + \dfrac{1}{x} \right) d_{AC} \end{array} \right] \tau
\end{cases}
\tag{4.22}
$$

依据式（4.22）和式（4.6）可得图 4.41 所示的交易成本、贸易自由度。由图中可见，AB 交通线上的运输成本最小，而 B、C 地区间的运输成本最大。

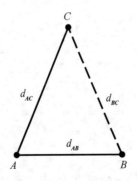

图 4.40　以等腰三角形的 A 点为中心的交通网络

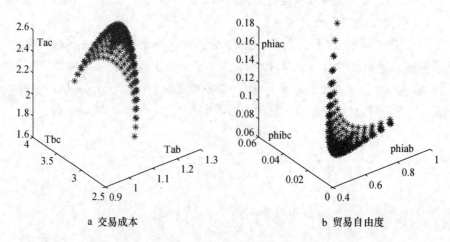

a 交易成本　　　　b 贸易自由度

图 4.41　以等腰三角形的 A 点为中心的交通网络的交易成本与贸易自由度

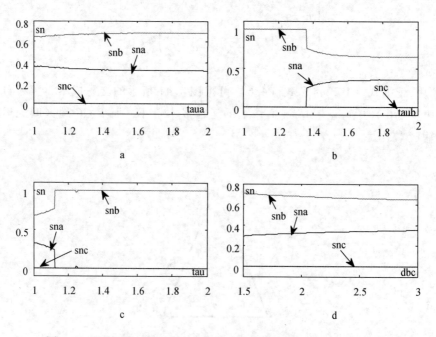

图 4.42　以等腰三角形的 A 点为中心的交通网络的产业空间分布图

（二）产业分布的短期与长期均衡

与前文的分析相似，通过数值模拟可以得到图4.42所示的产业空间分布曲线图。首先从图4.42中可以发现s_{nB}曲线的值始终大于s_{nA}曲线，这说明产品运输量对降低区际交易成本具有重要作用，产业更多集中于相对偏远的B地区有利于增加地区间的产品运输量、降低交易成本。其次，与图4.37相比，在图4.42（c）中当区际基础设施水平下降（τ增加）时，出于增加产品运输量、降低区际交易成本的需要，产业将集聚于次发达地区B。总体而言，区际交易成本的增加将使产业倾向于集聚到位于非中心的发达或次发达地区。

（三）实际收入水平的变化

图4.43、图4.44分别为总实际收入与人均实际收入曲线，图中曲线的变化趋向与图4.33、图4.34相似。

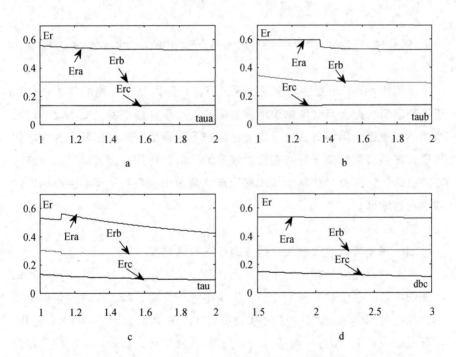

图4.43 以等腰三角形的A点为中心的交通网络的总实际收入曲线图

综合上述分析，我们可以得到如下命题：

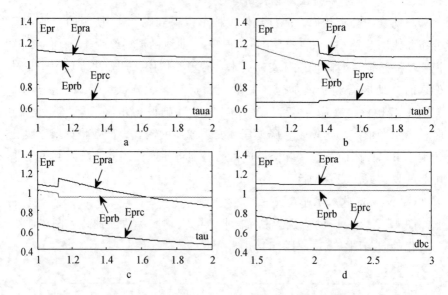

图 4.44 以等腰三角形的 A 点为中心的交通网络的人均实际收入曲线图

命题 4.6：对于发达与次发达地区而言，区内基础设施的改善将有利于该地区吸引产业且会增加该地区实际收入水平；当以发达或次发达地区为中心构建运输网络时，出于增加区际产品运输量、降低区际交易成本的需要，产业将更倾向于分布在相对偏远的地区，特别是当区际基础设施水平较低时，区际交易成本的增加将使产业倾向于集聚到位于非中心的发达或次发达地区。

四 基于实际收入最大化的交通运输网络选择

与上一节的分析相似，现在我们将基于总实际收入与人均实际收入最大化的视角，在上述三种交通运输网络中进行优化选择。在其他条件不变时，我们分别使 A 地区的区内基础设施 Ia、B 地区的区内基础设施 Ib、区际基础设施 I、B 与 C 两地区的空间距离 cd 变化，从而得到不同基础设施下全社会的实际收入 Er，A、B、C 三地区的实际收入 E_A^{pr}、E_B^{pr}、E_C^{pr} 的曲线（图 4.45—图 4.48）。

从图 4.45—图 4.48 的 4 个 b 图可以看到，在大多数情形下，对于 A 地区的消费者而言，选择以 A 为中心的交通运输网络是其占优策略。从 4

个 c 图中可以看到，对于 B 地区的消费者而言，当其区内交易成本很低或区际交易成本很高时，选择以 A 为中心的交通运输网络能够实现人均实际收入最大，而在其他情形下选择以 B 为中心的交通运输网络则是其最优选择。从 4 个 d 图中可以看到，对于 C 地区的消费者而言，选择以三角形的边界构成的运输网络是最优的。

从全社会实际总收入来看，图 4.45—图 4.48 的 4 个 a 图表明，在现有的参数条件下，在大多数情形下，选择以 A 为中心的交通运输网络能够实现全社会总实际收入的最大化。但是很显然，此时，只有 A 地区的消费者实现了个体的收益最大，而对 B 和 C 地区的消费者则会遭受一定的潜在损失。由此可见，对于个体而言，对交通运输网络的选择上往往存在零和博弈现象：在某个地区人均实际收入最大的运输网络对其他地区则可能造成损失。由此我们可以得到如下命题：

命题 4.7：在三地区呈等腰三角形空间分布格局中，选择以发达地区 A 为中心的交通运输网络能够实现全社会总实际收入的最大化。但是对于个体而言，在交通运输网络的选择上往往存在零和博弈现象：在某个地区人均实际收入最大的运输网络对其他地区则可能造成损失。

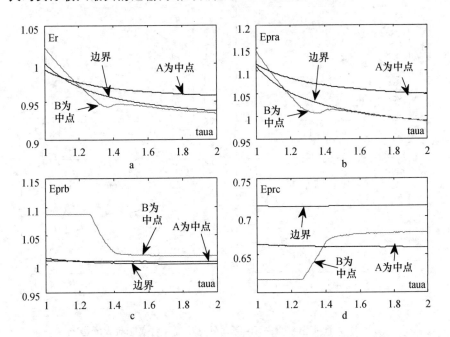

图 4.45　不同运输网络下 A 地区区内基础设施变化对实际收入的影响

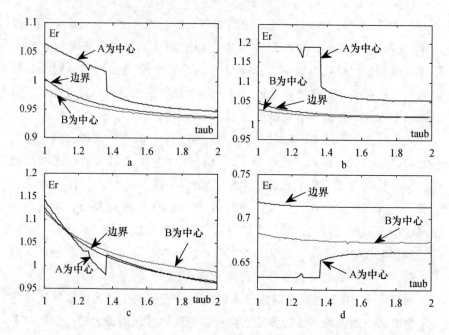

图4.46 不同运输网络下B地区区内基础设施变化对实际收入的影响

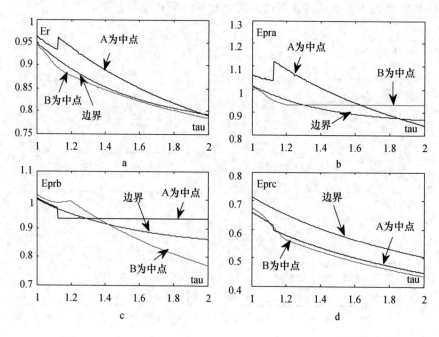

图4.47 不同运输网络下区际基础设施变化对实际收入的影响

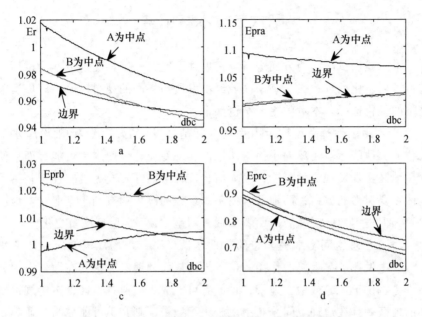

图 4.48　不同运输网络下距离变化对实际收入的影响

　　在本章我们着重研究了地区间不同的空间分布格局下能够实现实际收入最大化的交通运输网络选择的问题。本章的分析表明，即使是在既定的空间分布格局下，难以判别交通运输网络的优劣，因为从全社会来看能够实现总实际收入最大化的运输网络，往往只能使部分地区的消费者实现个体收入最大化，而其他地区的消费者却会遭受潜在损失，这是因为个体在交通运输网络的选择上往往存在零和博弈。显然，如果能够从全社会总实际收入最大化的视角选择交通运输网络，同时能够利用财政税收政策，从福利增加者处征收税收，向受损者给予补偿，则有可能实现全社会总实际收入最大与区域差距收敛的局面。但是由于财政政策工具多种多样，税收与补偿的手段与方式也很多，有些财政政策的确能够实现区域间收益的转移并缩小区域差距，而有些财政政策表面上似乎将收益由发达地区向落后地区转移，但是通过更为复杂的资本流动体系又会形成事实上的落后地区反倒向发达地区补偿的情形。显然如何选择合理的财政税收与补偿政策以缩小区域间的收入差距将是下一章将要讨论的问题。

第六节　本章小结

本章我们试图在两方面进行了拓展性研究，一是将交易成本尝试性地进行了内生化处理；二是基于区域经济发展与福利的视角讨论了区域运输网络的优化选择。本章的主要结论如下：

1. 当用区际产品运输量内生化区际基础设施后，区际基础设施水平改善或两地区运输距离缩小使得两地区实现专业化生产成为可能，而且使落后地区实现发展成为可能，而如何将这种可能性转变为现实性则是落后地区需要努力的方向；两地区区内基础设施的改善均有利于产业在本地区集聚并促进本地区的发展，两者的战斧图呈"Z"字形且反向变化。

2. 在地理空间呈水平分布的三地区情形下，市场规模效应在产业集聚行为中发挥了最重要的作用，市场规模最大的地区无论其在地理空间分布中是否位于边缘或中心地带，均最有可能成为产业集聚区；市场规模较小的地区一旦在地理空间分布中位于边缘地带，则其不可能成为产业集聚区；市场规模较小的地区如果在地理空间分布中位于中心地带，则只要努力改善区内基础设施水平，而且当其区内基础设施水平高于发达的地理边缘地区时，则落后的中部地区就有可能成为产业集聚区。所以中部地区要成为集聚区的先决条件是其区内基础设施水平要高于发达地区，也就是说在中部地区具有更高的贸易自由度；而且中部地区是否能够成为集聚区在很大程度上取决于东部地区对基础设施的选择行为。

3. 当考虑了与产品运输量相关的内生化的区际运输成本后，对于那些拥有一定产业分布的非边缘地区而言，区内基础设施水平的改善能够有效地提高其实际收入水平；区际基础设施水平的提升能够改善全社会的实际收入水平，相对而言，进口产品越多的边缘地区的实际收入水平增加得越大。

4. 当发达或次发达地区的区内基础设施水平很高时，产业将完全集聚于其中的某一地区；当其区内基础设施水平下降时，产业逐渐由完全集聚转变为分散分布。而且发达或次发达地区区内基础设施的改善有利于本地区总实际收入与人均实际收入的增加，但区际基础设施水平的改善则有利于全社会实际收入水平的提升，而且落后地区实际收入增加的幅度大于发达与次发达地区。

5. 从人均实际收入来看，不同地区的消费者对交通运输网络具有不同的偏好，很难达成利益一致性的占优策略选择。从全社会实际总收入来看，发达或次发达地区区内基础设施水平较高时，选择过中心点或过底边的交通运输网络能够实现总实际收入最大化；当区内基础设施水平较高时，区际基础设施的改善往往使由边界线构成的交通运输网络具有更大优势。

6. 对于发达与次发达地区而言，区内基础设施的改善将有利于该地区吸引产业且会增加该地区实际收入水平；当以发达或次发达地区为中心构建运输网络时，出于增加区际产品运输量、降低区际交易成本的需要，产业将更倾向于分布在相对偏远的地区，特别是当区际基础设施水平较低时，区际交易成本的增加将使产业倾向于集聚到位于非中心的发达或次发达地区。

第 五 章
差异化税率与补偿机制的区域政策选择

在第三章的分析中我们发现不同类型的基础设施对区域差距的影响是不同的，改善落后地区的区内基础设施水平更有利于缩小区域差距。在第四章中我们基于内生化区际交易成本的多地区模型的分析、发现处于不同发展水平和地理区位的地区对交通运输网络具有不同的偏好，能够使某一地区人均实际收入增加的交通运输网络往往造成其他地区人均实际收入的潜在损失，而能够实现全社会总实际收入最大化的交通运输网络选择常常与发达地区的利益相一致，在发达地区具有更多话语权的交通运输网络选择将会导致区域差距扩大，从而通过转移支付的方式对落后地区给予合理的补偿就成为必要的政策选择。从实践层面来看，地区间的转移支付与区际补偿是中央政府经常用于协调区域差距的重要手段，如我国的西部大开发（1999）、振兴东北老工业基地（2003）、中部崛起（2005）等区域协调发展战略，但是这些区域政策对于区域差距收敛的有效性却是值得研究的。

国内外学术界对于转移支付是否在长期能够促进区域经济收敛上缺乏统一认识。传统理论认为政府间转移支付可以弥补因财政分权引起的地方财政能力缺失，实现区际财政能力均等化，而转移支付的效果则取决于转移支付制度设计能否对地方政府形成有效的激励和约束机制（Oates, 1999），但是由于存在地方政府的预算支出对转移支付增长的弹性远高于本地非公共部门收入增长弹性的"粘蝇纸效应"，使地方政府由于转移支付而对中央政府产生依赖，从而会抑制地方政府的财政努力（Inman, 1988；Stine, 1994）。国内学者（如马拴友、于红霞，2003；Tsui, 2005；Martinez-Vazquez, 2007；张恒龙、陈宪，2007；钟正生、宋旺，2008；郭庆旺、贾俊雪，2008；范子英、张军，2011）从对我国的实证研究中发现转移支付在总体上没有达到缩小区域差距的目的；汪冲（2007）认为专项转移支付资金的不合意挤占、挪用是造成转移支付政策成效低下的重要原因；乔宝云等（2006）认为现行的财政转移支付制度抑制了地方政府的财政努力，不利于实现财政均衡；贾晓俊、岳希明（2012），陈仲常、董东冬（2011）认为目前的财政资金分配体制不利于落后地区的发展。而张恒龙、秦鹏亮（2011）认为转移支付从总体上发挥了缩小区域间经济差距的作用，有助于省际经济收敛。

我们认为上述研究大多集中于宏观层面，缺乏对微观主体的分析，而且不能准确追踪转移支付资金的最终流向。在本节我们将以规模收益递增的新经济地理学为研究平台，在资本自由流动条件下以追溯转移支付资金的来源和最终去向为主线，剖析转移支付与区域差距收敛的关系。在结构安排上我们将分别构建补贴企业、补贴劳动者、同时补贴企业和劳动者的模型，为区域政策的选择提供理论依据。

第一节　税收补贴模型1——对企业的补贴

一　基准模型

承接第三章第一节的基准 FC 模型，同时为了简化分析，令 $\tau_M = \tau_M^* = \tau_X = \tau_X^* = \tau_D = \tau_D^* = 1$，从而有贸易自由度 $\phi_D = \phi_D^* = \phi_X = \phi_X^* = \phi_M = \phi_M^* = 1$、$\phi_C \in [0, 1]$，也就是说在本章我们只考虑存在一种地区间的交易成本 $\tau_C > 1$。根据式（3.7）可以得到短期均衡时两地区企业的利润为：

$$\begin{cases} \pi = \dfrac{bE^w}{n^w}\left(\dfrac{s_E}{\Delta} + \dfrac{\phi_C s_E^*}{\Delta^*}\right) = \dfrac{bE^w}{n^w}B \\[4mm] \pi^* = \dfrac{bE^w}{n^w}\left(\dfrac{\phi_C s_E}{\Delta} + \dfrac{s_E^*}{\Delta^*}\right) = b\dfrac{E^w}{n^w}B^* \end{cases} \tag{5.1}$$

其中，$\Delta = s_n + s_n^*\phi_C$、$\Delta^* = \phi_C s_n + s_n^*$。

在资本没有完全集中于一个地区时，由资本的逐利性可得长期均衡条件为：$\pi = \pi^*$，从而可得均衡时东部地区的企业份额为：$s_n = \dfrac{(1+\phi)s_E - \phi}{1 - \phi}$ （5.2）

由 $s_E = E/E^w$ 可得东部地区的支出份额为：$s_E = \dfrac{1 + b(2s_K - 1)}{2}$ （5.3）

二 税收补贴模型的基本逻辑

政府间财政转移支付的根本目的是提升落后地区的发展水平、缩小区域差距。为了研究的方便，本书以地区支出份额 s_E 来度量两地区间的相对发展差距，并假定东部地区为发达地区，即 $s_K > 1/2$，所以本节主要在非对称情形下讨论不同的补贴模式与差异化税率对区域差距的影响。

本研究在上述基准模型基础上，引入对西部的补贴率 $0 \leqslant z < 1$，并考虑对不同行为主体实施补贴后可能产生的不同效果，构建了 3 个税收补贴模型，即补贴企业、补贴劳动者、同时补贴企业和劳动者。每一种模型在均衡时必然存在 4 个基本关系：（1）由于资本可自由流动必然要求资本在地区间的收益相等；（2）在国家层面政府的税收收入必然等于补贴支出（这是未考虑政府其他补贴资金来源的强约束假设）；（3）充分就业假设，即劳动力总供给等于传统部门和制造业部门的劳动力需求；（4）用税收补贴后的地区支出份额来度量区域发展水平。根据以上 4 个关系可以内生地确定 4 个变量：东部的企业份额 s_n、东部的支出份额 s_E、均衡利润 π、均衡税率。假设 μ、σ、τ 等均为已知外生变量，从而上述 4 个内生变量均是关于可变外生变量 z 的函数。

在税收补贴研究中，往往需要解决两个问题，一是研究补贴行为是否有利于区域差距收敛，也就是要研究当补贴从无到有时对长期均衡的影响；二是若补贴行为有利于区域差距收敛，那么应该选择什么水平的补贴和税率。正是基于对这两点的考虑，后面的每个模型将首先讨论引入补贴行为后模型的一般均衡，其次分析实施补贴政策（从 $z = 0$ 开始变化）对区域差距的影响，并着重分析能够使区域差距不变的差异化税率比的门槛值。

三 补贴西部企业的税收补贴模型

假设对东西部居民（劳动者和资本所有者）分别按税率 t 和 t^* 征收个人所得税，并对西部企业按其营业利润额以补贴率 z 进行补贴，于是西部企业的利润将由 π^* 变为 $(1+z)\pi^*$。在资本自由流动情况下，长期均衡时两地区企业的利润必然相等，从而有 $\pi = (1+z)\pi^*$。除此之外，其他条件均与基准模型相同。

（一）一般均衡分析

第一，从营业利润来看，由于 $\pi = (1+z)\pi^*$，由式（5.1）可得东部的企业份额为：

$$s_n = \frac{s_E(1-\phi^2) - \phi(1+z-\phi)}{(1-\phi)(1+z-\phi) - zs_E(1-\phi^2)} \tag{5.4}$$

第二，考虑补贴与税收后的东部支出份额为：

$$s_E = \frac{(1-t)E}{(1-t)E + (1-t^*)E^*} = \frac{(1-t)(L+\pi s_K)}{(1-t)(L+\pi s_K) + (1-t^*)(L+\pi-\pi s_K)} \tag{5.5}$$

其中 E、E^* 分别为东西部补贴后息税前的支出水平。

第三，税收收入等于补贴支出使得政府面临的预算约束为：

$$tE + t^*E^* = t(L+\pi s_K) + t^*(L+\pi(1-s_K))$$
$$= z(1-s_n)\pi^* = \frac{z}{1+z}(1-s_n)\pi \tag{5.6}$$

第四，根据劳动力充分就业假设，在无税收时两地区劳动力获得的总收入为 $2Lw_a = E^w(1-b)$，则补贴征税后全社会劳动力的总收入为：

$$2L = [(1-t)E + (1-t^*)E^*](1-b)$$
$$= [(1-t)(L+\pi s_K) + (1-t^*)(L+\pi(1-s_K))](1-b) \tag{5.7}$$

第五，为研究的便利，假设两地区的税率存在线性关系：$t = \gamma t^*$ $\tag{5.8}$

其中 $\gamma \geq 0$ 为两地区的税率比。显然 $\gamma = 1$ 表示在全国按同等税率征税，$\gamma \neq 1$ 表示按差异化税率征税，特别是 $\gamma = 0$ 表示只在西部征税，$\gamma = \infty$ 表示只在东部征税。

此时有 5 个变量，5 个方程，从而方程组可解。

联袂式（5.6）—式（5.8）可得东部企业的利润为 $\pi =$

$$\frac{2bL(1+z)}{(1-b)(1+zs_n)} \tag{5.9}$$

显然当 $z = 0$ 时，$\pi = 2Lb/(1-b)$，与基准模型的结论相同。由式（5.9）可知企业利润只与补贴率有关，而与从何处征税无关。

同时可以得到两地区的税率为：

$$\begin{cases} t = \dfrac{2bz\gamma(1-s_n)}{(1+\gamma)(1-b)(1+zs_n) + 2b(1+z)(\gamma s_K + 1 - s_K)} \\[4mm] t^* = \dfrac{2bz(1-s_n)}{(1+\gamma)(1-b)(1+zs_n) + 2b(1+z)(\gamma s_K + 1 - s_K)} \end{cases} \tag{5.10}$$

显然当 $z \geq 0$ 时有 $t \geq 0$、$t^* \geq 0$，即只要对西部企业实施补贴，就必须征税。

将式（5.9）代入式（5.5）式可得东部的支出份额为：

$$s_E = \frac{(1-t)[(1-b)(1+zs_n) + 2bs_K(1+z)]}{(2-t-t^*)(1-b)(1+zs_n) + 2b(1+z)[(1-t)s_K + (1-t^*)(1-s_K)]} \tag{5.11}$$

由 $\pi = px/\sigma$ 与 $\pi = (1+z)px^*/\sigma$ 可得两地区企业的产量为：

$$\begin{cases} x = \sigma\dfrac{2Lb(1+z)}{(1-b)(1+zs_n)} \\[4mm] x^* = \dfrac{\sigma 2Lb}{(1-b)(1+zs_n)} \end{cases} \tag{5.12}$$

（二）补贴对一般均衡的影响

由式（5.9）可得：$\dfrac{d\pi}{dz}\Big|_{z=0} = \pi(1-s_n) > 0$，这表明对西部企业的补贴将使两地区企业的利润均增加，东部企业也从对西部企业的补贴中获得了好处，对西部企业的补贴事实上意味着对两地区所有企业的补贴。

由式（5.10）分别对补贴率求导，可得：

$$
\begin{cases}
\dfrac{\mathrm{d}t}{\mathrm{d}z}\Big|_{z=0} = \dfrac{2b\gamma\,(1-s_n)}{(1+b-2bs_K)+\gamma\,(1-b+2bs_K)} > 0 \\[3mm]
\dfrac{\mathrm{d}t^*}{\mathrm{d}z}\Big|_{z=0} = \dfrac{2b\,(1-s_n)}{(1+b-2bs_K)+\gamma\,(1-b+2bs_K)} > 0
\end{cases}
\tag{5.13}
$$

这表明当对西部企业实施补贴政策时，需要征收税收，而且随着补贴率提高，税率也将提高。显然，$\gamma=1$ 时，$\dfrac{\mathrm{d}t}{\mathrm{d}z}\Big|_{z=0,\gamma=1} = \dfrac{\mathrm{d}t^*}{\mathrm{d}z}\Big|_{z=0,\gamma=1} = b\,(1-s_n)$；$\gamma=0$ 时，$\dfrac{\mathrm{d}t^*}{\mathrm{d}z}\Big|_{z=0,\gamma=0} = \dfrac{2b\,(1-s_n)}{1+b-2bs_K}$；$\gamma=\infty$ 时，$\dfrac{\mathrm{d}t}{\mathrm{d}z}\Big|_{z=0,\gamma=\infty} = \dfrac{2b\,(1-s_n)}{1-b+2bs_K}$。由于 $s_K>1/2$，从而有 $\dfrac{\mathrm{d}t^*}{\mathrm{d}z}\Big|_{z=0,\gamma=0} > \dfrac{\mathrm{d}t}{\mathrm{d}z}\Big|_{z=0,\gamma=\infty} > \dfrac{\mathrm{d}t^*}{\mathrm{d}z}\Big|_{z=0,\gamma=1}$，即从全国按同等税率征税时的税率最小；只从西部征税时的税率最大。

从支出来看，税收补贴政策以两个方向相反的作用力影响支出，首先，只要 $\gamma\neq0$，就存在东部税收向西部的直接转移支付，并会直接减少东部的支出；其次，资本自由流动机制具有收益均等化效应，从而对西部企业的补贴将使两地区企业的利润均增加，于是又存在收益从西部向东部的转移。由于东部拥有更多的资本，所以东部从利润增加中得到了更多的收益，而一旦东部获得的收益大于其税收支出，就事实上存在西部向东部的净转移支付。所以有必要找到使东部对西部的净转移支付为0时两地区税率比的某一门槛值，为此式（5.11）对 z 求导，并将式（5.10）—式（5.13）的相关结果代入（附录5-A），可得当 $\dfrac{\mathrm{d}s_E}{\mathrm{d}z}\Big|_{z=0}=0$ 时，

$$
\bar{\gamma}_e = \frac{2b(L+\pi s_K)(L+\pi-\pi s_K)+\pi L(2s_K-1)(1+b-2bs_K)}{2b(L+\pi s_K)(L+\pi-\pi s_K)-\pi L(2s_K-1)(1-b+2bs_K)} > 1
\tag{5.14}
$$

其中 $\bar{\gamma}_e$ 表示当补贴企业时，使区域差距不变的差异化税率比的门槛值。当 $\gamma=\bar{\gamma}_e$ 时，东部向西部的净转移支付为0，税收补贴政策不改变东部的支出份额，也就是说补贴落后地区企业时，若要防止区域差距扩大，

则必须在发达地区征收更高的税率（$\bar{\gamma}_e > 1$）。

由于 $\partial^2 s_E / \partial z \partial \gamma \big|_{z=0} < 0$，所以当 $0 \leqslant \gamma < \bar{\gamma}_e$ 时，$ds_E / dz \big|_{z=0} > 0$，东部的支出份额将增加。此时虽然区域补贴政策使财政资金从东部向西部转移（东部税收流向西部），但是一般均衡分析表明，由于 $s_K > 1/2$，东部获得的利润收益大于其税收支出，事实上造成了西部向东部的净转移支付，区域差距将扩大。当 $\gamma > \bar{\gamma}_e > 1$ 时，$ds_E / dz \big|_{z=0} < 0$，东部的支出份额将减小。此时东部负担的税率水平较高，且东部的税收支出超过了其利润收益，存在东部向西部的净转移支付，区域差距将收敛。这说明，若要通过补贴企业的方式提升落后地区的发展水平、缩小区域差距，则两地区差异化税率比要大于临界值 $\bar{\gamma}_e$，否则税收补贴政策只能扩大区域差距。由于 $\bar{\gamma}_e > 1$，所以如果在全国实行看似公平的均等化税率，则会导致表面上对落后地区的补贴造成事实上对发达地区的补贴，区域差距将扩大。

从企业份额的变化来看，首先，补贴西部企业会提高企业的利润水平，吸引企业到西部投资；其次，税收政策具有缩小两地区市场规模的直接效应，补贴政策通过企业利润均等化机制使收益重新分配并改变两地区的市场规模，在本地市场效应作用下，企业具有向市场规模较大区域集中的趋势。由于不同的差异化税率会导致市场规模的不同变化，从而导致企业份额的不同变化，为此需要寻找使两地区企业份额不变的税率比的门槛值。由式（5.5）对 z 求导，并将式（5.10）—式（5.14）的相关结果代入（附录 5 - B），可得当 $\dfrac{ds_n}{dz}\big|_{z=0} = 0$ 时，有：

$$\bar{\gamma}_e = \frac{2b(L + \pi s_K)(L + \pi - \pi s_K) - D(1 + b - 2bs_K)}{2b(L + \pi s_K)(L + \pi - \pi s_K) + D(1 - b + 2bs_K)} < 1 \qquad (5.15)$$

其中 $\bar{\gamma}_e$ 表示当补贴企业时，使企业份额不变的两地区差异化税率比的门槛值。当 $\gamma = \bar{\gamma}_e$ 时，税收补贴政策不改变东西部的企业份额。由于 $\bar{\gamma}_e < 1$，所以在补贴落后地区企业时，只需要在发达地区征收较低的税率就能保证企业份额不变化。由于 $\partial^2 s_n / \partial z \partial \gamma \big|_{z=0} < 0$，表明当 γ 增加且 $\gamma > \bar{\gamma}_e$

时，企业将由东部向西部转移；当 γ 值减小且 $\gamma < \bar{\gamma}_e$ 时，企业将由西部向东部转移。

对比式（5.14）、式（5.15）可以发现，当 $\gamma > \bar{\gamma}_e > 1$ 时，$\dfrac{\mathrm{d}s_E}{\mathrm{d}z}\Big|_{z=0} < 0$、$\dfrac{\mathrm{d}s_n}{\mathrm{d}z}\Big|_{z=0} < 0$，表明当东部的税率远高于西部时，补贴政策导致企业向西部转移，区域差距趋于收敛；当 $\gamma < \bar{\gamma}_e$ 时，$\dfrac{\mathrm{d}s_E}{\mathrm{d}z}\Big|_{z=0} > 0$、$\dfrac{\mathrm{d}s_n}{\mathrm{d}z}\Big|_{z=0} > 0$，表明当东部的税率远低于西部时，补贴政策导致企业向东部转移，区域差距趋于扩大；当 $\bar{\gamma}_e < \gamma < \bar{\gamma}_e$ 时，$\dfrac{\mathrm{d}s_E}{\mathrm{d}z}\Big|_{z=0} > 0$、$\dfrac{\mathrm{d}s_n}{\mathrm{d}z}\Big|_{z=0} < 0$，表明当税率比介于两个门槛值之间时，补贴政策导致企业向西部转移，而区域差距趋于扩大。关系式 $0 < \bar{\gamma}_e < 1 < \bar{\gamma}_e$ 说明地方政府通过补贴企业以吸引投资的目标相对容易实现，而要通过吸引投资带动地区经济发展，从而缩小区域差距的目标则比较困难，吸引投资与区域差距收敛间并不完全相关。所以落后地区政府通过为企业提供优惠政策等手段能够起到吸引投资的作用，但是这种吸引投资的行为不一定会产生提升地区经济实力、缩小区域差距的功效，如果优惠政策的补贴资金主要地是来自落后地区的话，那么这种对企业的补贴行为只能产生虚假繁荣：企业部分地向落后地区转移而区域差距进一步扩大。只有当对落后地区企业的补贴主要来自发达地区时，落后地区才能真正克服资本收益均等化产生的发达地区对收益的吸虹效应，并实现真正的繁荣：企业向落后地区转移且区域差距趋于收敛。

对式（5.12）求导，可得：$\dfrac{\mathrm{d}x}{\mathrm{d}z}\Big|_{z=0} = x(1 - s_n) > 0$、$\dfrac{\mathrm{d}x^*}{\mathrm{d}z}\Big|_{z=0} = -x^* s_n < 0$，说明在实施补贴西部企业的政策下，西部企业规模将缩小，东部企业规模会扩大。这是因为，补贴增加了西部企业的营业利润，使企业通过较小的产量就可以弥补固定成本支出，在超额利润为 0 的垄断竞争市场条件下，西部企业愿意供给的产量会下降。资本收益均等化意味着补贴增加了资本收益，由于每个企业均投入单位资本作为固定成本，所以东部企业需要更大的产出才能弥补固定成本支出。从单位资本的产出能力来看，对西部企业的补贴行为降低了西部企业的生产率水平而提高了东部企业的生产率水平，西部企业因补贴而变得缺乏竞争力，东部企业的竞争却进一

步提高。

（三）要素所有者福利分析

东部劳动者的福利水平：$V_L = \ln \dfrac{(1-t)E_L}{P} = \ln \dfrac{1-t}{[(1-\phi)s_n + \phi]^{-a}}$，

从而：

$\dfrac{dV_L}{dz}\big|_{z=0} = \dfrac{-1}{1-t}\dfrac{dt}{dz}\big|_{z=0} + a\dfrac{1-\phi}{(1-\phi)s_n + \phi}\dfrac{ds_n}{dz}\big|_{z=0} < 0$，这表明，对西部企业的补贴从两个方面影响东部劳动者的福利水平，首先，税收效应直接减少东部劳动者的福利水平；其次，企业向西部转移效应（生活成本效应）提高了东部劳动者的生活成本，降低东部劳动者的福利水平。所以对西部企业的补贴将使东部劳动者的利益受损。

东部资本所有者的福利水平：$V_K = \ln \dfrac{(1-t)E_k}{P} = \ln \dfrac{(1-t)\pi}{[(1-\phi)s_n + \phi]^{-a}}$，

从而：

$\dfrac{dV_K}{dz}\big|_{z=0} = \dfrac{-1}{1-t}\dfrac{dt}{dz}\big|_{z=0} + \dfrac{1}{\pi}\dfrac{d\pi}{dz}\big|_{z=0} + a\dfrac{1-\phi}{(1-\phi)s_n + \phi}\dfrac{ds_n}{dz}\big|_{z=0}$，这表明对西部企业的补贴从三个方面影响东部资本所有者的福利水平，首先，税收效应直接减少东部资本所有者的福利水平；其次，企业向西部转移效应（生活成本效应）提高了东部劳动者的生活成本，降低东部资本所有者的福利水平；最后，利润增加效应则增加东部资本所有者的福利水平，所以东部资本所有者的总效应方向难以判断。

西部劳动者的福利水平：$V_L^* = \ln \dfrac{(1-t)E_L^*}{P^*} = \ln \dfrac{1-t}{[s_n(\phi-1)+1]^{-a}}$，

从而：

$\dfrac{dV_L^*}{dz}\big|_{z=0} = \dfrac{-1}{1-t}\dfrac{dt}{dz}\big|_{z=0} - a\dfrac{1-\phi}{s_n(\phi-1)+1}\dfrac{ds_n}{dz}\big|_{z=0}$，这表明对西部企业的补贴从两个方面影响西部劳动者的福利水平，一是税收支出效应直接减少劳动者的福利水平；二是产业转移效应（生活成本效应）使西部劳动者的福利增加，西部劳动者的总效应方向难以判断。

西部资本所有者的福利水平：$V_K^* = \ln \dfrac{(1-t)E_K^*}{P^*} = \ln \dfrac{(1-t)\pi}{[s_n(\phi-1)+1]^{-a}}$

$\dfrac{dV_K^*}{dz}\big|_{z=0} = (1-b)(1-s_n) - a\dfrac{1-\phi}{s_n(\phi-1)+1}\dfrac{ds_n}{dz}\big|_{z=0} > 0$，这表明

对西部企业的补贴从三个方面影响西部资本所有者的福利水平：税收支出效应使西部资本所有者的利益受损，同时产业转移效应（生活成本效应）和企业利润增加的效应使西部企业的利益增加，最终西部资本所有者的福利水平增加。

总体来看，全国征税对西部企业的福利补贴政策，难以实现在其他人福利不受损的条件下，使至少一个人的福利得到改善，所以，从个体利益来看，这种补贴政策不存在"帕累托效率"改进的空间。

（四）全局福利分析

东部地区的福利为：$V = \ln \dfrac{E}{P} = \ln E^w + \ln s_E + a\ln\left[(1-\phi)s_n + \phi\right]$，从而：

$$\dfrac{\mathrm{d}V}{\mathrm{d}z}\Big|_{z=0} = \dfrac{1}{s_n(1-\phi)+\phi}\left[(1+\phi)\dfrac{\mathrm{d}s_E}{\mathrm{d}z}\Big|_{z=0} + a(1-\phi)\dfrac{\mathrm{d}s_n}{\mathrm{d}z}\Big|_{z=0}\right]$$

$$(5.16)$$

由于 $\dfrac{\mathrm{d}s_E}{\mathrm{d}z}\Big|_{z=0} > 0$、$\dfrac{\mathrm{d}s_n}{\mathrm{d}z}\Big|_{z=0} < 0$，所以具体难以判别东部地区的总福利受对西部地区补贴的影响。主要原因是，首先，由于补贴收入来自全国的税收收入，相当于存在东部向西部的转移支付，东部劳动者的名义收入将减少；其次，由于是向西部企业补贴，所以西部的企业份额将增加，于是东部的产品种类数将减少，生活成本指数将增加，导致东部地区的实际收入将减少；最后，在资本自由流动的条件下，对西部地区企业的补贴将提高东部地区企业利润，由于东部地区拥有更多的资本，所以东部地区资本所有者获得的收益更多，又事实上存在西部向东部地区的转移支付。

西部地区的福利为：$V^* = \ln \dfrac{E^*}{P^*} = \ln E^w + \ln(1-s_E) + a\ln\left[s_n(\phi-1)+1\right]$，从而：

$$\dfrac{\mathrm{d}V^*}{\mathrm{d}z} = \dfrac{-1}{s_n(\phi-1)+1}\left[(1+\phi)\dfrac{\mathrm{d}s_E}{\mathrm{d}z}\Big|_{z=0} + a(1-\phi)\dfrac{\mathrm{d}s_n}{\mathrm{d}z}\Big|_{z=0}\right] \quad (5.17)$$

同样的原因，难以判断西部地区的总福利受补贴的具体影响。对比式（5.16）、式（5.17）我们看到，东西部地区间福利的变化呈反向变化关系，任何补贴行为都不可能存在"帕累托效率"改进的空间。而且由于在 $s_n > 1/2$ 时，$\dfrac{1}{s_n(\phi-1)+1} < \dfrac{1}{s_n(1-\phi)+\phi}$，从而有：$\left|\dfrac{\mathrm{d}V^*}{\mathrm{d}z}\big|_{z=0}\right| < \left|\dfrac{\mathrm{d}V}{\mathrm{d}z}\big|_{z=0}\right|$，即西部地区福利的变化幅度小于东部地区福利的变化幅度。

从全局角度来看，全社会的总福利水平为：

$W = V + V^* = 2\ln E^w + \ln s_E(1-s_E) + a\ln[(1-\phi)s_n+\phi][s_n(\phi-1)+1]$，从而：

$$
\begin{aligned}
\frac{\mathrm{d}W}{\mathrm{d}z}\Big|_{z=0} = &-\left\{
\begin{array}{l}
(1-s_n)\big[(1-b)(s_n-1/2)- \\
abs_n-1/2a(1-b)\big] - a\dfrac{\phi}{(1-\phi)^2}
\end{array}
\right\} \\
&\times \frac{(2s_n-1)(1-\phi)^2}{[s_n(1-\phi)+\phi][s_n(\phi-1)+1]}
\end{aligned}
\tag{5.18}
$$

由于 $\dfrac{\mathrm{d}s_E}{\mathrm{d}z}\big|_{z=0} > 0$、$\dfrac{\mathrm{d}s_n}{\mathrm{d}z}\big|_{z=0} < 0$，所以上式的符号同样难以确定，即补贴行为对全局福利的影响也难以确定。且当：

$(1-s_n)[(1-b)(s_n-1/2)-abs_n-1/2a(1-b)] - \dfrac{a\phi}{(1-\phi)^2} = 0$ 或 $2s_n-1=0$时，全社会的总福利水平达到最大。

命题 5.1：资本收益均等化使全国企业均从对落后地区企业的补贴中获得了好处。对落后地区来说缩小区域差距比吸引投资的难度更大，而且两者间并不完全相关。只有当对落后地区企业的补贴资金主要来自发达地区时，落后地区才能真正克服资本利润均等化产生的发达地区对收益的吸虹效应，并实现真正的繁荣：企业向落后地区转移且区域差距趋于收敛。对落后地区企业的保护性补贴有损于落后地区企业的竞争力，而会提升发达地区企业的竞争力。同时这种补贴政策也难以实现在其他人福利不受损的条件下，使至少一个人的福利得到改善。

第二节 税收补贴模型2——对劳动者提供补贴

区域补贴可以是对西部地区劳动者的补贴，如为劳动者提供失业保险、医疗保障等社会保障以及提供便利的社会服务、基础设施等。为了简化分析，本研究假设由社会对西部劳动者按补贴率 z 提供外生补贴，这种补贴政策只改变劳动者的名义收入，而不影响农业与工业品的市场结构。于是，土地所有者和企业提供给劳动者的工资水平仍然为 $w^* = 1$，在经过社会补贴后，西部劳动者实际获得的工资为 $w^* = (1 + z)$。其余条件与基准模型相同。

一 一般均衡分析

第一，均衡时资本收益相等 $\pi = \pi^*$，则企业份额为 $s_n = \dfrac{s_E(1+\phi)-\phi}{(1-\phi)}$。

第二，从支出份额来看，东部的支出份额为：

$$s_E = \frac{(1-t)(L+\pi s_K)}{(1-t)(L+\pi s_K)+(1-t^*)[L(1+z)+\pi(1-s_K)]} \qquad (5.19)$$

第三，假定税收收入等于补贴支出，政府面临的预算约束为：

$$tE + t^* E^* = t(L+\pi s_K) + t^*[L(1+z)+\pi(1-s_K)] = Lz \qquad (5.20)$$

第四，从劳动力充分就业的收入来看，有：

$$
\begin{aligned}
2L + Lz &= [(1-t)E + (1-t^*)E^*](1-b) \\
&= [(1-t)(L+\pi s_K)+(1-t^*)(L+Lz+\pi-\pi s_K)](1-b)
\end{aligned}
\qquad (5.21)
$$

第五，同样假设两地区的税率水平存在线性关系：$t = \gamma t^*$

联袂式（5.19）、式（5.20）、式（5.21）可得企业利润：

$$\pi = (2bL + Lz)/(1 - b) \tag{5.22}$$

同时可以得到两地区的税率为：

$$
\begin{cases}
t = \dfrac{\gamma z(1-b)}{\gamma(1-b+2bs_K+zs_K)+(1+b-2bs_K)+z(2-b-s_K)} \\[4mm]
t^* = \dfrac{z(1-b)}{\gamma(1-b+2bs_K+zs_K)+(1+b-2bs_K)+z(2-b-s_K)}
\end{cases}
\tag{5.23}
$$

显然当 $z \geqslant 0$ 时有 $t \geqslant 0$、$t^* \geqslant 0$，即只要对西部劳动者实施补贴，就必须征税。

将式（5.22）代入式（5.19）可得东部的支出份额为：

$$
s_E = \frac{(1-t)(1-b+2bs_K+zs_K)}{(1-t)(1-b+2bs_K+zs_K)+(1-t^*)}
\tag{5.24}
$$
$$
[(1+b-2bs_K)+z(2-b-s_K)]
$$

由 $\pi = \dfrac{px}{\sigma}$ 与 $\pi^* = \dfrac{px^*}{\sigma}$ 可得企业的产量为：$x = x^* = \sigma \dfrac{2bL+Lz}{1-b}$ （5.25）

二 补贴对一般均衡的影响

由式（5.22）求导可得：$\dfrac{\mathrm{d}\pi}{\mathrm{d}z}\Big|_{z=0} = \dfrac{L}{1-b} > 0$，这表明对西部劳动者的补贴使两地区企业的利润均增加，企业也从对劳动者的补贴中获得了好处。

由式（5.23）求导可得：

$$
\begin{cases}
\dfrac{\mathrm{d}t}{\mathrm{d}z}\Big|_{z=0} = \dfrac{\gamma(1-b)}{\gamma(1-b+2bs_K)+(1+b-2bs_K)} > 0 \\[4mm]
\dfrac{\mathrm{d}t^*}{\mathrm{d}z}\Big|_{z=0} = \dfrac{(1-b)}{\gamma(1-b+2bs_K)+(1+b-2bs_K)} > 0
\end{cases}
\tag{5.26}
$$

与对企业进行补贴时相似，有 $\dfrac{\mathrm{d}t^*}{\mathrm{d}z}\Big|_{z=0,\gamma=0} > \dfrac{\mathrm{d}t}{\mathrm{d}z}\Big|_{z=0,\gamma=\infty} > \dfrac{\mathrm{d}t^*}{\mathrm{d}z}\Big|_{z=0,\gamma=1}$，

即从全国按同等税率征税时的税率最小；只从西部征税时的税率最大。

从支出变化来看，首先，只要 $\gamma \neq 0$，就存在东部税收向西部的转移支付，并减少东部的市场规模；其次，对西部劳动者的补贴将直接增加西部的支出水平；最后，西部市场规模的扩大会推高企业利润，从而又存在资本收益由西部向东部流动。由于这三种作用力的方向不一致，所以需要求东部对西部的净转移支付为 0 时税率比的门槛值。对式（5.24）求导，并将式（5.22）—式（5.26）的相关结果代入（附录 5 - C），可得当 $\dfrac{ds_E}{dz}\Big|_{z=0}=0$ 时，

$$\bar{\gamma}_w = \frac{1-(1+b-2bs_K)R}{1+(1-b+2bs_K)R} \qquad (5.27)$$

其中 $R = \dfrac{L(2L+\pi s_K - 2Ls_K - Lb - b\pi s_K)}{(L+\pi s_K)(L+\pi-\pi s_K)(1-b)^2}$，$\bar{\gamma}_w$ 表示当补贴劳动者时，使地区差距不变的差异化税率比的门槛值。对于任意 $s_K \in [0,1]$，均有 $R>0$，从而有 $\bar{\gamma}_w < 1$，也就是说，当选择补贴落后地区劳动者的模式时，不论发达地区拥有多大的资本份额，只需在东部征收一个比西部更低的税率就能够阻止西部对东部的净转移支付，并使区域差距保持不变。由于 $\bar{\gamma}_w < 1 < \bar{\gamma}_e$，所以当 $\bar{\gamma}_w < \gamma < \bar{\gamma}_e$，特别是当在全国实行统一税率（$\gamma = 1$）时，补贴企业的模式将会扩大区域差距，而补贴劳动者的模式则会缩小区域差距。由此可见，从缩小区域差距的视角而言，当补贴劳动者时，对区域差异化税率的要求较低，在发达地区征收较低的税率就能实现区域差距收敛，所以补贴劳动者模式在财政上的可行性要高于补贴企业的模式。

对于给定的 $s_K > 1/2$，由于 $\dfrac{\partial^2 s_E}{\partial z \partial \gamma}\Big|_{z=0} < 0$，则当 $0 < \gamma < \bar{\gamma}_w$ 时，$\dfrac{ds_E}{dz}\Big|_{z=0} > 0$，说明当税率比低于门槛值，即东部的税率较低时，东部从企业利润重新分配中获得的收益将大于税收支出，补贴政策只能扩大区域差距。当 $\gamma > \bar{\gamma}_w$ 时，$\dfrac{ds_E}{dz}\Big|_{z=0} < 0$，即当东部的税率足够高时，才能保证东部

对西部的净转移支付，区域差距会收敛。

从企业份额来看，对西部劳动者进行补贴时，主要通过市场规模效应影响企业重新布局，首先，征税行为具有使市场规模缩小的效应；其次，对西部劳动者的补贴具有直接扩大西部市场规模的效应；最后，对劳动者的补贴又会通过提高企业利润而间接扩大东部市场规模。由式（5.1）对 z 求导，并将式（5.22）—式（5.26）的相关结果代入（附录 5 – D），可得当 $\frac{\mathrm{d}s_n}{\mathrm{d}z}\big|_{z=0}=0$ 时，税率比的门槛值与式（5.27）相同，即 $\tilde{\gamma}_w=\bar{\gamma}_w$，从而企业份额变化的趋向与支出份额变化的趋向一致，这说明当补贴西部劳动者时，吸引资本投资与缩小区域差距是同一个命题，通过补贴劳动者扩大本地市场规模，可以同时实现吸引投资与区域差距收敛的双重目标。

对式（5.25）求导，可得：$\frac{\mathrm{d}x}{\mathrm{d}z}\big|_{z=0}=\frac{\mathrm{d}x^*}{\mathrm{d}z}\big|_{z=0}=\frac{L\sigma}{1-b}>0$，这表明在对西部劳动者实施补贴的政策下，两地区的企业规模均会扩大、企业的生产能力均增加。这是因为，补贴西部劳动者增强了落后地区消费者的购买力，从而推高了企业利润、提高了资本收益，在经济利润为 0 的垄断竞争市场条件下企业需要更大的产量来弥补固定成本支出，于是两地区单位资本的生产率水平增加、企业竞争力提升。

三 要素所有者福利分析

东部劳动者的实际收入：$V_L=\ln\frac{(1-t)\,E_L}{P}=\ln\frac{1-t}{[\,(1-\phi)\,s_n+\phi\,]^{-a}}$，从而：

$\frac{\mathrm{d}V_L}{\mathrm{d}z}\big|_{z=0}=-\frac{\mathrm{d}t}{\mathrm{d}z}\big|_{z=0}+a\frac{(1-\phi)}{(1-\phi)\,s_n+\phi}\frac{\mathrm{d}s_n}{\mathrm{d}z}\big|_{z=0}<0$，这表明，对西部劳动者的补贴从两个方面影响东部劳动者的福利水平，首先，税收效应直接减少东部劳动者的福利水平；其次，企业向西部转移效应（生活成本效应）提高了东部劳动者的生活成本，降低东部劳动者的福利水平。所以对西部劳动者的补贴将使东部劳动者的利益受损。

东部资本所有者的实际收入：$V_K=\ln\frac{(1-t)E_k}{P}=\ln\frac{(1-t)\pi}{[\,(1-\phi)s_n+\phi\,]^{-a}}$，从而：

$\frac{dV_K}{dz}\big|_{z=0} = \frac{b}{2} + a\frac{(1-\phi)}{(1-\phi)\ s_n + \phi}\frac{ds_n}{dz}\big|_{z=0}$，对西部劳动者补贴而产生的税收支出效应和产业转移效应（生活成本效应）使东部劳动者的利益受损，同时东部企业利润增加的效应使东部企业的利益增加，东部资本所有者福利水平的变化方向难以确定。

西部劳动者的实际收入：$V_L^* = \ln\frac{(1-t)E_L^*}{P^*} = \ln\frac{(1-t)(1+z)}{[s_n(\phi-1)+1]^{-a}}$

$\frac{dV_L^*}{dz}\big|_{z=0} = \frac{1+b}{2} - a\frac{(1-\phi)}{s_n\ (\phi-1)\ +1}\frac{ds_n}{dz}\big|_{z=0} > 0$，对西部劳动者补贴而产生的税收支出效应使西部劳动者的利益受损，同时产业转移效应（生活成本效应）使西部劳动者的利益增加，西部劳动者的总福利水平增加。

西部资本所有者的实际收入：$V_K^* = \ln\frac{(1-t)E_K^*}{P^*} = \ln\frac{(1-t)\pi}{[s_n(\phi-1)+1]^{-a}}$

$\frac{dV_K^*}{dz}\big|_{z=0} = \frac{b}{2} - a\frac{(1-\phi)}{s_n\ (\phi-1)\ +1}\frac{ds_n}{dz}\big|_{z=0} > 0$，对西部劳动者补贴而产生的税收支出效应使西部资本所有者的利益受损，同时产业转移效应（生活成本效应）和企业利润增加的效应使西部资本所有者的利益增加，西部资本所有者的总福利水平下降。

总体来看，全国征税对西部劳动者的福利补贴政策，难以实现在其他人福利不受损的条件下，使至少一个人的福利得到改善，所以，从个体利益来看，这种补贴政策不存在"帕累托效率"改进的空间。但是这种政策使得西部劳动者和资本所有者的福利水平增加，东部劳动者的福利水平下降，全社会的公平程度改善。

四 全局福利分析

东部地区的总福利为：$V = \ln\frac{E}{P} = \ln E^w + \ln s_E + a\ln[s_n + \phi(1-s_n)]$，从而：

$$\frac{dV}{dz}\big|_{z=0} = \frac{1}{s_n\ (1-\phi)\ +\phi}\Big[\ (1+\phi)\ \frac{ds_E}{dz}\big|_{z=0} + a\ (1-\phi)\ \frac{ds_n}{dz}\big|_{z=0}\Big] < 0$$

由于$\frac{ds_E}{dz}\big|_{z=0} < 0$、$\frac{ds_n}{dz}\big|_{z=0} < 0$，所以东部地区的总福利水平将会下降。

主要原因是，首先，由于补贴收入来自全国的税收收入，相当于存在东部向西部的转移支付，东部劳动者的名义收入将减少；其次，由于是向西部劳动者补贴，所以西部的支出份额将增加，于是东部的产品各类数将减少，生活成本指数将增加，导致东部地区的实际收入将减少。

西部地区的总福利为：

$$V^* = \ln \frac{E^*}{P^*} = \ln E^w + \ln(1-s_E) + a\ln[s_n(\phi-1)+1],$$

从而：$\dfrac{dV^*}{dz}\Big|_{z=0} = \dfrac{-1}{s_n(\phi-1)+1}\Big[(1+\phi)\dfrac{ds_E}{dz}\Big|_{z=0} + a(1-\phi)\cdot$

$\dfrac{ds_n}{dz}\Big|_{z=0}\Big]>0$，同样西部的总福利水平会上升。

由于在 $s_n>1/2$ 时，$\dfrac{1}{s_n(\phi-1)+1}<\dfrac{1}{s_n(1-\phi)+\phi}$，所以 $\left|\dfrac{dV^*}{dz}\right|<$

$\dfrac{dV}{dz}\Big|_{z=0}$，即西部地区福利的变化幅度小于东部地区福利的变化幅度。同时，我们可以看到，两地区收入受补贴影响的变化方向正好相反，任何补贴行为都不可能存在帕累托效率改进的空间。

从全局角度来看，全社会的总福利水平为：

$$W = V + V^* = 2\ln E^w + \ln s_E(1-s_E) + a\ln[(1-\phi)s_n+\phi][s_n(\phi-1)+1],$$

从而：$\dfrac{dW}{dz}\Big|_{z=0} = -\dfrac{(2s_n-1)(1-\phi)\Big[(1+\phi)\dfrac{ds_E}{dz}\Big|_{z=0}+a(1-\phi)\dfrac{ds_n}{dz}\Big|_{z=0}\Big]}{[s_n(1-\phi)+\phi][s_n(\phi-1)+1]},$

由于 $\dfrac{ds_E}{dz}\Big|_{z=0}<0$、$\dfrac{ds_n}{dz}\Big|_{z=0}<0$，所以 $\dfrac{dW}{dz}\Big|_{z=0}>0$，即补贴行为使全局福利水平增加，通过全国征税补贴西部产品的政策有利全局福利的改善。

命题 5.2：对落后地区劳动者的补贴能够增强消费者的购买力，从而会提高全国的企业利润，而且会提高全社会企业的生产率水平与竞争力。补贴劳动者统一了落后地区吸引投资与区域差距收敛的两大命题，而且对差异化税率的要求较低，在发达地区征收较低的税率就能实现目标，从而补贴劳动者模式比补贴企业模式更为有效。

第三节 税收补贴模型3——对企业和
劳动者同时提供补贴

区域补贴可以选择对企业和劳动者同时提供补贴，如在采取各种优惠政策吸引投资的同时，积极建立健全一系列社会保障制度等。为简化分析，假设对企业利润和劳动者工资按相同的比率 z 进行补贴。根据前文的分析，此时西部劳动者从土地所有者和企业家那里获得的名义工资仍为 $w^* = 1$，西部劳动者经政府补贴后获得的工资为 $w^* = (1 + z)$；由于资本自由流动，必然有 $\pi = (1 + z)\pi^*$。其他条件与基准模型相同。

一 一般均衡分析

第一，由于 $\pi = (1 + z)\pi^*$，则企业份额与式（5.4）相同，即：

$$s_n = \frac{s_E(1 - \phi^2) - \phi(1 + z - \phi)}{(1 - \phi)(1 + z - \phi) - zs_E(1 - \phi^2)} \tag{5.28}$$

第二，支出份额在形式上与式（5.4）相同，即：

$$s_E = \frac{(1 - t)(L + \pi s_K)}{(1 - t)(L + \pi s_K) + (1 - t^*)[L(1 + z) + \pi(1 - s_K)]} \tag{5.29}$$

第三，政府面临的预算约束为：

$$tE + t^* E^* = t(L + \pi s_K) + t^*(L(1 + z) + \pi(1 - s_K)) = z(1 - s_n)\pi + Lz \tag{5.30}$$

第四，在劳动力充分就业假设下，全社会劳动者的总收入为：

$$2L + Lz = [(1 - t)E + (1 - t^*)E^*](1 - b)$$
$$= [(1 - t)(L + \pi s_K) + (1 - t^*)(L(1 + z) + \pi(1 - s_K))](1 - b) \tag{5.31}$$

第五，两地区的税率水平存在线性关系：$t = \gamma t^{*}$。

联袂式（5.9）、式（5.30）、式（5.31）可得企业的利润为：

$$\pi = \frac{Lz + 2Lb}{(1-b)(1-z+zs_n)} \qquad (5.32)$$

同时可得两地区的税率为：

$$
\begin{cases}
t = \dfrac{\gamma z[(1+b-2bs_n)+bz(1-s_n)]}{(\gamma+1+z)(1-b)(1-z+zs_n)+(z+2b)(\gamma s_K+1-s_K)} \\[4mm]
t^{*} = \dfrac{z[(1+b-2bs_n)+bz(1-s_n)]}{(\gamma+1+z)(1-b)(1-z+zs_n)+(z+2b)(\gamma s_K+1-s_K)}
\end{cases}
\qquad (5.33)
$$

将式（5.32）代入式（5.29）可得东部的支出份额为：

$$
s_E = \frac{(1-t)[(1-b)(1-z+zs_n)+(z+2b)s_K]}{\left\{ \begin{array}{l} (1-t)[(1-b)(1-z+zs_n)+(z+2b)s_K] + \\ (1-t^{*})[(1+z)(1-b)(1-z+zs_n)+(z+2b)(1-s_K)] \end{array} \right\}}
\qquad (5.34)
$$

由 $\pi = px/\sigma$ 与 $\pi = (1+z)px^{*}/\sigma$ 可得两地区企业的产量为：

$$
\begin{cases}
x = \dfrac{(Lz+2Lb)\sigma}{(1-b)(1-z+zs_n)} \\[4mm]
x^{*} = \dfrac{(Lz+2Lb)\sigma}{(1-b)[1+z(s_n-z+zs_n)]}
\end{cases}
\qquad (5.35)
$$

二　补贴对一般均衡的影响

式（5.32）对 z 求导可得：$\dfrac{\mathrm{d}\pi}{\mathrm{d}z}\big|_{z=0} = \dfrac{L}{1-b} + \pi(1-s_n) > 0$，这表明
对西部的补贴使两地区企业的利润均增加，而且利润的增加由补贴企业和
补贴劳动者两部分构成。由式（5.9）、式（5.22）、式（5.32）及其导函
数均可以看到不论是补贴企业还是补贴劳动者均会增加企业利润，只是补

贴企业会直接增加企业利润，补贴劳动者则通过提高消费者的购买力而间接增加企业利润。

对式（5.33）求导可得：

$$\begin{cases} \dfrac{dt}{dz}\Big|_{z=0} = \dfrac{\gamma\,(1+b-2bs_n)}{\gamma\,(1-b+2bs_K)+(1+b-2bs_K)} > 0 \\[4mm] \dfrac{dt^*}{dz}\Big|_{z=0} = \dfrac{(1+b-2bs_n)}{\gamma\,(1-b+2bs_K)+(1+b-2bs_K)} > 0 \end{cases} \tag{5.36}$$

与前面两种补贴模式相似，有 $\dfrac{dt^*}{dz}\Big|_{z=0,\gamma=0} > \dfrac{dt}{dz}\Big|_{z=0,\gamma=\infty} > \dfrac{dt^*}{dz}\Big|_{z=0,\gamma=1}$。

从支出变化来看，首先，东部向西部的税收转移支付（$\gamma\neq0$）直接减少东部的支出份额；其次，对西部补贴将直接增加西部的支出水平；最后，不论是补贴企业还是劳动者，都会推高企业利润，于是又存在收益向东部流动。根据前面的分析方法，对式（5.34）求导，并将式（5.33）—式（5.36）的相关结果代入（附录5-E），可得当 $\dfrac{ds_E}{dz}\Big|_{z=0}$ 时，

$$\bar{\gamma}_{ew} = \frac{1+(1+b-2bs_K)G}{1-(1-b+2bs_K)G} \tag{5.37}$$

其中 $G=L\dfrac{(L+\pi s_K)(1-b)-(2Ls_K-L)(1+2b-2bs_n)}{(L+\pi s_K)(L+\pi-\pi s_K)(1+b-2bs_n)(1-b)}$，$\bar{\gamma}_{ew}$ 表示同时补贴企业与劳动者时支出份额不变的税率比门槛值。由于 G 值不能确定，从而 $\bar{\gamma}_{ew}$ 的值也不能确定，也就是说 $\bar{\gamma}_{ew}$ 有可能取大于等于 0 的任何值。由于补贴企业和补贴劳动者的叠加效应，所以理论上应当存在 $\bar{\gamma}_w < \bar{\gamma}_{ew} < \bar{\gamma}_e$ 的关系，也就是说同时补贴企业和劳动者时，在东部对西部的净转移支付为 0 时，东部应当负担的税率要低于单独补贴企业时的税率，而高于单独补贴劳动者时的税率。由于 $\dfrac{\partial^2 s_E}{\partial z \partial \gamma}\Big|_{z=0} < 0$，所以对于给定的 $s_K > 1/2$，当 $0 < \gamma < \bar{\gamma}_{ew}$ 时，$\dfrac{ds_E}{dz}\Big|_{z=0} > 0$，区域差距会扩大；当 $\gamma > \bar{\gamma}_{ew}$ 时，$\dfrac{ds_E}{dz}\Big|_{z=0} < 0$，区域

差距会收敛。

从企业份额来看，当同时补贴企业与劳动者时，分别通过对企业补贴和对劳动者补贴两方面的机制影响企业的重新布局。由式（5.28）对 z 求导，并将式（5.32）—式（5.36）的相关结果代入（附录5-F），可得当 $\dfrac{\mathrm{d}s_n}{\mathrm{d}z}\Big|_{z=0}=0$ 时：

$$\tilde{\gamma}_{ew}=\frac{1-(1+b-2bs_K)I}{1+(1-b+2bs_K)I} \tag{5.38}$$

其中 $I=\dfrac{(1+\phi)}{(1-\phi)(1+b-2bs_n)}-L\dfrac{(2Ls_K-L)(1+2b-2bs_n)-}{(1-b)(L+\pi s_K)(1+b-2bs_n)}$，$\tilde{\gamma}_{ew}$

$(L+\pi s_K)(1-b)$

$(L+\pi-\pi s_K)$

表示同时补贴企业与劳动者时企业份额不变的税率比门槛值。同样由于 I 值不能确定，从而 $\tilde{\gamma}_{ew}$ 的值也不能确定，$\tilde{\gamma}_{ew}$ 有可能取大于等于 0 的任何值。由于存在补贴企业和补贴劳动者的叠加效应，所以理论上应当存在 $\tilde{\gamma}_{ew}<\overline{\gamma}_{ew}$ 的关系，也就是说东部支出份额不变时的税率应当高于企业份额不变时的税率。那么在 $\tilde{\gamma}_{ew}<\gamma<\overline{\gamma}_{ew}$ 时必然存在地方政府吸引投资与区域差距收敛两大目标相背离的情形，而且应当存在 $|\tilde{\gamma}_{ew}-\overline{\gamma}_{ew}|<|\overline{\gamma}_e-\underline{\gamma}_e|$ 的关系，也就是说由于补贴劳动者机制的引入而缩小了两大目标相背离的程度。

与前面的分析相似，当 $\gamma=\tilde{\gamma}_{ew}$ 时，补贴政策并不影响东西部的企业份额；由于 $\dfrac{\partial^2 s_n}{\partial z\partial \gamma}\Big|_{z=0}<0$，所以当 $\gamma>\tilde{\gamma}_{ew}$ 时，$\dfrac{\mathrm{d}s_n}{\mathrm{d}z}\Big|_{z=0}<0$，企业将由东部向西部转移；当 $\gamma<\tilde{\gamma}_{ew}$ 时，$\dfrac{\mathrm{d}s_n}{\mathrm{d}z}\Big|_{z=0}>0$，企业将由西部向东部转移。

对式（5.35）求导，可得：$\dfrac{\mathrm{d}x}{\mathrm{d}z}\Big|_{z=0}=\dfrac{\sigma L}{1-b}+x(1-s_n)>0$、$\dfrac{\mathrm{d}x^*}{\mathrm{d}z}\Big|_{z=0}=\dfrac{\sigma L}{1-b}-x^* s_n$，此时东部企业规模会扩大，而西部企业规模的变化具有不确定性。由式（5.13）、式（5.25）、式（5.35）及其导函数均可以

看到任何补贴模式均会增加东部企业的生产能力；直接补贴企业会损害西部企业的生产能力，而补贴劳动者会通过间接手段提高西部企业的生产能力。所以本研究认为只有通过市场竞争手段提升企业利润的模式才能增加企业竞争力，任何保护或直接给予的补贴在长期会损害企业的竞争力。

命题 5.3： 同时补贴企业和劳动者的效应是单独补贴时效应的叠加。补贴机制提升了企业利润，但只有通过市场竞争手段提升企业利润的模式才能增加企业竞争力，任何保护或直接给予的补贴在长期会损害落后地区企业的竞争力。由于存在补贴企业的行为，从而导致地方政府吸引投资与区域差距收敛两大目标背离，虽然背离程度由于补贴劳动者的引入而有所减小。

第四节 本章小结

在本章我们基于新经济地理学的视角，以追踪转移支付资金的最终流向为主线，在 Dupont 和 Martin（2006）模型基础上进一步扩展了 3 个税收补贴模型，分析了税收补贴政策对企业利润、生产率水平、区域差距和企业分布的影响，并着重探讨了维持区域差距和企业分布不变的差异化税率比的门槛值。本章的主要结论如下：

1. 在自由市场机制下，任何外生的导致企业重新布局的政策都不可能实现"帕累托效率"改进，从效率角度而言，市场机制是有效的。而贸易自由度的提升对所有居民福利而言是一个"帕累托效率"改进的过程。

2. 相对于补贴企业来说，补贴劳动者更有利于区域差距收敛，且对差异化税率的要求较低、财政上的可行性更强。在税收补贴政策中，只要对落后地区实施补贴且发达地区的税率不为 0，就存在通常意义上所说的发达地区对落后地区的财政转移支付。但是转移支付资金最终在多大程度上能够转移化为落后地区的 GDP 水平则与该资金的使用形式有关。若采取补贴企业的模式，则在资本收益均等化机制下，由于发达地区的资本优势产生的吸虹效应会导致净转移支付资金减少；为了防止发达地区的资本收益超过其税收支付而形成转移支付资金倒流、区域差距扩大现象，就必须从发达地区征收更高的差异化税率，而这一措施在现实中又难以操作。若采取补贴劳动者的模式，则转移支付资金将直接转变为劳动者收入、提高落后地区的有效需求和 GDP 水平，并通过市场规模效应推高全社会的企业利润。由于补贴劳动者模式能够使转移支付资金更多地转化为落后地区的支出水平，于是只需较低的差异化税率比就能保证发达地区对落后地区的净转移支付。

3. 补贴企业的政策会导致吸引投资（企业移动）与区域差距收敛两大目标相分离，补贴劳动者的政策则能够实现两大目标的统一。当采取补贴企业的政策时，企业移动受补贴政策和市场规模效应的双重影响，而区域差距收敛只与落后地区市场规模的扩大相一致。当吸虹效应导致的净转移支付资金向发达地区回流时，吸引投资与区域差距收敛两大目标将彻底背离，并产生经济发展的虚假繁荣：企业部分地向落后地区转移而区域差距扩大。当落后地区采取补贴劳动者的政策时，企业移动与区域差距收敛均只受市场规模变化的影响，从而吸引投资与缩小区域差距成为同一个命题。

4. 补贴企业和劳动者的政策均会使全社会企业的利润增加，但利润增加的影响机制不同，对企业生产率和竞争力的影响也不同。补贴企业模式将直接增加企业利润，发达地区的转移支付只经过落后地区的企业层面而部分地回流；补贴劳动者模式以提升落后地区有效需求、扩大市场规模的方式间接地提升企业利润。补贴企业模式抑制了落后地区企业的努力，使其缺乏继续扩大生产、增加利润的动力，生产率水平下降；补贴劳动者模式要求企业在有效需求增加的市场中通过竞争获取收益，从而会提高落后地区企业的生产率水平。从而只有通过市场竞争提升企业利润的模式才能增加企业竞争力，任何保护或直接给予的模式在长期会损害企业的竞争力。

在我国区域差距特征较为显著，以及后金融危机时代东南沿海地区经济面临困难、赋税能力有所下降的现实背景下，基于上述认识，本研究对我国政府间转移支付提出如下政策考虑：首先，需要适当实施区域差异化税率，对落后地区给予更多的税收优惠，提高发达地区向落后地区的财政转移支付力度，如在现行分税制框架内进一步加大对落后地区的税收返还比重。其次，在落后地区应当更重视对差异化税率要求较低的补贴劳动者的模式，如加强教育、医疗等社会保障制度、基础设施等能够直接激励落后地区有效需求的制度与环境建设。最后，应当进一步完善市场机制与企业创新能力建设，落后地区的地方政府应当更少地介入竞争性和高营利性行业，适当降低国有经济比重、提高经济的多元化特征，提升企业的生产率水平与竞争力。

附　　录

附录 5 - A:

式（5.11）对 z 求导，并将式（5.10）—式（5.13）的相关结果代入，则有：

$$
\begin{aligned}
\frac{ds_E}{dz}\Big|_{z=0} &= \frac{\left\{ \begin{array}{l} \left[-\dfrac{dt}{dz}\Big|_{z=0}\ (L+\pi s_K)\ +s_K\dfrac{d\pi}{dz}\Big|_{z=0} \right]\ (2L+\pi) \\[2ex] -\ (L+\pi s_K)\left[\begin{array}{l} -\dfrac{dt}{dz}\Big|_{z=0}\ (L+\pi s_K)\ -\dfrac{dt^*}{dz}\Big|_{z=0} \\[2ex] (L+\pi\ (1-s_K))\ +\dfrac{d\pi}{dz}\Big|_{z=0} \end{array} \right] \end{array} \right\}}{(2L+\pi)^2} \\[4ex]
&= \frac{(2Ls_K-L)\ \dfrac{d\pi}{dz}\Big|_{z=0}\ +\ (L+\pi s_K)\ (1-\gamma)\ (L+\pi-\pi s_K)\ \dfrac{dt^*}{dz}\Big|_{z=0}}{(2L+\pi)^2} \\[4ex]
&= \frac{(1-s_n)}{(2L+\pi)^2}\Big[\ (2Ls_K-L)\ \pi\ +\frac{2b\ (L+\pi s_K)\ (1-\gamma)\ (L+\pi-\pi s_K)}{(1+b-2bs_K)\ +\gamma\ (1-b+2bs_K)}\Big]
\end{aligned}
$$

$$
\tag{5—A1}
$$

当式（5—A1）的分子为 0 时，补贴政策使东部的支出比重至少不发生变化。此式中只有 γ 是未知量，解此方程，有：

$$
\bar{\gamma}_e = \frac{2b(L+\pi s_K)(L+\pi-\pi s_K)+\pi L(2s_K-1)(1+b-2bs_K)}{2b(L+\pi s_K)(L+\pi-\pi s_K)-\pi L(2s_K-1)(1-b+2bs_K)} \tag{5—A2}
$$

显然式（5—A2）分子大于分母，所以 $\bar{\gamma}_e > 1$。

式（5—A1）对 γ 求导，则有：

$$\frac{\partial^2 s_E}{\partial z \partial \gamma}\Big|_{z=0} = \frac{\begin{array}{c}4b\ (1-s_n)\ (L+\pi s_K)\\(L+\pi-\pi s_K)\ (1-b+2bs_K)\end{array}}{(2L+\pi)^2\ [\ (1+\gamma)\ (1-b)\ +\\2b\ (\gamma s_K+1-s_K)\ ]^2} < 0 \tag{5—A3}$$

附录 5 - B:

式（5.5）对 z 求导，并将式（5.10）—式（5.14）的相关结果代入，可得：

$$\frac{\mathrm{d}s_n}{\mathrm{d}z}\Big|_{z=0} = \frac{(1-\phi^2)\ \frac{\mathrm{d}s_E}{\mathrm{d}z}\Big|_{z=0} + (s_E^2 - s_E)\ (1+\phi)^2}{(1-\phi)^2}$$

$$= \frac{(1+\phi)\ (1-s_n)}{(2L+\pi)^2\ (1-\phi)}$$

$$\left\{\left[\left[s_K\pi - \frac{2b\gamma\ (L+\pi s_K)}{(1+\gamma)\ (1-b)\ +2b\atop(\gamma s_K+1-s_K)}\right]\ (2L+\pi)\right.\right.$$
$$\left.\left.-\ (L+\pi s_K)\left[\pi - \frac{2b\gamma\ (L+\pi s_K)\ +\atop 2b\ (L+\pi\ (1-s_K))}{(1+\gamma)\ (1-b)\ +2b\atop(\gamma s_K+1-s_K)}\right]\right]-A\right\} \tag{5—B1}$$

其中 $A = \dfrac{(L+\pi-\pi s_K)(L+\pi s_K)(1+\phi)}{(1-\phi)(1-s_n)}$

当式（5—B1）的分子为 0 时，补贴政策使东部的企业份额不变，解此方程，有：

$$\tilde{\gamma}_e = \frac{2b(L+\pi s_K)(L+\pi-\pi s_K) - D(1+b-2bs_K)}{2b(L+\pi s_K)(L+\pi-\pi s_K) + D(1-b+2bs_K)} \tag{5—B2}$$

由于

$$D = A - (2s_K - 1)\ L\pi = \left[\frac{(L+\pi-\pi s_K)}{(L+\pi s_K)\ (1+\phi)}{(1-\phi)\ (1-s_n)} - (2s_K-1)\ L\pi\right] >$$

$$\begin{cases} [\ (L+\pi-\pi s_K)\ (L+\pi s_K)\ (1+\phi)\ -2s_K L\pi + L\pi]\ > \\ [\ (L+\pi-\pi s_K)\ (L+\pi s_K)\ -2s_K L\pi + L\pi]\ > \end{cases}$$

$$[\ LL + 2L\pi\ (1-s_K)\ +\ (\pi^2 s_K - \pi^2 s_K^2]\ >0$$

所以有 $\tilde{\gamma}_e < 1$。

式（5—B1）对 γ 求导，则有：

$$\frac{\partial^2 s_E}{\partial z \partial \gamma}\Big|_{z=0} = \frac{\dfrac{4b\ (1-s_n)\ (L+\pi s_K)\ (L+\pi-\pi s_K)}{(1-b+2bs_K)\ (1+\phi)}}{(2L+\pi)^2\ \big[\ (1+\gamma)\ (1-b)\ +\ 2b\ (\gamma s_K + 1 - s_K)\ \big]^2\ (1-\phi)} < 0 \qquad (5\text{—}B3)$$

附录 5-C：

式（5.24）对 z 求导，并将式（5.18）—式（5.22）的相关结果代入，则有：

$$\frac{ds_E}{dz}\Big|_{z=0} = \frac{\Big[\ -(L+\pi s_K)\ \frac{dt}{dz}\big|_{z=0} + s_K \frac{d\pi}{dz}\big|_{z=0}\Big]\ [2L+\pi]\ -(L+\pi s_K)\begin{bmatrix} -(L+\pi s_K)\ \frac{dt}{dz}\big|_{z=0} \\ -(L+\pi-\pi s_K)\ \frac{dt^*}{dz}\big|_{z=0} + L + \frac{d\pi}{dz}\big|_{z=0} \end{bmatrix}}{(2L+\pi)^2}$$

$$= \frac{(L+\pi s_K)\ (1-\gamma)\ (L+\pi-\pi s_K)\ \frac{dt^*}{dz}\big|_{z=0} + (2Ls_K - L)\ \frac{d\pi}{dz}\big|_{z=0} - (L+\pi s_K)\ L}{(2L+\pi)^2}$$

$$= \frac{\dfrac{(1-\gamma)\ (L+\pi s_K)}{\dfrac{(L+\pi-\pi s_K)\ (1-b)}{\gamma\ (1-b+2bs_K)\ +\ (1+b-2bs_K)}} - \dfrac{L\ (2L+\pi s_K - 2Ls_K - Lb - b\pi s_K)}{1-b}}{(2L+\pi)^2} \qquad (5\text{—}C1)$$

当式（5—C1）的分子为 0 时，补贴政策使东部的支出份额不变。解此方程，并令 $R = \dfrac{L(2L + \pi s_K - 2L s_K - Lb - b\pi s_K)}{(L + \pi s_K)(L + \pi - \pi s_K)(1 - b)^2}$，则有：$\bar{\gamma}_w = \dfrac{1 - (1 + b - 2b s_K)R}{1 + (1 - b + 2b s_K)R}$

$$(5—C2)$$

当 $2L + \pi s_K - 2L s_K - Lb - b\pi s_K > 0$，即 $s_K < \dfrac{2 - b}{2(1 - b)}$ 时，$R > 0$。由于 $\dfrac{2 - b}{2(1 - b)} > 1$ 且 $s_K \in [0, 1]$，所以对于所有 s_K 的取值，均有 $\bar{\gamma}_w < 1$。

式（5—C1）对税率比 γ 求导，可得：

$$\left. \frac{\partial^2 s_E}{\partial z \partial \gamma} \right|_{z=0} = \frac{-2(L + \pi s_K)(L + \pi - \pi s_K)(1 - b)}{(2L + \pi)\left[\gamma(1 - b + 2b s_K) + (1 + b - 2b s_K)\right]^2} < 0$$

$$(5—C3)$$

附录 5 - D：

由式（5.1）对 z 求导，并将式（5.22）—式（5.25）的相关结果代入，可得：

$$\left. \frac{ds_n}{dz} \right|_{z=0} = \frac{1 + \phi}{1 - \phi} \left. \frac{ds_E}{dz} \right|_{z=0}$$

$$= \frac{1 + \phi}{1 - \phi} \frac{\left[\dfrac{(1 - \gamma)(L + \pi s_K)(L + \pi - \pi s_K)(1 - b)}{\gamma(1 - b + 2b s_K) + (1 + b - 2b s_K)} - \dfrac{L(2L + \pi s_K - 2L s_K - Lb - b\pi s_K)}{1 - b} \right]}{(2L + \pi)^2}$$

$$(5—D1)$$

对于补贴政策使得东部企业份额不发生变化的情况，式（5—D1）与式（5—C1）式的结论完全一致，所以存在东部地区企业份额不变的均衡税率比 $\gamma_w = \bar{\gamma}_w$。

式（5—D1）对 γ 求导，有：

$$\frac{\partial^2 s_E}{\partial z \partial \gamma}\Big|_{z=0} = -\frac{2\ (1+\phi)\ (L+\pi s_K)}{(L+\pi-\pi s_K)\ (1-b)} \frac{(1-\phi)\ (2L+\pi)\ [\gamma\ (1-b+2bs_K)\ +}{(1+b-2bs_K)\ ]^2} < 0 \qquad (5\text{—}D2)$$

附录 5 - E:

式 (5.34) 对 z 求导, 并将式 (5.36) 代入, 则有:

$$\frac{ds_E}{dz}\Big|_{z=0} = \frac{(L+\pi s_K)\ (1-\gamma)\ (L+\pi-\pi s_K)}{\frac{dt^*}{dz}\Big|_{z=0} - L\ (L+\pi s_K)\ +\ (2Ls_K-L)\ \frac{d\pi}{dz}\Big|_{z=0}}{(2L+\pi)^2}$$

$$= \frac{\left[\begin{array}{c} \dfrac{(1-\gamma)\ (L+\pi s_K)\ (L+\pi-\pi s_K)\ (1+b-2bs_n)}{\gamma\ (1-b+2bs_K)\ +\ (1+b-2bs_K)} \\[2mm] +L\ \dfrac{(2Ls_K-L)\ (1+2b-2bs_n)\ -\ (L+\pi s_K)\ (1-b)}{1-b} \end{array}\right]}{(2L+\pi)^2} \qquad (5\text{—}E1)$$

当式 (5—E1) 的分子为 0 时, 补贴政策使东部的支出份额至少不发生变化。解此方程, 并令 $G = L \dfrac{(L+\pi s_K)\ (1-b)\ -(2Ls_K-L)\ (1+2b-2bs_n)}{(L+\pi s_K)\ (L+\pi-\pi s_K)\ (1+b-2bs_n)\ (1-b)}$, 则有:

$$\bar{\gamma}_{ew} = \frac{1+(1+b-2bs_K)\ G}{1-(1-b+2bs_K)\ G} \qquad (5\text{—}E2)$$

虽然 $G\big|_{s_K=0.5} = \dfrac{L\ (L+\pi s_K)\ (1-b)}{(L+\pi s_K)\ (L+\pi-\pi s_K)\ (1+b-2bs_n)\ (1-b)} > 0$,

$G\big|_{s_K=1} = \dfrac{L\ (1+\phi)\ b^2}{(1-\phi)\ (L+\pi)\ (1+b-2bs_n)\ (1-b)} > 0$, 但是 dG/ds_K 的

方向不能确定, 所以 G 值不能确定, 从而 $\bar{\gamma}_{ew}$ 的值也不能确定。

式 (5—E1) 对税率比 γ 求导, 可得:

$$\frac{\partial^2 s_E}{\partial z \partial \gamma}\Big|_{z=0} = -\frac{\begin{array}{c} 2\ (L+\pi s_K)\ (L+\pi-\pi s_K) \\ (1+b-2bs_n) \end{array}}{[\ 2L+\pi\ ]^2\ [\ \gamma\ (1-b+2bs_K)\ + \\ (1+b-2bs_K)\ ]^2} < 0 \qquad (5\text{—}E3)$$

附录 5 – F：

由式（5.28）对 z 求导，并将式（5.30）—式（5.34）的相关结果代入，可得：

$$\frac{ds_n}{dz}\Big|_{z=0} = (1+\phi)\ \frac{(1-\phi)\ \frac{ds_E}{dz}\Big|_{z=0}\ +\ (s_E^2-s_E)\ (1+\phi)}{(1-\phi)^2}$$

$$= \frac{(1+\phi)}{(2L+\pi)^2\ (1-\phi)}$$

$$\left\{ \begin{array}{c} \dfrac{(1-\gamma)\ (L+\pi s_K)\ (L+\pi-\pi s_K)\ (1+b-2bs_n)}{\gamma\ (1-b+2bs_K)\ +\ (1+b-2bs_K)} \\[4ex] -\left[\begin{array}{c} \dfrac{(L+\pi s_K)\ (L+\pi-\pi s_K)\ (1+\phi)}{(1-\phi)}\ - \\[3ex] (2Ls_K-L)\ (1+2b-2bs_n)\ - \\[2ex] L\ \dfrac{(L+\pi s_K)\ (1-b)}{(1-b)} \end{array} \right] \end{array} \right\} \qquad (5\text{—}F1)$$

当式（5—F1）的分子为 0 时，补贴政策使东部的企业份额不变。解此方程，并令 $I=\dfrac{(1+\phi)}{(1-\phi)(1+b-2bs_n)} - L\ \dfrac{\begin{array}{c}(2Ls_K-L)(1+2b-2bs_n)\ - \\ (L+\pi s_K)(1-b)\end{array}}{(1-b)(L+\pi s_K)(1+b-2bs_n)}$，

$$(L+\pi-\pi s_K)$$

可得：

$$\tilde{\gamma}_{ew} = \frac{1-(1+b-2bs_K)I}{1+(1-b+2bs_K)I} \qquad (5\text{—}F2)$$

I 值的大小不能确定，从而 $\tilde{\gamma}_{ew}$ 的大小不能确定。

式（5—F1）对税率比 γ 求导，可得：

$$\frac{\partial^2 s_E}{\partial z \partial \gamma}\bigg|_{z=0} = -\frac{\dfrac{2(1+\phi)(L+\pi s_K)}{(1+b-2bs_n)(L+\pi-\pi s_K)}}{[2L+\pi]^2(1-\phi)} < 0 \qquad (5\text{—}F3)$$
$$[\gamma(1-b+2bs_K)+(1+b-2bs_K)]^2$$

第 六 章

基础设施、空间溢出与区域经济增长
——基于我国的经验观察

　　前面我们分别从理论模型的视角讨论了两种地区情形下不同基础设施水平对区域经济收敛的影响；三种地区情形下基础设施网络建设的优化选择以及区域补贴对区域差距收敛的影响。众所周知，我国地域辽阔，各地区间的经济水平具有较大的差距；21世纪以来，随着各类基础设施水平的不断完善与优化以及经济的持续快速稳定发展，我国各地区间的发展差距是趋于收敛还是扩大？从我国省域层面来看，经济发展又表现出怎样的空间分布特征？对于这些问题的解答将是本章的目的所在。

　　本章我们试图利用空间计量方法对我国的相关数据进行实证分析。沈体雁等（2010）认为空间数据分析包括探索性空间数据分析（Exploratory Spatial Data Analysis，ESDA）和空间计量经济学分析（Spatial Econometrics Analysis，SEA），就具体研究程序而言，首先运用探索性空间数据分析进行数据的直观空间描述，然后运用空间计量经济学分析方法进行深入的回归分析。正是基于这种分析流程的考虑，在本章第一节我们将分别从数据的简单描述和探索性空间数据分析方法两个方面对我国各地区的经济活动与基础设施的空间分布特征进行描述性研究；第二节将基于 Cobb-Douglas 生产函数构建不同类型的空间计量模型，并探讨基础设施的产出弹性；第三节将承接第二节关于产出弹性的研究，研究不同类型基础设施对全要素生产率的影响；第四节的研究将从增长问题转移到区域差距问题，研究 1999 年以来我国区域差距的收敛问题。

第一节　我国经济活动与基础设施的空间分布特征分析

　　本节我们将主要对我国 1998—2011 年经济活动与基础设施的空间分

布特征进行一定的描述性说明，并通过探索性空间数据分析的 Moran 指数 I 和 Moran 散点图对我国省域层面的经济发展与基础设施的空间集聚进行分析。

一　我国省域层面基础设施水平的一般现状

如表 6.1 所示，1998—2011 年我国经济与基础设施水平取得了快速发展。如从经济发展水平来看，不考虑价格因素，全国 GDP 水平从 1998 年的 84402 亿元增长到 2011 年的 472882 亿元，地均 GDP 从 1998 年的 89.31 万元增长到 2011 年的 500.41 万元；全国沪深两市上市公司的数量也从 1998 年的 820 家增加到 2011 年的 2286 家。从社会基础设施水平来看，城镇化率从 1998 年的 24.70% 增长到 2011 年的 51.27%；地均货物周转量从 1998 年的 40 万吨公里/平方公里增长到 2011 年的 169 万吨公里/平方公里；地均旅客周转量从 1998 年的 11 万人公里/平方公里增长到 2011 年的 33 万人公里/平方公里；铁路网密度从 1998 年的 61 公里/万平方公里增长到 2011 年的 99 公里/万平方公里；等级公路密度从 1998 年的 1131 公里/万平方公里增长到 2011 年的 3655 公里/万平方公里；地均邮电业务量从 1998 年的 2.57 万元/平方公里增长到 2011 年的 14.11 万元/平方公里；地均电力消费量从 1998 年的 13.06 万千瓦时/平方公里增长到 2011 年的 49.76 万千瓦时/平方公里。但是与此同时我们也注意到，我国经济发展水平与基础设施的空间分布并不均衡，具体而言，主要存在以下的发展差距：

（一）我国的经济活动呈现出在东部地区高度集中的空间分布特征①

东部地区的土地面积只占全国的 11.17%，但却集中了全国 41% 的人口；2011 年东部的城市化率达到了 61%，远高于中西部地区；2011 年东、中、西部地区的地区生产总值占全国的比重分别为 56.30%、24.48%、19.22%，东、中、西部地区的地均地区生产总值分别为全国的 5.6 倍、1.5 倍和 0.3 倍；东、中、西部地区的人均地区生产总值分别为全国的 1.5、

---

① 参照大多数研究对我国区域的一般划分方法，将我国内地 31 个省市自治区划分为东、中、西三个区域，其中东部地区包括北京、天津、河北、辽宁、上海、江苏、浙江、福建、山东、广东和海南 11 个省级行政区；中部地区包括山西、吉林、黑龙江、安徽、江西、河南、湖北、湖南 8 个省级行政区；西部地区包括四川、重庆、贵州、云南、西藏、陕西、甘肃、青海、宁夏、新疆、广西、内蒙古 12 个省级行政区。

表6.1　我国各区域经济发展水平与基础设施基本情况表

（当年价）

地区	面积（万平方公里）	2011年人口（万人）	GDP（亿元）		地均GDP（万元）		人均GDP（元）		城镇人口比重（%）		上市公司数量（个）		万人在校大学生数量	
			1998	2011	1998	2011	1998	2011	1998	2011	1998	2011	1998	2011
全国	945.00	134735	84402	472882	89.31	500.41	6796	35181	24.70	51.27	820	2286	27.31	171.34
东部地区	105.60	55446	46168	293581	437.21	2780.22	10023	52949	29.70	61.01	495	1528	35.70	183.45
中部地区	166.89	42374	21679	127625	129.90	764.73	5200	30119	24.30	46.99	160	415	24.74	179.25
西部地区	672.51	36222	14647	100235	21.78	149.05	4123	27673	19.74	42.99	164	343	20.63	146.82
北京	1.64	2019	2011	16252	1228.66	9927.87	19118	81658	59.97	86.20	34	189	170.93	291.24
天津	1.16	1355	1336	11307	1151.46	9742.62	14243	85213	57.60	80.50	12	36	82.18	331.88
河北	18.70	7241	4256	24516	227.54	1310.69	6501	33969	18.60	45.60	20	45	21.98	158.73
辽宁	14.53	4383	3882	22227	267.23	1530.13	9415	50760	45.55	64.05	43	63	47.92	205.85
上海	0.63	2347	3688	19196	5848.72	30440.36	25206	82560	72.99	89.30	116	184	112.79	217.80
江苏	10.10	7899	7200	49110	713.21	4864.71	10049	62290	26.88	61.90	37	211	37.03	210.08
浙江	10.20	5463	4988	32319	488.75	3167.12	11394	59249	20.40	62.30	33	221	25.48	166.11
福建	12.19	3720	3287	17560	269.62	1440.61	9603	47377	19.85	58.10	33	79	25.81	181.39

续表

地区	面积（万平方公里）	2011年人口（万人）	GDP（亿元）		地均GDP（万元）		人均GDP（元）		城镇人口比重（%）		上市公司数量（个）		万人在校大学生数量	
			1998	2011	1998	2011	1998	2011	1998	2011	1998	2011	1998	2011
山东	15.34	9637	7162	45362	466.83	2956.67	8128	47335	25.88	50.95	41	144	20.46	170.76
广东	17.71	10505	7919	53210	447.20	3004.80	10819	50807	31.19	66.50	109	332	25.91	145.39
海南	3.40	877	439	2523	129.17	742.42	5912	28898	25.38	50.50	17	24	17.97	178.61
山西	15.64	3593	1486	11238	95.03	718.60	5104	31357	24.07	49.68	12	33	24.00	165.45
吉林	19.05	2749	1558	10569	81.76	554.67	5983	38460	43.14	53.40	25	36	44.59	204.71
黑龙江	45.01	3834	2799	12582	62.19	279.55	7375	32819	43.68	56.50	21	31	33.17	185.18
安徽	14.04	5968	2805	15301	199.82	1089.81	4235	25659	18.95	44.80	17	75	16.97	166.10
江西	16.73	4488	1852	11703	110.70	699.50	4124	26150	21.18	45.70	11	31	22.45	184.61
河南	16.56	9388	4357	26931	263.08	1626.27	4643	28661	17.65	40.57	16	63	15.71	159.79
湖北	18.62	5758	3704	19632	198.98	1054.57	5287	34197	27.52	51.83	38	78	35.57	232.79
湖南	21.24	6596	3118	19670	146.79	925.98	4667	29880	19.20	45.10	20	68	24.09	161.90

续表

地区	面积（万平方公里）	2011年人口（万人）	GDP（亿元）		地均GDP（万元）		人均GDP（元）		城镇人口比重（%）		上市公司数量（个）		万人在校大学生数量	
			1998	2011	1998	2011	1998	2011	1998	2011	1998	2011	1998	2011
四川	48.43	8050	3580	21027	73.92	434.16	4294	26133	17.56	41.83	53	84	17.89	141.53
重庆	8.25	2919	1429	10011	173.16	1212.93	5016	34500	20.07	55.02	16	35	27.19	194.52
贵州	17.63	3469	842	5702	47.77	323.50	2364	16413	14.04	34.96	7	21	11.63	99.20
云南	38.40	4631	1794	8893	46.72	231.60	4446	19265	14.62	36.80	12	27	15.05	105.28
西藏	120.45	303	91	606	0.76	5.03	3666	20077	13.51	22.71	5	10	13.68	106.74
陕西	20.59	3743	1382	12512	67.10	607.69	4070	33464	21.80	47.30	17	37	41.40	257.78
甘肃	40.50	2564	870	5020	21.48	123.97	3541	19595	18.66	37.15	10	23	21.44	158.06
青海	71.56	568	220	1670	3.18	29.38	4426	29522	26.53	46.22	7	10	17.28	80.47
宁夏	5.19	639	227	2102	42.46	322.15	4607	33043	28.37	49.82	6	12	21.03	137.41
新疆	163.33	2209	1117	6610	6.84	40.47	6174	30087	35.28	43.54	10	36	26.74	117.14
内蒙古	114.52	2482	1192	14360	10.41	125.40	5406	57974	33.81	56.62	11	20	18.11	154.91
广西	23.68	4645	1903	11721	80.36	494.95	4346	25326	17.24	41.80	10	28	16.57	129.19

表6.1　　　　　　　　　我国各区域经济发展水平与基础设施基本情况表

(当年价)

地区	地均货物周转量（万吨公里/平方公里）		地均旅客周转量（万人公里/平方公里）		铁路网密度（公里/万平方公里）		等级公路密度（公里/万平方公里）		地均邮电业务量（万元/平方公里）		地均电力消费量（万千瓦时/平方公里）		人均城市道路面积（平方米）		人均城市公共绿地面积（平方米）	
	1998	2011	1998	2011	1998	2011	1998	2011	1998	2011	1998	2011	1998	2011	1998	2011
全国	40	169	11	33	61	99	1131	3655	2.57	14.11	13.06	49.76	8.26	13.75	6.06	11.80
东部地区	87	868	40	106	143	246	3570	9817	14.82	71.10	59.70	235.21	9.86	14.81	6.70	12.10
中部地区	41	201	19	53	129	186	1880	7091	3.22	17.83	19.30	63.17	7.30	13.24	5.80	10.67
西部地区	7	35	3	10	31	54	563	1834	0.52	4.24	4.19	17.32	7.65	12.83	7.00	11.44
北京	204	611	51	252	653	750	7354	12923	78.86	346.03	210.22	501.96	5.86	5.26	8.00	11.33
天津	315	8907	71	246	454	747	3664	13065	40.85	151.89	181.97	598.96	7.88	17.05	4.06	10.30
河北	104	515	36	70	194	276	2919	7969	4.73	28.85	39.87	159.58	9.04	17.84	5.61	14.26
辽宁	85	716	31	66	245	296	3010	6034	9.10	32.54	52.05	128.15	6.15	11.27	5.88	10.56
上海	327	32207	102	271	393	731	6494	19163	221.80	893.47	794.80	2124.37	6.04	4.04	2.84	7.01
江苏	106	689	66	169	75	233	2537	14275	16.62	97.72	84.07	424.12	9.82	21.86	7.70	13.34
浙江	88	846	54	127	92	174	3357	10572	15.46	88.32	59.94	305.44	13.41	17.53	6.93	11.77
福建	55	279	26	44	88	173	3189	6044	10.82	41.91	29.14	124.36	8.91	13.46	6.50	11.72

续表

地区	地均货物周转量（万吨公里/平方公里）		地均旅客周转量（万人公里/平方公里）		铁路网密度（公里/万平方公里）		等级公路密度（公里/万平方公里）		地均邮电业务量（万元/平方公里）		地均电力消费量（万千瓦时/平方公里）		人均城市道路面积（平方米）		人均城市公共绿地面积（平方米）	
	1998	2011	1998	2011	1998	2011	1998	2011	1998	2011	1998	2011	1998	2011	1998	2011
山东	81	827	29	113	153	274	4167	15084	8.73	52.73	52.50	236.94	14.28	23.62	6.55	16.00
广东	53	390	50	147	44	160	4675	9734	23.61	106.62	61.34	248.41	10.39	12.51	8.33	14.35
海南	80	403	15	50	64	204	3761	6505	5.44	27.61	11.37	54.53	16.65	18.42	11.26	12.51
山西	49	196	12	27	160	241	2925	8377	2.53	19.54	29.37	105.54	8.71	11.21	3.83	10.17
吉林	24	76	10	27	182	209	1686	4397	2.83	12.52	15.51	33.07	5.20	11.90	5.74	10.53
黑龙江	19	44	8	12	110	132	1091	2758	1.86	6.84	9.39	17.82	6.48	11.20	6.45	11.47
安徽	63	602	29	116	131	222	2625	10214	4.08	26.30	22.29	86.98	8.97	18.00	6.68	11.88
江西	34	178	20	56	127	169	1470	6842	2.39	16.69	11.59	49.92	6.10	14.40	5.65	13.49
河南	92	515	39	120	142	257	3294	11548	6.25	36.45	40.59	160.58	6.21	10.83	5.41	8.90
湖北	45	204	23	66	109	180	2070	10553	4.49	23.19	26.19	77.93	9.79	14.78	7.86	10.11
湖南	46	159	28	74	108	174	1518	9364	3.58	20.71	17.74	60.89	6.90	13.62	4.78	8.81
四川	13	42	10	25	47	73	1164	4562	1.49	12.53	9.54	36.16	6.60	12.14	4.16	10.73

续表

地区	地均货物周转量（万吨公里/平方公里）		地均旅客周转量（万人公里/平方公里）		铁路网密度（公里/万平方公里）		等级公路密度（公里/万平方公里）		地均邮电业务量（万元/平方公里）		地均电力消费量（万千瓦时/平方公里）		人均城市道路面积（平方米）		人均城市公共绿地面积（平方米）	
	1998	2011	1998	2011	1998	2011	1998	2011	1998	2011	1998	2011	1998	2011	1998	2011
重庆	26	306	25	65	72	166	2122	10130	4.19	29.55	36.81	86.87	4.62	10.43	2.29	17.87
贵州	19	60	11	31	94	117	802	4519	1.20	12.44	15.56	53.57	4.86	6.63	7.63	7.26
云南	11	27	4	14	48	65	1817	4319	1.16	8.44	7.73	31.36	7.52	11.97	7.54	10.26
西藏	0	0	0	0	0	4	87	323	0.01	0.21	0.00	0.20	15.58	13.48	29.54	10.73
陕西	26	137	13	42	94	198	1715	6773	1.92	16.93	13.29	47.72	5.58	13.72	3.74	11.41
甘肃	13	50	5	16	57	60	630	2264	0.50	4.25	7.20	22.80	7.82	12.58	3.50	8.32
青海	14	94	5	20	211	358	2705	9637	0.91	9.31	20.68	108.13	6.34	11.22	3.02	9.65
宁夏	2	13	1	2	10	18	124	334	0.09	0.80	1.61	10.13	7.72	17.90	3.85	16.03
新疆	3	9	1	3	8	26	186	639	0.15	1.42	1.04	5.14	9.40	13.74	5.79	9.48
内蒙古	7	47	1	4	44	80	462	1292	0.22	2.14	2.07	16.28	6.08	15.77	5.90	14.47
广西	27	147	16	41	85	135	1829	3686	2.22	13.79	12.21	46.97	9.70	14.34	7.08	11.02

数据来源：1999年和2012年中国统计年鉴。

0.85 倍和 0.78 倍；2011 年东、中、西部地区沪深两市上市公司的数量占全国的比重分别为 66.84%、18.15%、15.00%，而且 1998—2011 年东部地区沪深两市上市公司的数量占全国的比重增加了 6 个百分点，这说明我国的经济活动具有显著的东、中、西部依次递减的空间分布态势。

（二）在实物形态上，东部地区的基础设施水平远高于中西部地区

2011 年东部地区的铁路网密度分别是中、西部地区的 1.33 倍和 4.56 倍，东部地区的等级公路密度分别是中西部地区的 1.38 倍和 5.35 倍；东部地区的地均货物周转量分别是中、西部地区的 4.31 倍和 25.02 倍；东部地区的地均旅客周转量分别是中、西部地区的 2 倍和 11 倍；东部地区的地均邮电业务量分别是中、西部地区的 4 倍和 16.78 倍；东部地区的地均电力消费量分别是中、西部地区的 3.72 倍和 13.58 倍；东部地区的人均城市道路面积分别是中、西部地区的 1.12 倍和 1.15 倍；东部地区的人均城市公共绿地面积分别是中、西部地区的 1.13 倍和 1.06 倍。而且从表 6.1 中还可以看到，1998—2011 年东部地区与中、西地区在基础设施水平上的差距呈扩大的趋势。

后金融危机时代以来，在我国经济逐渐步入以中、高速经济增长、要素与技术进步成本不断增加、经济结构（如产业、区域、收入分配、需求等）渐进式调整、改革艰难推进与国际环境日趋复杂等为基本特征的新常态背景下（厉以宁，2014；刘伟、苏剑，2014；李稻葵，2014；汪红驹，2014），依托公共基础设施建设经济支撑带将成为未来中国经济发展的重要抓手。

二　空间计量的探索性分析方法与空间权重矩阵选择

上面我们仅从数据描述的角度讨论了我国经济活动与基础设施的空间分布特征，为更进一步探析经济活动水平、基础设施水平的空间依赖关系，我们需要运用空间计量手段进行更为规范的描述性分析。

（一）探索性空间数据分析的 Moran 指数 I 及其检验

探索性空间数据分析方法是目前空间数据分析的一种重要方法，该方法主要用于描述数据的空间分布与空间结构、探析经济社会活动的空间相互作用机制，其核心目的是表达数据的空间自相关关系。探索性空间数据分析方法经常使用全局空间相关性和局部空间相关性两类工具，其中全局空间相关性一般用 Moran 指数 I（Moran，1950）、Geary 指数 C（Geary，

1954）测度，局部空间相关性一般用 G 统计量、Moran 散点图等来测度。在本研究中我们分别采用 Moran 指数 I 和 Moran 散点图进行空间数据的整体和局部统计性描述。

1. 空间数据的空间关联模式

任何经济社会事物和现象都不是孤立的，而是存在一定的相互关联性。空间自相关性是对空间数据的空间分布模式与空间集中程度的一种度量。如果一个空间区域内相似的数据具有集中分布的倾向，则该空间区域就表现出一定的空间正自相关性（如图 6.1（a）所示）；如果一个空间区域内相似的数据具有分散分布且相互排斥的倾向，则该空间区域就表现出一定的空间负自相关性（如图 6.1（b）所示）；如果一个空间区域内的数据呈随机无序分布，则该空间区域就表现出一定的空间非自相关性。

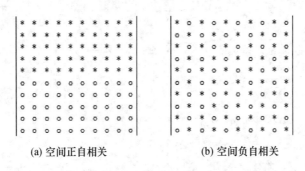

(a) 空间正自相关   (b) 空间负自相关

图 6.1 空间相关关系的图示

2. Moran 指数 I 及其检验

具体对于某个空间区域而言，其到底为空间正自相关、负自相关还是非自相关，需要借助于 Moran 指数 I 来度量。全局 Moran 指数 I 的具体公式如下：

$$I = \frac{\sum_{i=1}^{n} \sum_{j \neq i}^{n} w_{ij}(x_i - \bar{x})(x_j - \bar{x})}{S^2 \sum_{i=1}^{n} \sum_{j \neq i}^{n} w_{ij}} \qquad (6.1)$$

其中，n 为地区数量；x_i 为地区 i 的观测值；$\bar{x}$ 为 n 个地区观测值的均值，$S^2 = \dfrac{1}{n} \sum\limits_{i=1}^{n} (x_i - \bar{x})^2$ 为观测值的方差；w_{ij} 为空间权重矩阵。Moran 指数 I 的值在 [-1，1] 之间，其值大于 0 表示正自相关，而且值越大则表示具有相似属性的数据越倾向于集聚在一起，当 $I = 1$ 时则表示图6.1（a）所示的完全空间正自相关；I 的值小于 0 表示负自相关，而且值越小则表示空间数据的排斥性越强，当 $I = -1$ 时则表示图 6.1（b）所示的完全空间负自相关；I 的值趋于 0 表示非自相关，则数据越倾向于随机分布。

Moran 指数 I 的检验通常用服从正态分布的标准化统计量 z 检验其显著性。Z 统计量的具体公式如下：

$$z = \frac{I - E(I)}{\sqrt{Var(I)}} \tag{6.2}$$

其中 $E(I) = -\dfrac{1}{n-1}$ 为 Moran 指数 I 的期望，$Var(I) = \dfrac{n^2 w_1 - n w_2 + 3 w_0^2}{w_0^2(n^2 - 1)}$

为 Moran 指数 I 的方差，$w_0 = \sum\limits_{i=1}^{n} \sum\limits_{j=1}^{n} w_{ij}$，$w_1 = \dfrac{1}{2} \sum\limits_{i=1}^{n} \sum\limits_{j=1}^{n} (w_{ij} + w_{ij})^2$，$w_2 = \sum\limits_{i=1}^{n} \left(\sum\limits_{i=1}^{n} w_{ij} + \sum\limits_{i=1}^{n} w_{ji} \right)^2$。显然计算出 z 值后，参照相关的正态分布表就可以得到检验显著性水平的 P 值。

（二）空间权重矩阵的界定与构建

空间权重矩阵是探索性空间数据分析的重点，也是空间计量经济学分析的前提和基础。事实上空间权重矩阵就是通过某种形式的空间距离或空间经济距离的引入为不同空间事物间的相互影响提供不同的影响权重，一般而言，空间距离越远的事物其相互间的影响就越弱，也就应当给予越小的空间权重。对于一个拥有 n 个地区的经济而言，各地区间的空间邻近关系可以用一个对称的二维空间权重矩阵来表达，如式（6.3）所示：

$$W = \begin{vmatrix} W_{11} & W_{12} & \cdots & W_{1n} \\ W_{21} & W_{22} & \cdots & W_{2n} \\ \cdots & \cdots & \cdots & \cdots \\ W_{n1} & W_{n2} & \cdots & W_{nn} \end{vmatrix} \tag{6.3}$$

其中 W 为对称矩阵，$W_{ij} = W_{ji}$。W_{ij} 为地区 i 与 j 间的空间距离对 i 与 j

地区变量的影响强度，显然当 i 与 j 间的空间距离越小时其影响强度越大，当 i 与 j 间的空间距离越大时其影响强度越小。在计算中需要将矩阵 W 标准化以形成标准化的空间权重矩阵 w，也就是说要将矩阵 W 中的每行元素相加，其和除以每个元素，从而形成空间权重矩阵 w，显然 w 矩阵中的每行元素之和必然为 1。

空间计量分析的难点在于如何构建具有较强解释能力的空间权重矩阵。由于与绝对的空间物理距离不同，经济学中所研究的空间距离更多的是具有一定经济意义的空间经济距离，现有文献中对空间权重矩阵的构建形式有很多形式，如地理相邻的二进制权重矩阵（Moran，1948）、空间绝对地理距离的权重矩阵（Moran，1948）、Cliff 和 Ord 权重矩阵（Cliff 和 Ord，1973；1981）、反映经济距离的人口密度空间权重矩阵和人均 GDP 空间权重矩阵（张学良，2012）等。在本研究中，基于我国省域层面经济活动与基础设施水平空间分布关系的考虑，我们构建了以下不同的空间权重矩阵：

1. 简单的二进制空间权重矩阵

二进制空间权重矩阵是空间计量分析中较为简单且最为常用的分析方法。由于在现实生活中，地理空间相邻的地区间往往存在更多的经济贸易往来，而地理空间不相邻地区间的经济贸易往来则较少，所以该方法假定只有相邻的两个地区才有空间交互作用。本研究中对我国内地 31 个省、市、区间边界相连的两个区域赋值为 1，空间不相邻的区域赋值为 0：

$$W_{ij} = \begin{cases} 1 & i \neq j \\ 0 & i = j \end{cases} \tag{6.4}$$

从而可以构建一个 $n \times n$ 的 0 - 1 矩阵：W_{0-1}，其中 $n = 31$。

2. 省会城市地理空间距离倒数的空间权重矩阵

地理空间距离的现实存在是形成区际交易成本的重要原因，而且一般而言，地理空间距离越远的地区间的交易成本也越大，从而可以通过以两地区间直线距离的倒数为元素值的方法构建空间权重矩阵。虽然我国各省市区的面积差距较大，以省级行政区内不同地区度量的省际距离存在很大的差别，但是对于各个各省、市、区而言，省会城市往往是该行政区的政治经济中心，所以可以按各省会城市间地理直线距离的倒数进行赋值：

$$W_{ij} = \begin{cases} 1/D_{ij} & i \neq j \\ 0 & i = j \end{cases} \tag{6.5}$$

从而可以得到空间权重矩阵 W_{dis}。

3. 人均 GDP 之差倒数的空间权重矩阵

W_{0-1} 和 W_{dis} 是具有更多地理空间距离意义的空间权重矩阵。但是随着技术进步与经济水平的增长，特别是现代交通运输水平的发展，地理空间对经济活动的阻力在下降，地区间经济距离的作用显得更为重要，于是我们需要构建几个空间经济距离意义下的空间权重矩阵。由于人均 GDP 往往决定了一个地区的经济发展水平，一般而言人均 GDP 水平越高的地区其发展水平也越高，而且人均 GDP 水平越相近的地区，其经济发展水平、社会消费水平等也越相近，从而可以运用人均 GDP 差距来表达地区间的经济距离。按两地区间实际人均 GDP 之差的绝对值的倒数进行赋值：

$$W_{ij} = \begin{cases} 1/\left| pgdp_i - pgdp_j \right| & i \neq j \\ 0 & i = j \end{cases} \tag{6.6}$$

从而可以得到空间权重矩阵 W_{pgdp}。

4. 人口密度之差倒数的空间权重矩阵

一般而言，在一个生产要素相对自由流动的经济体内，人口规模往往决定了一个地区的经济规模，虽然到目前为止我国的人口流动尚受到户籍制度的约束，但是始于 20 世纪 70 年代末的改革开放已经形成了源源不断的民工流等大规模的人口流动，而且由表 6.1 也可以看到我国人口分布与经济发展水平同样具有东、中、西部依次递减的空间分布格局，所以我们可以运用人口规模及人口密度的差异来表达地区间的经济距离。按两地区间人口密度之差绝对值的倒数进行赋值：

$$W_{ij} = \begin{cases} 1/\left| peo_i - peo_j \right| & i \neq j \\ 0 & i = j \end{cases} \tag{6.7}$$

从而可以得到另一个经济距离意义下的空间权重矩阵 W_{peop}。

5. 公路密度之差倒数的空间权重矩阵

公共交通基础设施水平往往能够改变地区间的通行成本（包括货币成本与时间成本），因为越是密集的交通运输网络越是能够将区域连接成为一个更为紧密的整体，从而其中某个地区的经济发展的带动效应与外溢效应也就会越强烈，于是我们能够构建几个基础设施水平意义下的空间权重矩阵。本研究中，我们按我国内地 31 个省市区之间的铁路密度之差绝对值的倒数进行赋值：

$$W_{ij} = \begin{cases} 1/\left| road_i - road_j \right| & i \neq j \\ 0 & i = j \end{cases} \qquad (6.8)$$

从而可以得到空间权重矩阵 W_{road}。

6. 铁路密度之差倒数的空间权重矩阵

按我国内地 31 个省、市、区之间的铁路密度之差绝对值的倒数进行赋值：

$$W_{ij} = \begin{cases} 1/\left| rail_i - rail_j \right| & i \neq j \\ 0 & i = j \end{cases} \qquad (6.9)$$

从而可以得到空间权重矩阵 W_{rail}。

三　我国省域层面经济的空间集聚与分布特征研究

前面我们引入了空间自相关性分析的 Moran 指数 I 与地理空间距离意义的空间权重矩阵（W_{0-1} 和 W_{dis}）、经济距离意义下的空间权重矩阵（W_{pgdp} 和 W_{peop}）、基础设施水平意义下的空间权重矩阵（W_{road} 和 W_{rail}），现在就利用这 6 个空间权重矩阵来计算实际 GDP 与实际人均 GDP 的 Moran 指数 I，并绘制相应的 Moran 散点图来进行空间相关性分析。

1. W_{0-1} 时的 Moran 指数 I 与散点图

Moran 指数 I 的值可以表达数据的全局空间自相关性。从表 6.2 可以看到，就实际 GDP 而言，Moran 指数 I 的值均大于 0 且均通过了 5% 的显著性水平检验，1998—2011 年间 Moran 指数 I 的值基本保持稳定，这说明

省域实际 GDP 在地理上具有显著的空间正自相关性，即省份间按实际
GDP 高低水平倾向于集聚分布。

就人均实际 GDP 而言，Moran 指数 I 的值均大于 0 且均通过了 1% 的
显著性水平检验，并且 1998—2011 年间 Moran 指数 I 的值呈明显的递增
趋势，这表明从人均实际 GDP 来看区域的空间集聚特征趋于增强。对比
两个 Moran 指数 I 可以看到，实际 GDP 的 Moran 指数 I 均小于相应年份时
人均实际 GDP 的 Moran 指数 I，这说明从人均角度来看的区域集聚特征更
为显著。

表6.2　　W_{0-1}时实际 GDP 与人均实际 GDP 的 Moran 指数 I 及检验值

年份	实际 GDP			实际人均 GDP		
	Moran I	z	P	Moran I	z	P
1998	0.2693	2.3508	0.0187	0.3744	3.3977	0.0007
1999	0.2759	2.4037	0.0162	0.3828	3.4545	0.0006
2000	0.2696	2.3549	0.0185	0.3872	3.4895	0.0005
2001	0.2692	2.3522	0.0187	0.3876	3.5002	0.0005
2002	0.2680	2.3442	0.0191	0.3917	3.5304	0.0004
2003	0.2654	2.3256	0.0200	0.4055	3.6161	0.0003
2004	0.2704	2.3631	0.0181	0.4160	3.6768	0.0002
2005	0.2667	2.3340	0.0196	0.4243	3.7202	0.0002
2006	0.2676	2.3403	0.0193	0.4309	3.7536	0.0002
2007	0.2711	2.3655	0.0180	0.4310	3.7487	0.0002
2008	0.2728	2.3781	0.0174	0.4335	3.7501	0.0002
2009	0.2688	2.3463	0.0190	0.4335	3.7260	0.0002
2010	0.2679	2.3396	0.0193	0.4317	3.6996	0.0002
2011	0.2654	2.3189	0.0204	0.4245	3.6358	0.0003

数据的局部空间自相关性可以用 Moran 散点图表达。Moran 散点图就
是用散点图的形式来描述变量实际 GDP 或人均实际 GDP 与其相应的空间
滞后向量间的相互关系。具体而言，以实际 GDP 为例，实际 GDP 的值为

Moran 散点图的横轴，以空间权重矩阵 W_{0-1} 与实际 GDP 的乘积形成的向量为 Moran 散点图的纵轴，为便于分析，对横轴与纵轴数据均进行标准化处理，从而可以得到图 6.2 所示的 Moran 散点图。其中第一象限代表高观测值的空间单元为同是高观测值的区域所包围的空间联系形式；第二象限代表低观测值的空间单元被高观测值区域所包围的空间联系形式；第三象限代表低观测值的空间单元为同是低观测值的区域所包围的空间联系形式；第四象限代表高观测值的空间单元被低值的区域所包围的空间联系形式。显然，第一、第三象限的点表示具有空间正自相关特征的空间区域，第二、第四象限的点表示具有空间负自相关特征的空间区域。

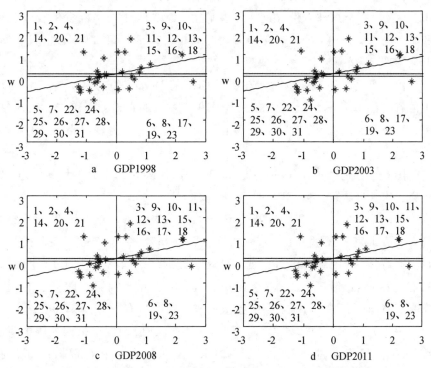

图 6.2　1998—2011 年省际层面实际 GDP 的 Moran 散点图①

① 图中各序号的含义：北京（1）、天津（2）、河北（3）、山西（4）、内蒙古（5）、辽宁（6）、吉林（7）、黑龙江（8）、上海（9）、江苏（10）、浙江（11）、安徽（12）、福建（13）、江西（14）、山东（15）、河南（16）、湖北（17）、湖南（18）、广东（19）、广西（20）、海南（21）、重庆（22）、四川（23）、贵州（24）、云南（25）、西藏（26）、陕西（27）、甘肃（28）、宁夏（29）、青海（30）、新疆（31）。

图 6.2 分别列示了 1998 年、2003 年、2008 年、2011 年我国内地 31 个省市区实际 GDP 的 Moran 散点图。由图 a 和图 b 可见，在 1998 年和 2003 年处于第一象限的省、市、区有：6 个东部省份（河北、上海、江苏、浙江、福建、山东）和 3 个中部省份（安徽、河南、湖南）；第三象限的省、市、区有：1 个中部省份（吉林）和 10 个西部省份（内蒙古、重庆、贵州、云南、西藏、陕西、甘肃、宁夏、青海、新疆），这 20 个处于第一、第三象限的省份的确表现出明显的发达的东部省份相互集聚与落后的西部省份相互集聚的空间分化特征。

处于第二象限的省、市、区有：3 个东部省份（北京、天津、海南）、2 个中部省份（山西、江西）和 1 个西部省份（广西）；第四象限的省、市、区有：3 个东部省份（辽宁、黑龙江、广东）、1 个中部省份（湖北）和 1 个西部省份（四川）。在图 c 和图 d 中，2008 年和 2011 年，只有湖北从第四象限转移到了第一象限。

由此可见，1998—2011 年在实际 GDP 的 Moran 散点图中，有 20 个以上的省份位于第一、第三象限，只有 10 个左右的省份处于第二、第四象限，这表明，从局部空间来看，我国省际层面上呈较为显著的空间正自相关特征。

图 6.3 分别列示了 1998 年、2003 年、2008 年、2011 年我国内地 31 个省、市、区人均实际 GDP 的 Moran 散点图。

由图 6.3（a）可见，1998 年位于第一象限的省、市、区有：6 个东部省份（北京、天津、上海、江苏、浙江、福建）；位于第三象限的省、市、区有：4 个中部省份（山西、河南、湖北、湖南）和全部 12 个西部省份（内蒙古、广西、重庆、四川、贵州、云南、西藏、陕西、甘肃、宁夏、青海、新疆）。位于第二象限的省、市、区有：2 个东部省份（河北、海南）和 3 个中部省份（吉林、安徽、江西）；位于第四象限的省、市、区有：3 个东部省份（辽宁、山东、广东）和 1 个中部省份（黑龙江）。在图 6.3（b）中只有黑龙江从第四象限转移到了第三象限；在图 6.3（c）黑龙江从第三象限转移到了第二象限，辽宁从第三象限转移到第四象限；在图 6.3（d）中，辽宁从第四象限转移到第一象限。

1998—2011 年人均实际 GDP 的 Moran 散点图进一步表明了发达的东部省份相互集聚与落后的西部省份相互集聚的空间分化特征，而且也表明我国中部省份具有明显的过渡特征。

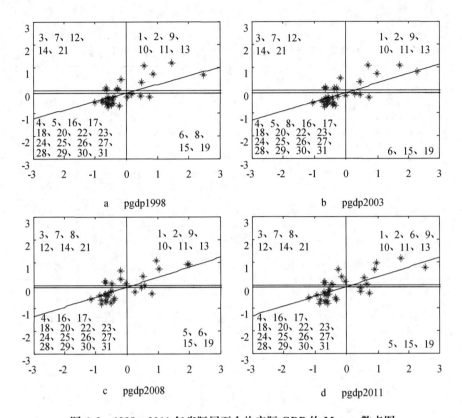

图 6.3 1998—2011 年省际层面人均实际 GDP 的 Moran 散点图

2. W_{dis} 时的 Moran 指数 I

从表 6.3 可以看到，当采用省会城市空间距离的倒数构建的空间权重
矩阵时，实际 GDP 的 Moran 指数 I 的值均大于 0 且均通过了 10% 的显著
性水平检验，但是 Moran 指数 I 的值很小且在 1998—2011 年间呈明显的
下降趋势，这说明省际层面上空间地理距离对实际 GDP 的空间集聚作用
较小。

人均实际 GDP 的 Moran 指数 I 的值均大于 0 且均通过了 1% 的显著性
水平检验，并且 1998—2011 年间 Moran 指数 I 的值呈明显的递增趋势，
这表明从人均实际 GDP 来看区域的空间集聚特征趋于增强。

比较表 6.2 和表 6.3 可以看到采用 W_{0-1} 空间权重矩阵时的 Moran 指数
I 的值均大于 W_{dis} 时的值，这表明在经济活动中，绝对空间距离的阻力效果在下降。

表6.3　　W_{dis}时实际 GDP 与人均实际 GDP 的 Moran 指数 I 及检验值

年份	实际 GDP			实际人均 GDP		
	Moran I	z	P	Moran I	z	P
1998	0.0503	1.9099	0.0561	0.0979	3.1505	0.0016
1999	0.0515	1.9387	0.0525	0.1007	3.2099	0.0013
2000	0.0514	1.9361	0.0529	0.1027	3.2573	0.0011
2001	0.0514	1.9390	0.0525	0.1033	3.2760	0.0011
2002	0.0509	1.9285	0.0538	0.1051	3.3167	0.0009
2003	0.0493	1.8955	0.0580	0.1108	3.4332	0.0006
2004	0.0490	1.8887	0.0589	0.1161	3.5431	0.0004
2005	0.0469	1.8433	0.0653	0.1208	3.6377	0.0003
2006	0.0457	1.8162	0.0693	0.1243	3.7052	0.0002
2007	0.0462	1.8279	0.0676	0.1253	3.7250	0.0002
2008	0.0469	1.8438	0.0652	0.1283	3.7811	0.0002
2009	0.0460	1.8241	0.0681	0.1302	3.8079	0.0001
2010	0.0459	1.8197	0.0688	0.1305	3.8069	0.0001
2011	0.0450	1.7985	0.0721	0.1297	3.7838	0.0002

3. W_{pgdp}时的 Moran 指数 I

从表6.4 可以看到，当采用地区间人均 GDP 之差的倒数构建的空间权重矩阵时，实际 GDP 的 Moran 指数 I 的值均大于 0 且均通过了 5% 的显著性水平检验，而且 Moran 指数 I 的值在 1998—2011 年间基本保持稳定。

人均实际 GDP 的 Moran 指数 I 的值均大于 0 且 2000—2011 年间均通过了 5% 的显著性水平检验，并且 1998—2011 年间 Moran 指数 I 的值呈明显的递增趋势。

表 6.4　W_{pgdp}时实际 GDP 与人均实际 GDP 的 Moran 指数 I 及检验值

年份	实际 GDP			实际人均 GDP		
	Moran I	z	P	Moran I	z	P
1998	0.1918	2.7055	0.0068	0.2328	3.4145	0.0006
1999	0.2108	2.2966	0.0216	0.2393	2.7333	0.0063
2000	0.2044	2.1116	0.0347	0.2411	2.5966	0.0094
2001	0.3107	3.3758	0.0007	0.2461	2.9203	0.0035
2002	0.3629	3.3017	0.0010	0.2491	2.5055	0.0122
2003	0.3366	3.9874	0.0001	0.2633	3.3628	0.0008
2004	0.5143	4.9633	0.0000	0.2901	3.0632	0.0022
2005	0.3509	3.7264	0.0002	0.3021	3.3733	0.0007
2006	0.3431	2.9987	0.0027	0.3246	2.9400	0.0033
2007	0.3371	4.0425	0.0001	0.3318	4.0963	0.0000
2008	0.2586	2.7543	0.0059	0.4231	4.4111	0.0000
2009	0.3078	3.3300	0.0009	0.3790	4.0958	0.0000
2010	0.2567	2.5525	0.0107	0.3565	3.4817	0.0005
2011	0.1922	1.9577	0.0500	0.3692	3.5436	0.0004

4. W_{peop}时的 Moran 指数 I

从表 6.5 可以看到，当采用地区间人口之差的倒数构建的空间权重矩阵时，实际 GDP 的 Moran 指数 I 的值均大于 0 且均通过了 5% 的显著性水平检验，而且 Moran 指数 I 的值在 1998—2011 年间呈明显递增态势。

人均实际 GDP 的 Moran 指数 I 的值均大于 0 且通过了 5% 的显著性水平检验，并且 2000—2011 年间 Moran 指数 I 的值呈明显的递增趋势。

1

表 6.5　　W_{peop} 时实际 GDP 与人均实际 GDP 的 Moran 指数 I 及检验值

年份	实际 GDP			实际人均 GDP		
	Moran I	z	P	Moran I	z	P
1998	0.2301	2.4904	0.0128	0.1227	1.5812	0.1138
1999	0.2405	2.6722	0.0075	0.1325	1.7263	0.0843
2000	0.2864	3.5395	0.0004	0.1867	2.5923	0.0095
2001	0.2964	3.6551	0.0003	0.2122	2.9004	0.0037
2002	0.3078	3.2208	0.0013	0.3229	3.5818	0.0003
2003	0.2998	3.5536	0.0004	0.2307	2.9667	0.0030
2004	0.3005	3.4108	0.0006	0.2140	2.6405	0.0083
2005	0.2903	3.5551	0.0004	0.2018	2.6770	0.0074
2006	0.2971	3.3005	0.0010	0.2150	2.5559	0.0106
2007	0.3100	3.6040	0.0003	0.2135	2.6656	0.0077
2008	0.3324	3.4558	0.0005	0.2462	2.7047	0.0068
2009	0.3655	3.4964	0.0005	0.2596	2.6148	0.0089
2010	0.3454	4.0553	0.0001	0.1978	2.5113	0.0120
2011	0.3474	3.7218	0.0002	0.2160	2.4716	0.0135

5. W_{road} 时的 Moran 指数 I

从表 6.6 可以看到，当采用地区间公路密度之差的倒数构建的空间权重矩阵时，实际 GDP 与人均实际 GDP 的 Moran 指数 I 的值均大于 0，但在很多年份未能通过 10% 的显著性水平检验。

表 6.6　　W_{road} 时实际 GDP 与人均实际 GDP 的 Moran 指数 I 及检验值

年份	实际 GDP			实际人均 GDP		
	Moran I	z	P	Moran I	z	P
1998	0.1262	1.4945	0.1350	0.1672	2.0139	0.0440
1999	0.1732	1.6936	0.0903	0.3659	3.4960	0.0005
2000	0.0635	0.7932	0.4276	0.2149	2.1671	0.0302
2001	0.2528	3.1982	0.0014	0.2792	3.7216	0.0002
2002	0.2567	3.4093	0.0007	0.2359	3.3625	0.0008

年份	实际 GDP			实际人均 GDP		
	Moran I	z	P	Moran I	z	P
2003	0.3133	2.9096	0.0036	0.3395	3.3002	0.0010
2004	0.1337	1.7837	0.0745	0.2475	3.1339	0.0017
2005	0.0654	0.7456	0.4559	0.1636	1.5445	0.1225
2006	0.2491	2.4687	0.0136	0.1689	1.8225	0.0684
2007	0.1955	1.8985	0.0576	0.1205	1.3139	0.1889
2008	0.1697	1.9224	0.0546	0.0969	1.2633	0.2065
2009	0.1769	1.7416	0.0816	0.2081	2.0363	0.0417
2010	0.2187	1.6222	0.1048	0.4385	3.0843	0.0020
2011	0.1543	1.3763	0.1687	0.2866	2.3800	0.0173

6. W_{rail} 时的 Moran 指数 I

从表6.7可以看到，当采用地区间铁路密度之差的倒数构建的空间权重矩阵时，实际 GDP 与人均实际 GDP 的 Moran 指数 I 的值在很多年份未能通过 10% 的显著性水平检验。

表6.7　W_{rail} 时实际 GDP 与人均实际 GDP 的 Moran 指数 I 及检验值

年份	实际 GDP			实际人均 GDP		
	Moran I	z	P	Moran I	z	P
1998	−0.0953	−0.6070	0.5438	0.0768	1.1557	0.2478
1999	−0.0697	−0.2638	0.7919	0.1246	1.2240	0.2210
2000	−0.0559	−0.2231	0.8234	0.1210	1.6266	0.1038
2001	−0.0217	0.1120	0.9108	0.0725	1.0890	0.2761
2002	0.0641	0.9062	0.3649	0.1077	1.3950	0.1630
2003	0.0178	0.4111	0.6810	0.1191	1.2927	0.1961
2004	0.0502	0.6849	0.4934	0.1261	1.3672	0.1716
2005	0.0631	0.7861	0.4318	0.1307	1.3880	0.1651
2006	0.0950	1.1202	0.2626	0.1889	2.0004	0.0455

续表

年份	实际 GDP			实际人均 GDP		
	Moran I	z	P	Moran I	z	P
2007	0. 1174	1. 2883	0. 1977	0. 2030	2. 0788	0. 0376
2008	0. 1205	1. 3957	0. 1628	0. 1650	1. 8436	0. 0652
2009	0. 1980	2. 0400	0. 0414	0. 1696	1. 8221	0. 0684
2010	0. 0806	0. 9265	0. 3542	0. 4919	4. 3359	0. 0000
2011	0. 1077	1. 3324	0. 1827	0. 4368	4. 5031	0. 0000

第二节　基础设施增长弹性的面板数据分析

有关基础设施对经济增长的实证分析始于 Arrow 和 Kurz（1970），As-chauer（1989）开启了对基础设施实证研究的热潮。就现有文献来看，以一定的生产函数为理论基础，讨论基础设施对经济增长的产出弹性是实证分析中的一个重要内容。近年来，随着空间计量技术的发展，用空间面板数据研究基础设施的空间溢出效应也成为很多学者关注的议题。本节就是基于经济增长的视角，以我国内地 31 个省、市、区 1998—2011 年的面板数据讨论基础设施与区域经济增长间的弹性关系和空间溢出效应。

一　计量模型构建

Solow（1956）提出的具有外生性技术进步的新古典增长模型为：

$$Y_t = Af(K_t, L_t) \tag{6.10}$$

其中 Y 为某地区的经济产出，K 为资本，L 为劳动，A 为技术进步。为进一步分析经济产出与要素投入之间的关系，我们采用 C—D（Cobb-Douglas）型生产函数。由于基础设施的类型很多，我们将总资本投入 K 分解为交通邮电基础设施投入（$trsk$）、教育基础设施投入（$teachk$）和其他基础设施投入（$vesk$），从而可得如下的 C—D 型生产函数：

$$Y = A \cdot labor^{\alpha} \cdot trsk^{\beta_1} \cdot teachk^{\beta_2} \cdot vesk^{\beta_3} \tag{6.11}$$

对上式两边取对数，可得：

$$\ln Y = \ln A + \alpha\ln(labor) + \beta_1\ln(trsk) + \beta_2\ln(teachk) + \beta_3\ln(vesk) \tag{6.12}$$

其中，α、β_1、β_2、β_3 分别为劳动力投入、交通邮电基础设施投入、教育基础设施投入和其他基础设施投入的产出弹性。面板数据模型中，对于每个截面个体 i（$i=1$，2，$\cdots$，n）和每个时期 t（$t=1$，2，$\cdots$，T）存在如下的回归方程：

$$\ln Y_{it} = \alpha_0 + \alpha_1\ln(trsk_{it}) + \alpha_2\ln(teachk_{it}) + \alpha_3\ln(vesk_{it}) + \alpha_4\ln(labor_{it}) + \varepsilon_{it} \tag{6.13}$$

二　变量与数据说明

本书选取 1998—2011 年我国内地 31 个省、市、区 14 年的面板数据进行回归分析。这是由于，首先，重庆市在 1997 年 3 月从原四川省独立出来，从 1998 年开始的各类统计年鉴中能够得到有关重庆相对完整的资料；其次，1998 年是我国成功应对亚洲金融危机后的第一年，从 1998 年开始经济发展受外部环境的影响较小；最后，从资本存量估算来看，单豪杰（2008）提供了对我国各省市区 1998 年资本存量的估算，利用该成果并以 1998 年为基期能够提高资本存量估算的准确性。

（一）经济产出——被解释变量

本研究以地区生产总值（GDP）为经济产出指标。按现价数据比较的结论由于未能考虑通胀现象而存在夸大现实经济增长水平的情况，为了消除价格波动的影响，本研究将 GDP 折算为以 1998 年为基期的实际GDP。同时由于目前我国的相关统计年鉴中并没有提供 GDP 平减指数，而且我国地域辽阔，各省区间价格指数具有一定的差距，那么用同一个GDP 平减指数折算得到的数据显然与事实上的真实 GDP 间存在较大偏差。为此，本研究采取分省的 GDP 平减指数进行估算。这种计算结果在精度上大大优于以全国统一的 GDP 平减指数计算的结果，而且也可以弥补各省资料难以获得的不足。具体计算方法是以各省区 1998 年 GDP 指数为 100，计算出以 1998 年为基期的 1999—2011 年的 GDP 指数，然后以各省区 1998 年的 GDP 为基准，计算 1998—2011 年的实际 GDP。后文中人均实际 GDP 也采用相似的方法计算。

（二）资本存量的估算

现有文献中，对资本存量的估算通常采用 Goldsmith（1951）的永续盘存法，邹至庄（Chow，1993）、贺菊煌（1992）、王小鲁和樊纲（2000）、宋海岩等（2003）等对 Goldsmith（1951）的永续盘存法进行了一定的改进。张军、章元（2003），李治国、唐国兴（2003），李治国（2002），张军等（2004），单书豪（2008）等学者利用永续盘存法对我国各省市区 1952 年以来的资本存量进行了估算，本书正是在这些学者的研究基础上对我国内地 31 个省、市、区 1998—2011 年不同类型基础设施投资的资本存量进行估算。本研究中我们采用 Goldsmith（1951）的永续盘存法估算资本存量：

$$K_{it} = K_{i,t-1}(1 - D_{it}) + I_{it} \qquad (6.14)$$

其中，i 表示第 i 个地区；t 表示年份；K_{it} 表示 i 地区 t 年的资本存量；D_{it} 表示资本折旧率；I_{it} 表示 i 地区 t 年的资本投入。

由于本书以 1998—2011 年中国内地 31 个省、市、区的面板数据为研究对象，所以当运用式（6.14）计算各省、市、区历年的各类资本存量时，需要解决以下几个问题：基期 1998 年的资本存量如何确定、资本折旧率应当如何选择、如何确定各类基础设施当年的投资水平、各类价格指数如何选择等。

1. 基期资本存量的确定

现有文献对我国资本存量的研究中，大多研究了以 1952 年为基期的资本存量，如张军、章元（2003）测算了我国 1952—2001 年的固定资本存量；张军、吴桂英、张吉鹏（2004）测算了我国全国和内地 30 个（重庆与四川合并）省、市、区 1952 年、1960 年、1970 年、1978 年、1985 年、1990 年、1995 年、1998 年、2000 年以 1952 年不变价格计算的资本存量以及 2000 年按当年价格计算的资本存量，并且计算了以 1952 年价格为 1 时 1978 年和 2000 年的固定资产投资价格指数、以 1978 年为 1 时

2000 年的固定资产投资价格指数。单豪杰（2006）测算了我国全国和内地 30 个（重庆与四川合并）省、市、区 1952 年、1960 年、1970 年、1978 年、1985 年、1992 年、1998 年、2003 年、2006 年以 1952 年为不变价格时资本存量的平减指数和资本存量水平。

在本书的研究中，我们不但需要估算以 1998 年为基期时我国内地 31 个省、市、区 1998—2001 年各年的总资本存量，而且需要将总资本存量按交通邮电基础设施资本存量、教育基础设施资本存量和其他基础设施资本存量进行分解，于是我们采用了如下方法：

首先，我们借用了单豪杰（2006）对我国各省市区 1998 年资本存量的估算，并在此基础上估算出了以当年价计的 1998 年资本存量，如表 6.8 所示。表 6.8 中的第 2、3 列数据均来源于单豪杰（2006），其中 1998 年实际资本存量为按 1952 年价格计算的资本存量。第 2、3 列相乘就可以得到 1998 年的现价资本存量，即表中第 4 列的数据。由于重庆市 1997 年才成立直辖市，所以现有资料中均没有关于重庆资本存量的估算。从图 6.4 中可以看到，自重庆成立直辖市以来，重庆 GDP 占重庆与四川 GDP 之和的比重呈显著的上升趋势，但是在重庆成立直辖市初期的 1997—2001 年重庆 GDP 占重庆与四川 GDP 之和的比重相对比较稳定，所以我们用 1997—2001 年重庆 GDP 占重庆与四川 GDP 之和的比重对估算出的 1998 年四川资本存量进行分割，从而可以得到 1998 年重庆与四川的资本存量。

表 6.8　　　　　　　　　　1998 年各地区的资本存量

地区	平减指数（1952 = 1）	1998 年实际资本存量	1998 年现价资本存量	1995—2000 年投资占总投资的平均比重	
				教育	交通邮电
全国	3.53	42251.57	149317.05	2.21	14.01
北京	1.74	3465.94	6034.20	4.58	10.22
天津	3.96	741.16	2933.51	1.83	11.44
河北	3.10	2141.88	6646.25	1.93	11.61
山西	3.89	702.34	2730.70	1.96	16.58
内蒙古	2.01	834.68	1679.38	2.59	15.79
辽宁	10.43	580.82	6058.53	1.80	13.17
吉林	3.73	658.25	2455.93	2.59	9.38

续表

地区	平减指数 （1952＝1）	1998 年实际 资本存量	1998 年现价 资本存量	1995—2000 年投资占 总投资的平均比重	
				教育	交通邮电
黑龙江	4.42	982.52	4341.76	1.86	16.15
上海	1.52	5518.95	8361.21	2.27	7.23
江苏	2.69	4174.48	11241.87	2.14	9.21
浙江	3.63	2186.08	7939.84	2.11	10.48
安徽	8.65	506.62	4379.73	1.73	10.38
福建	6.13	737.07	4521.19	1.91	16.40
江西	1.53	1608.10	2460.39	1.85	17.78
山东	2.82	3739.60	10526.97	1.79	9.25
河南	3.04	2070.53	6302.69	1.98	9.31
湖北	4.43	1134.75	5028.08	2.40	11.18
湖南	4.68	954.55	4466.34	3.14	15.28
广东	2.90	3829.73	11098.56	2.29	14.01
广西	4.76	564.60	2687.50	2.91	17.95
海南	6.22	199.69	1242.67	3.06	19.11
重庆	——	——	2466.24	2.70	15.64
四川	6.15	1403.74	6162.55	2.60	14.98
贵州	4.21	388.04	1634.81	1.80	16.30
云南	26.98	107.81	2909.04	2.45	17.46
西藏	5.11	47.37	242.11	5.57	23.11
陕西	2.25	1113.93	2500.77	3.07	16.32
甘肃	1.64	791.62	1295.09	2.21	13.82
青海	5.70	120.58	687.43	2.01	13.54
宁夏	4.52	129.02	583.17	2.02	20.41
新疆	3.31	817.12	2700.58	2.10	13.82

数据来源：1.《中国资本存量 K 的再估算（1952—2006 年）》（单书豪，2008）；2. 各年《中国统计年鉴》的相关数据计算。

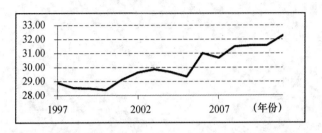

图 6.4　1997—2011 年重庆 GDP 占重庆与四川之和的比重

其次，需要对总资本存量进行分解。现有文献中对不同投资类别资本存量的估算比较鲜见，张学良（2012）计算了 1994—2003 年我国 29 个省、市、区的私人部门、交通运输部门与其他公共部门投资的资本存量。由于对交通邮电基础设施资本存量、教育基础设施资本存量等的估算取决于各年各地区对该类基础设施的投资水平，如图 6.5 所示，1995—2001 年期间，除西藏①外，其他各省、市、区交通邮电、教育等基础设施投资占当年固定资产投资的比重相对比较稳定，所以我们以 1995—2001 年交通邮电、电力燃气、金融保险、教育等基础设施投资占固定资产投资的平均比重（如表 6.8 中的 5—8 列）对 1998 年的资本存量进行分解，从而可以得到 1998 年基期的交通邮电、电力燃气、金融保险、教育等基础设施的资本存量。

2. 折旧率的选择

折旧率是资本存量估算的难点，到目前为止学者们对此尚未形成一致的意见。Perkins（1988）运用 MPS 体系下的累积数据假设折旧率为 5%；Young（2003）在研究中国非国家资本存量时假定折旧率是 6%；张军等（2004）假定建筑和设备的平均寿命分别为 45 年和 20 年，其他类型投资假定为 25 年，计算出的折旧率为 9.6%；单豪杰（2008）在建筑年限 38 年和设备年限 16 年的假定下，计算出的折旧率为 10.96%。本书借鉴了单豪杰（2008）的研究成果，假定资本折旧率为 10.96%。

3. 当年固定资产投资的确定

各类固定资产投资数据来源于《中国统计年鉴（1998—2012 年）》。

---

① 从图中明显可以看到西藏的这几类基础设施投资占全社会固定资产投资的比重相对较大，且波动幅度也比较大，这与国家对西藏基础设施建设力度较大有一定关系。

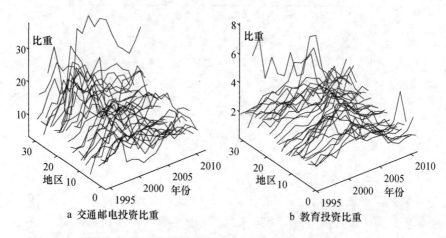

图 6.5　各类基础设施投资占当年固定资产投资的比重

虽然各省、市、区全社会固定资产投资的数据在各年《中国统计年鉴》可以获得，但对于分行业数据的获取需要做一定的说明。

在 1998—2003 年与 2004—2011 年两个不同时期，《中国统计年鉴》行业投资的统计项目有所变化。在 2004—2011 年全社会固定资产投资按行业分为农、林、牧、渔业、采矿业、制造业、电力燃气及水的生产和供应业、建筑业、交通运输仓储和邮政业、批发和零售业、金融业、房地产业、教育等 20 个行业。从而 2004—2011 年交通邮电、教育等基础设施投资可以直接由交通运输仓储和邮政业、教育等行业的固定资产投资数据得到。

而 1998—2003 年的统计年鉴中将全社会固定资产投资按管理渠道分为四类：基本建设投资、更新改造投资、房地产开发投资、其他投资，其中基本建设投资和更新改造投资又按行业分为农、林、牧、渔业、采掘业、制造业、电力煤气及水的生产和供应业、建筑业、地质勘查业与水利管理业、交通运输仓储和邮电通信业、批发零售贸易和餐饮业、金融保险业、房地产业、教育文化艺术和广播等 16 个行业。从表 6.9 可以看到，就全国而言，基本建设与更新改造投资占全社会固定资产投资的比重大概在 56%，所以按基本建设与更新改造投资中分行业的数据之和获得的交通、邮电、教育等基础设施投资存在一定的漏算现象。然而，由于按管理渠道分的房地产开发投资主要用于房地产业，其他投资占全社会固定资产投资的比重大概在 24%—30%，而且这些投资中用于交通邮电、教育等基础设施投资的比重很小，从图 6.5 中可以看到，1998—2003 年由基本建设与更新改造投资中分行业的数据之和获得的交通邮电、教育等基础设施投资占全社会固定资产投资的比重与 2004—2011 年交通邮电、教育等基础设施投资占全社会固定资产投资的比重基本一致，也就是说在两个不同时期内，交通邮电、教育等基础设施投资占全社会固定资产投资的比重并没有因为《中国统计年鉴》中行业投资统计项目的变化而发生明显的改变，所以，我们用 1998—2003 年基本建设与更新改造投资中，交通、运输、仓储和邮电通信业、教育投资的和构成了交通邮电、教育等基础设施投资。

表 6.9　　　　基本建设与更新改造投资占全社会固定资产投资的比重　　　（年/%）

1997	1998	1999	2000	2001	2002	2003
55.49	57.85	56.74	56.31	55.74	56.13	56.75

数据来源:《中国统计年鉴（1998—2004 年)》的相关数据计算。

4. 投资价格指数的确定

在《中国统计年鉴》中可以直接获得 1992 年以来以上年 = 100 的各地区固定资产投资价格指数，然后以 1998 年价格指数为 100 进行折算，就可以获得以 1998 年为基期的 1999—2011 年各地区各类固定资产投资指数。

5. 资本存量估算

将上文获得的以 1998 年为基期的各地区各类资本存量、折旧率和实际固定资本投资代入式（6.14）就可以获得各地区各类资本存量。

从图 6.6—图 6.8 可以看到，1998 年以来我国各地区总资本存量、交通邮电资本存量、教育资本存量均得到了极大的增加，扣除价格因素，2011 年全国总资本存量、交通邮电资本存量、教育资本存量分别是 1998 年的 6.7 倍、5 倍、5 倍。同时我们也看到东部与中西部间在总量、人均、地均等资本存量上存在很大差距，如东部与西部总资本存量、交通邮电资本存量、教育资本存量的相对差距由 1998 年的 2.99 倍、2.09 倍、2.66 倍分别减小到 2011 年的 2.45 倍、1.81 倍、1.75 倍，但绝对差距由 1998 年的 5.11 万亿元、0.44 万亿元、0.11 万亿元增加到 2011 年的 28.04 万亿元、1.82 万亿元、0.31 万亿元。也就是说，东、西部各类资本存量在总量、人均量、地均量上的相对差距在缩小而绝对差距在扩大。

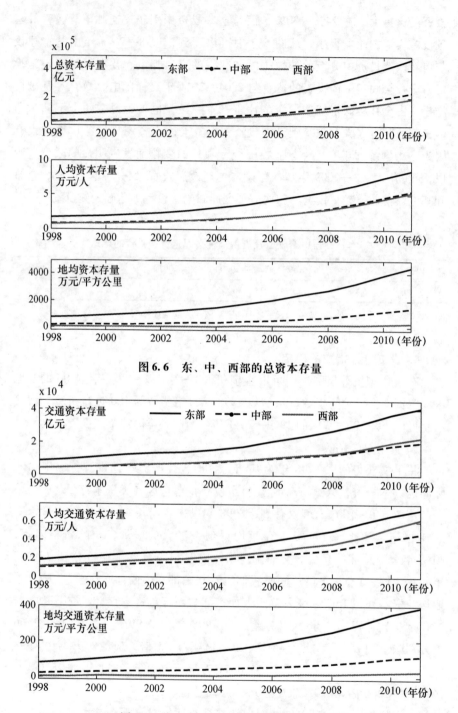

图 6.6　东、中、西部的总资本存量

图 6.7　东、中、西部的交通邮电资本存量

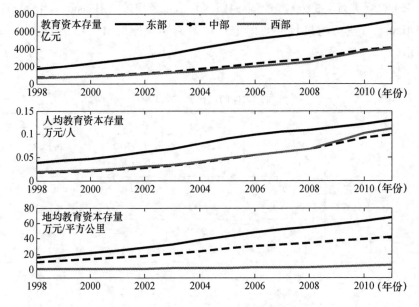

图 6.8 东、中、西部的教育资本存量

（三）劳动力投入

采用我国各省、市、区的就业人员数量作为劳动投入的指标，数据来源于各年的《中国统计年鉴》。由于统计年鉴中并没有提供 2006 年和 2011 年各省、市、区的就业人员数，所以 2006 年的数据我们采取前两年与后两年平均值，即由 2004 年、2005 年、2007 年、2008 年，4 年就业人员数的平均值计算得到 2006 年的就业人员数；2011 年的数据采用前 4 年人口的平均增长率与 2010 年就业人员数得到，即由 2007—2010 年的数据得到其年平均的就业人员增长率，然后用该增长率乘以 2010 年的就业人员数就可得 2011 年的就业人员数。

三 不考虑空间溢出效应的计量模型估计与分析

在本研究中，我们利用 Matlab（R2011b）软件进行计量分析。对于计量模型式（6.13），我们对中国内地 31 个省、市、区分别按全国、东部、中部和西部地区等进行普通面板数据回归分析。在回归方法上，分别进行混合回归、固定效应回归与随机效应回归，并采取在固定效应回归中不使用聚类稳健标准差时的 F 检验进行固定效应与混合回归的判别，使用 LM 检验进行随机效应与混合回归的判别，使用传统 Hausman 检验与稳健 Hausman 进行随机效应与固定效应的判别。计量回归结果如表 6.10 所示。

表 6.10　　　　　　　　普通面板数据的产出弹性估计结果

变量	全国	东部地区	中部地区	西部地区
trsk	0.2973 ***	0.2875 ***	0.27071 ***	0.1958 ***
	(12.1999)	(7.6366)	(5.2187)	(6.0077)
teachk	0.0707 ***	0.2799 ***	0.1133 ***	0.0799 **
	(3.1178)	(7.2744)	(3.0231)	(2.0700)
vesk	0.4055 ***	0.2137 ***	0.3546 ***	0.4619 ***
	(14.8008)	(4.3808)	(8.1434)	(11.2758)
labor	0.1605 ***	0.6793 ***	0.2068 ***	0.1196 ***
	(5.0824)	(8.9625)	(3.0089)	(4.5193)
常数项			1.2334 **	1.2112 ***
			(2.5090)	(5.9176)
R^2	0.9796	0.9842	0.9814	0.9860
样本数	434	154	112	168
模型类型	FE	FE	RE	RE
Hausman 检验 P 值	0.0000	0.0002	0.2717	inf

　　注：表中各解释变量的数值表示模型的回归系数，括号内的数值表示系数的 t 和 z 检验值；Fe 表示固定效应，Re 表示随机效应，P 表示混合效应；"＊""＊＊""＊＊＊"分别表示 10%、5%、1% 的显著性水平。以后回归估计表中的内容与此相似，不再重复说明。

　　从表 6.10 中可以看到，在各种样本下，交通邮电基础设施、教育基础设施、其他资本投入和劳动力投入的产出弹性均大于 0，且均通过了 5% 的显著性水平检验，于是由表 6.10 中的回归结果并结合式（6.13）可以得到 1998—2011 年我国不同区域省级面板的回归方程：

全国的回归方程为：

$$\ln Y_{it} = 0.297\ln(trsk_{it}) + 0.07\ln(teachk_{it}) +$$
$$(12.19) \qquad\qquad (3.11)$$
$$0.405\ln(vesk_{it}) + 0.16\ln(labor_{it})$$
$$(14.80) \qquad\qquad (5.08) \qquad\qquad\qquad (6.15)$$

东部的回归方程为：

$$\ln Y_{it} = 0.287\ln(trsk_{it}) + 0.279\ln(teachk_{it}) +$$
$$(7.63) \qquad\qquad (7.27)$$
$$0.213\ln(vesk_{it}) + 0.679\ln(labor_{it})$$
$$(4.38) \qquad\qquad (8.96) \qquad\qquad\qquad (6.16)$$

中部的回归方程为：

$$\ln Y_{it} = 1.233 + 0.27\ln(trsk_{it}) + 0.113\ln(teachk_{it}) +$$
$$(2.50) \qquad\quad (5.21) \qquad\qquad (3.02)$$
$$0.354\ln(vesk_{it}) + 0.206\ln(labor_{it})$$
$$(8.14) \qquad\qquad (3.00) \qquad\qquad\qquad (6.17)$$

西部的回归方程为：

$$\ln Y_{it} = 1.211 + 0.195\ln(trsk_{it}) + 0.079\ln(teachk_{it}) +$$
$$(5.91) \qquad\quad (6.00) \qquad\qquad (2.07)$$
$$0.461\ln(vesk_{it}) + 0.119\ln(labor_{it})$$
$$(11.27) \qquad\qquad (4.51) \qquad\qquad\qquad (6.18)$$

其中式（6.15）、式（6.16）采用了个体固定效应的回归方程，每个个体的常数项没有列出。式（6.15）—式（6.18）中各变量前的系数就是要素投入的产出弹性，表明该要素每增加1%时，总产出增加的百分比，如式（6.15）中 $\ln(trsk_{it})$ 前的系数表明，就全国来看，当交通邮电基础设施的资本存量每增加 1% 时，全国的总产出将增加 0.279%。由表 6.10 和式（6.15）—式（6.18）可以看到，首先，交通基础设施在全国的产出弹性为 0.297，并且随着东、中、西部地区而呈下降趋势，这表明发达的交通基础设施对东、中部地区经济增长的推动力大于西部地区，同时也表明落后的交通基础设施水平也许是西部地区经济增长的约束条件之一。

其次，就教育基础设施的产出弹性来看，其在全国的产出弹性仅为 0.07，远低于交通基础设施的产出弹性，其在东部地区的产出弹性达到了 0.279，几乎与交通基础设施对东部地区经济增长的产出贡献接近，这表明我国东部地区的经济增长具有一定的教育科技驱动特征。同时我们也看到，教育基础设施的产出弹性在中、西部地区很低，特别是在西部地区的产出弹性仅为 0.079，这表明中、西部地区面临着教育水平落后、人力资本短缺的困境。

再次，劳动力的产出弹性随着东、中、西部地区呈显著的递减趋势，这似乎与我们日常的感觉不完全一致，因为相对于东部地区而言，我国中、西部地区往往在劳动密集型产业上具有更大优势。在本研究中我们采用了就业人员数量作为劳动投入指标，而不是一些研究中采用的人口数量，由于东部地区的技术水平更高，单位劳动力拥有的资本量更大，所以单位劳动的生产率效率更高，劳动的产出弹性也就越大。

最后，其他资本投入的产出弹性随着东、中、西部地区呈显著的递增趋势，特别是在西部地区的弹性值达到了 0.461，这表明我国西部地区的经济增长具有典型的资本驱动型特征。

四　考虑空间溢出效应的计量模型估计与分析

前文的研究已经说明经济个体的活动不是独立的，而是在一个相互关联的网络中具有相互作用效应。从新经济地理学理论来看，在空间集聚力与分散力的相互作用下生产要素将产生空间流动，从而形成经济活动不同的空间分布格局。上述普通面板的回归分析虽然估计出了不同类型基础设施的产出弹性，但是这个估计过程从本质上而言是相对孤立的，因为估计过程中并没有考虑空间距离（包括绝对地理距离和经济距离）对经济活动的影响。在下文中我们将运用空间计量工具来克服这一不足，并通过建立不同类型的空间计量模型来研究基础设施对经济增长的产出弹性与空间溢出效应。

（一）空间计量模型的构建

空间计量经济学中存在多种模型形式，如空间自回归模型、空间混合自回归模型、空间滞后模型，这几种模型均可以表达为下面的通用形式：

$$\begin{cases} y = \rho W_1 \cdot y + \beta X + \xi \\ \xi = \lambda W_2 \cdot \xi + \varepsilon \\ \varepsilon \sim N(0, \ \sigma^2 I_n) \end{cases} \quad (6.19)$$

其中，y 是被解释变量，X 是解释变量，W_1 和 W_2 是两个分别与因变量和干扰项相关的空间权重矩阵。这种形式的空间计量模型只考察了因变量或者随机扰动项的空间依赖性。同时 Lesage 和 Pace（2010）提出了空间面板 Durbin 模型：

$$y_{it} = \alpha_i + \beta X_{it} + \gamma Z_{it} + \rho \sum_{j=1}^{n} w_{ij} X_{jt} + \mu_{it} + \lambda_{it} + \varepsilon_{it} \quad (6.20)$$

其中，X 为考虑空间溢出效应的解释变量，Z 为其他控制变量。该模型的优点在于排除了空间自相关误差项，而包含空间滞后解释变量、被解释变量的模型。在绝大多数情况下能够给出无偏差的系数估计，这和空间 Durbin 模型引入空间滞后解释变量密切相关，误差项的空间自相关来源于遗失变量的空间自相关。

因为本节的目的在于研究不同类型的基础设施投入对经济的产出弹性与其空间溢出效应，所以我们结合式（6.13）、式（6.15）、式（6.16）分别构建以下三种空间计量模型：

1. 空间混合自回归（SAR）模型

$$\begin{aligned} \ln Y_{it} = \alpha_0 + \alpha_1 \ln (trsk_{it}) + \\ \alpha_2 \ln (teachk_{it}) + \alpha_3 \ln (vesk_{it}) + \\ \alpha_4 \ln (labor_{it}) + \rho W \cdot Y_{it} + \varepsilon_{it} \end{aligned} \quad (6.21)$$

2. 空间滞后（SEM）模型

$$\ln Y_{it} = \alpha_0 + \alpha_1 \ln (trsk_{it}) + \alpha_2 \ln (teachk_{it}) + \alpha_3 \ln (vesk_{it}) + \alpha_4 \ln (labor_{it}) + \lambda W \cdot \xi_{it} + \varepsilon_{it} \tag{6.22}$$

3. 空间 Durbin 模型

$$\ln Y_{it} = \alpha_0 + \alpha_1 \ln (trsk_{it}) + \alpha_2 \ln (teachk_{it}) + \alpha_3 \ln (vesk_{it}) + \alpha_4 \ln (labor_{it}) + \alpha_5 W \cdot \ln (trsk_{it}) + \alpha_6 W \cdot \ln (teachk_{it}) + \varepsilon_{it} \tag{6.23}$$

其中各符号的含义与式（6.13）相同。

在本章第一节我们已经构建了 6 种空间权重矩阵，而且我们也看到地理空间距离意义的空间权重矩阵（W_{0-1} 和 W_{dis}）、经济距离意义下的空间权重矩阵（W_{pgdp} 和 W_{peop}）下的 Moran 指数 I 能通过显著性水平检验。同时，在 1998—2011 年间各年经济距离意义下的空间权重矩阵（W_{pgdp} 和 W_{peop}）并不完全相同，于是我们选择中间年份 2004 年的数据来构造空间权重矩阵 W_{pgdp}、W_{peop}。以下我们将基于 W_{0-1}、W_{dis}、W_{pgdp}、W_{peop} 四种空间权重矩阵在式（6.21）—式（6.23）所示的模型下分别进行空间计量模型回归。

（二）模型的估计与分析

运用 Matlab（R2011b）软件进行计量分析。对于空间自回归（SAR）模型、空间误差（SEM）模型和空间 Dubin 模型分别按全国、东部、中部和西部地区等进行回归估计。在回归方法上，SAR 与 SEM 模型估计的可靠性利用最大似然（log-likelihood）统计量进行检验，并利用 LM 统计量进行混合回归、固定效应回归与随机效应回归的判断，对于 Dubin 模型运用 Hausman 检验进行回归模型的判别。计量结果如表 6.12—表 6.15 所示。

首先，交通邮电基础设施的产出弹性在各类样本情形下均为正且分别通过了 1%、5% 和 10% 的显著性水平检验，这表明交通邮电基础设施的资本形成对地区经济增长具有显著的促进作用。而且在引入空间关联效应后，各类样本下交通邮电基础设施的产出弹性有所减小，如不考虑空间效应时全国交通邮电基础设施的产出弹性为 0.297，而考虑空间效应后，不同的空间权重下，全国交通邮电基础设施的产出弹性在 0.098—0.267，远低于 Aschauer（1989）、Wylie（1995）等学者提出的弹性系数。就分地区来看，考虑空间效应后，东部地区交通邮电基础设施的产出弹性在 0.042—0.457，中部地区交通邮电基础设施的产出弹性在 0.041—0.353，西部地区交通邮电基础设施的产出弹性在 0.146—0.216，而且东部与中部地区交通邮电基础设施产出弹性的波动幅度较大，西部地区交通邮电基础设施产出弹性的波动幅度较小。总体来看，空间关联效应的引入整体上降低了交通邮电基础设施的产出弹性，但并没有改变交通邮电基础设施的产出弹性随着东、中、西部地区而逐渐递减的趋向。

其次，教育基础设施与劳动力的产出弹性受空间关联效应的影响较大。在未考虑空间因素时，教育基础设施与劳动力的产出弹性均显著为正；当考虑空间因素后，只有东部地区教育基础设施与劳动力的产出弹性显著为正，而其他样本条件下，在不同的空间权重矩阵下教育基础设施与劳动力产出弹性的结果变化较大，且很不稳定。如全国样本下，未考虑空间因素时，教育基础设施的产出弹性显著为正，虽然其弹性值仅为 0.07，而当考虑空间因素时，在不同空间权重矩阵和回归模型中，教育基础设施的产出弹性在多数情形下呈显著的负相关关系；中部地区教育基础设施的产出弹性在正负之间呈不稳定的变化状态；西部地区教育基础设施的产出弹性在多数空间权重情形下显著为负。

不考虑估计系数不显著时的情形，在考虑空间因素后，全国劳动力的产出弹性在 0.022—0.243；东部地区劳动力的产出弹性在 0.127—0.463，相对未考虑空间因素而言，其产出弹性大幅度地下降，由于在式（6.16）中各要素的系数之和远大于 1，所以引入空间因素后的劳动力产出弹性更接近于真实情况；中部地区劳动力的产出弹性在 0.079—0.466，西部地区劳动力的产出弹性在 0.051—0.176。

为了进一步研究教育基础设施对各地区经济增长的产出弹性，我们计算出 1998—2011 年我国各省市区 1998 年为基期的人均教育资本存量（见表 6.11）。从表中可见，总体而言，从人均教育资本存量的绝对水平来看，2011 年东部地区的水平最高，西部地区次之，中部地区最小，而从增长情况来看，1998—2011 年中、西部地区人均教育资本存量的增长幅度远高于东部地区。本研究认为由于东部地区的人均教育资本存量长期处于较高水平，其对经济增长具有稳定的推动作用；中部地区虽然其人均教育基础设施水平较低，但由于受到东部地区教育基础设施的扩散效应，部分弥补了其教育基础设施不足的约束；西部地区不但教育基础设施水平较低，而且在市场机制的推动下，技术人才不断向东部地区流动，致使其教育基础设施对经济的推动作用下降。

表 6.11　　各省、市、区以 1998 年为基期的人均教育资本存量 （年份/万元）

	省区	1998	2002	2006	2011	2011/1998
东部	北京	0.2219	0.2657	0.2704	0.2527	1.14
	天津	0.0562	0.0992	0.1694	0.194	3.45
	河北	0.0195	0.0377	0.069	0.0945	4.85
	辽宁	0.0262	0.0403	0.0792	0.1369	5.23
	上海	0.1295	0.1828	0.1973	0.1646	1.27
	江苏	0.0336	0.0588	0.0928	0.1236	3.68
	浙江	0.0376	0.0893	0.126	0.1377	3.66
	福建	0.0261	0.0401	0.0786	0.14	5.36
	山东	0.0213	0.0347	0.0803	0.119	5.59
	广东	0.0356	0.0475	0.0874	0.115	3.23
	海南	0.0505	0.056	0.0786	0.1115	2.21
中部	山西	0.0168	0.027	0.0453	0.1216	7.24
	吉林	0.0241	0.0456	0.0768	0.1185	4.92
	黑龙江	0.0214	0.0361	0.0626	0.0936	4.37
	安徽	0.0122	0.02	0.0423	0.101	8.28
	江西	0.0108	0.0193	0.0631	0.1043	9.66
	河南	0.0134	0.0203	0.0476	0.0952	7.10
	湖北	0.0205	0.036	0.0659	0.1043	5.09
	湖南	0.0216	0.0296	0.0497	0.0738	3.42

续表

省区	1998	2002	2006	2011	2011/1998
内蒙古	0.0186	0.0286	0.0582	0.1569	8.44
广西	0.0167	0.023	0.0412	0.1095	6.56
重庆	0.0218	0.0408	0.0829	0.1425	6.54
四川	0.0189	0.0314	0.0555	0.1097	5.80
贵州	0.0081	0.0136	0.0294	0.0545	6.73
云南	0.0172	0.025	0.0393	0.0962	5.59
西藏	0.0535	0.0776	0.1429	0.1869	3.49
陕西	0.0213	0.0382	0.0852	0.1539	7.23
甘肃	0.0114	0.0206	0.0465	0.0836	7.33
青海	0.0275	0.0376	0.0548	0.1349	4.91
宁夏	0.0219	0.0358	0.0718	0.1512	6.90
新疆	0.0324	0.0467	0.0661	0.0992	3.06

(西部)

再次，其他资本存量的产出弹性在各类样本情形下均为正且分别通过了1%、5%和10%的显著性水平检验，这表明我国目前各地区的经济增长均具有显著的投资驱动特征。在引入空间关联效应后，全国其他资本的产出弹性在0.220—0.454，东部地区其他资本的产出弹性在0.105—0.303，中部地区其他资本的产出弹性在0.107—0.458，而且在这三个样本下产出弹性表现出一定的下降趋势；西部地区其他资本的产出弹性在0.340—0.777，表现出明显的上升趋势，这表明，在考虑空间因素后，西部地区的经济增长对投资的依赖性更强。

最后，从基础设施的空间溢出效应来看，不同类型的基础设施在不同的空间权重矩阵和不同地区样本下具有不同的空间溢出效应。就交通邮电基础设施的空间溢出效应而言，只有在东部地区的任何空间权重矩阵下，交通邮电基础设施均具有显著的空间溢出效应；在全国样本下，交通邮电基础设施在 W_{01} 和 W_{pgdp} 空间权重矩阵下具有显著的空间溢出效应，而在 W_{dis} 和 W_{peop} 空间权重矩阵下没有显著的空间溢出效应；在中部和西部地区，在不同的空间权重矩阵下，W_{trsk} 的系数在与显著性很不稳定。所以整体而言，可以确定在东部地区交通邮电基础设施具有显著的空间溢出效应，而在全国和中部、西部地区不能确定交通邮电基础设施是否具有空间溢出效应。

表6.12　全国样本的空间计量估计结果

	W_{01}			W_{dis}			W_{gdp}			W_{pop}		
	Dubin	SAR	SEM	Dubin	SAR	SEM	Dubin	SAR	SEM	Dubin	SAR	SEM
交通邮电	0.1882*** (9.4481)	0.1492*** (8.6887)	0.2676*** (11.1261)	0.1393*** (5.7632)	0.0995*** (6.4704)	0.0974*** (6.5647)	0.1734*** (9.3394)	0.1426*** (8.9525)	0.1412*** (10.7874)	0.1427*** (5.8631)	0.1066*** (6.59301)	0.1009*** (6.7029)
教育	−0.0603*** (−3.0153)	−0.0052 (−0.3421)	0.0289 (1.1769)	−0.0386 (−1.6606)	−0.0208 (−1.5570)	−0.0831*** (−5.4857)	−0.0434** (−2.4901)	−0.0048 (−0.3438)	−0.0631*** (−4.8766)	0.0044 (0.1995)	−0.0079 (−0.5583)	−0.0749*** (−4.8835)
其余资本	0.2964*** (13.4820)	0.2322*** (10.9358)	0.4543*** (15.4973)	0.3962*** (14.0508)	0.2060*** (10.8687)	0.26860*** (13.7871)	0.2835*** (13.9021)	0.2289*** (11.7419)	0.2643*** (16.0123)	0.3452*** (12.5653)	0.2203*** (11.1252)	0.2696*** (13.8136)
劳动力	0.0823*** (3.3879)	0.1099*** (7.4794)	0.0919*** (3.3402)	0.2438*** (10.4416)	0.0519*** (3.4806)	−0.0056 (−0.3459)	0.0609** (2.6548)	0.0890*** (5.7820)	0.0224 (1.3938)	0.2416*** (10.2931)	0.0730*** (4.9941)	−0.0265 (−1.5037)
W_{trk}	0.1432*** (5.1716)			−0.0829 (−1.6142)			0.1005*** (3.4455)			0.0529 (1.2270)		
W_{teachk}	0.2381*** (9.0162)			0.3471*** (8.2056)			0.2972*** (10.8566)			0.2298*** (6.4773)		

续表

	W_{01} Dubin	W_{01} SAR	W_{01} SEM	W_{dis} Dubin	W_{dis} SAR	W_{dis} SEM	W_{jgdp} Dubin	W_{jgdp} SAR	W_{jgdp} SEM	W_{prop} Dubin	W_{prop} SAR	W_{prop} SEM
ρ		0.5019***(22.1480)			0.6269***(28.8615)			0.5279***(24.5402)			0.5879***(27.0883)	
λ			0.4419***(8.3648)			0.9739***(198.1294)			0.9739***(222.3118)			0.9779***(260.0753)
常数项				0.9209***(5.3937)						0.8598***(4.9173)		
R^2	0.9884	0.9984	0.9964	0.9843	0.9988	0.9337	0.9898	0.9987	0.9473	0.9835	0.9987	0.9359
log-likelihood		593.512	574.021		649.112	786.442		624.309	781.167		624.566	730.953
LM test		2286.489	43.782		7890.126	1839.216		6659.690	238.687		139.264	102.794
LM P		0.000	0.000		0.000	0.000		0.000	0.000		0.000	0.000
模型类型	FE	RE	FE	RE	RE	FE	FE	RE	FE	RE	RE	FE

表6.13　东部样本的空间计量估计结果

	W_{01}			W_{du}			W_{gdp}			W_{pop}		
	Dubin	SAR	SEM	Dubin	SAR	SEM	Dubin	SAR	SEM	Dubin	SAR	SEM
交通邮电	0.1190*** (2.7087)	0.1198*** (4.2308)	0.0424** (2.0611)	0.0591* (1.9061)	0.0901*** (3.3922)	0.2299*** (6.8397)	0.1172*** (2.9892)	0.4572*** (8.8848)	0.3365*** (9.0119)	0.1597*** (3.9298)	0.0716*** (2.9936)	0.3351*** (9.2156)
教育	0.2254*** (4.6678)	0.1220*** (4.6717)	0.0299 (1.1506)	0.1536*** (4.1924)	0.1048*** (4.2328)	0.3249*** (13.8563)	0.2221*** (5.8336)	0.2539*** (5.1304)	0.1910*** (4.5858)	0.2327*** (5.8532)	0.1190*** (5.2697)	0.1796*** (4.3632)
其余资本	0.1098*** (1.9820)	0.1802*** (5.4283)	0.1041*** (3.3366)	0.1054** (2.2970)	0.1449*** (4.6692)	0.1992*** (5.0950)	0.1357*** (3.0395)	0.3287*** (4.9092)	0.3030*** (5.8170)	0.1379*** (2.7041)	0.1219*** (4.1355)	0.3173*** (6.3103)
劳动力	0.4346*** (5.4443)	0.1774*** (5.2428)	0.1274*** (2.7979)	0.2262*** (3.5095)	0.1530*** (4.6464)	0.8585*** (12.2714)	0.4631*** (11.5557)	0.4192*** (12.6231)	0.3314*** (14.3214)	0.4535*** (11.0139)	0.1248*** (4.4149)	0.3246*** (14.2014)
W_{trsk}	0.3047*** (4.3576)			0.4132*** (7.5786)			0.3085*** (5.5218)			0.2606*** (4.7427)		
W_{teachk}	0.1053*** (2.4961)			0.1930*** (5.3646)			0.0797** (2.0081)			0.0671* (1.8215)		
ρ		0.4979*** (13.6644)			0.5889*** (16.2405)			-0.2361*** (-4.2019)			0.6299*** (20.7379)	

续表

	W_{01}			W_{dis}			W_{gdp}			W_{peop}		
	Dubin	SAR	SEM	Dubin	SAR	SEM	Dubin	SAR	SEM	Dubin	SAR	SEM
λ			-0.4469*** (-6.1001)			-0.8069*** (-4.6553)			0.1650 (1.4644)			0.2388** (2.5261)
常数项							-0.7690*** (-3.2106)			-0.6316*** (-2.6148)		
R^2	0.9891	0.9982	0.9989	0.9932	0.9984	0.9960	0.9890	0.9927	0.9953	0.9868	0.9986	0.9955
log-likelihood		221.292	327.626		235.148	221.856		NaN	175.534		240.560	178.083
LM test		1911.165	15.920		2188.141	12.056		7.032	3.757		287.888	29.677
LM P		0.000	0.000		0.000	0.001		0.008	0.053		0.000	0.000
模型类型	FE	RE	个体时点 FE	FE	RE	FE	RE	RE	RE	RE	RE	RE

表 6.14 中部样本的空间计量估计结果

	W_{01}			W_{dis}			W_{gdp}			W_{pop}		
	Dubin	SAR	SEM	Dubin	SAR	SEM	Dubin	SAR	SEM	Dubin	SAR	SEM
交通邮电	0.2532*** (4.4023)	0.3257*** (4.8962)	0.3088*** (6.2031)	0.1981*** (3.2539)	0.0965*** (4.7240)	0.2796*** (5.4227)	0.1593*** (5.2123)	0.1053*** (4.5195)	0.3531*** (7.1663)	0.1033*** (4.2668)	0.0863*** (4.3008)	0.0417*** (2.9318)
教育	0.2397*** (4.5559)	0.1280*** (2.6896)	0.116531*** (3.4671)	0.2315*** (4.2854)	-0.0048 (-0.3499)	0.1184*** (3.3113)	0.0063 (0.2876)	0.0009 (0.0621)	0.0771 (1.1121)	-0.0283 (-1.5606)	-0.0077 (-0.5686)	-0.0718*** (-6.4574)
其余资本	0.4116*** (7.2401)	0.4402*** (7.4553)	0.3151*** (8.0104)	0.4587*** (7.3493)	0.1154*** (5.5403)	0.3328*** (7.9735)	0.2193*** (7.7163)	0.1350*** (5.6909)	0.5354*** (5.7611)	0.1721*** (7.2542)	0.1075*** (5.2200)	0.1768*** (10.9468)
劳动力	0.1698*** (5.9250)	0.4662*** (15.2557)	0.3658*** (20.7097)	0.1751*** (5.3327)	0.0821*** (4.0131)	0.3787*** (20.3807)	-0.1198 (-0.9614)	0.1074*** (4.7594)	0.1061*** (3.2233)	0.4043*** (5.9507)	0.0792*** (4.4945)	0.1897*** (2.7744)
W_{trak}	-0.1568** (-2.6194)			-0.3828*** (-3.6659)			0.2872*** (6.5328)			0.1528*** (3.9745)		
W_{teachk}	-0.0335 (-0.5195)			0.1539 (1.5982)			0.1427*** (4.4558)			0.3655*** (11.3912)		
ρ		-0.2361*** (-5.4208)			0.7219*** (25.6762)			0.6699*** (20.7703)			0.7479*** (27.5010)	

续表

	W_{01}			W_{dis}			W_{gdp}			W_{pop}		
	Dubin	SAR	SEM	Dubin	SAR	SEM	Dubin	SAR	SEM	Dubin	SAR	SEM
λ		-0.1780 (-1.9337)				-0.0931 (-0.6168)			-0.5029*** (-5.5312)			0.9849*** (358.4944)
常数项	1.7388*** (6.9014)			2.2687*** (6.8086)						0.2302 (0.4909)		
R^2	0.9702	0.9810	0.9890	0.9685	0.9984	0.9885	0.9947	0.9979	0.9615	0.9967	0.9985	0.6431
log-likelihood		NaN	136.404		219.805	135.072		202.443	95.116		221.952	249.931
LM test		41.636	16.201		367.030	13.837		35.745	9.969		293.691	112.057
LM P		0.000	0.000		0.000	0.000		0.000	0.002		0.000	0.000
模型类型	RE	RE	RE	RE	RE	RE	FE	RE	时点FE	RE	RE	FE

表 6.15　西部样本的空间计量估计结果

	W_01			W_dis			W_gdp			W_prop		
	Dubin	SAR	SEM	Dubin	SAR	SEM	Dubin	SAR	SEM	Dubin	SAR	SEM
交通邮电	0.1818*** (6.0901)	0.1904*** (9.8913)	0.1469*** (5.8086)	0.1726*** (5.3091)	0.1646*** (8.6159)	0.2168*** (4.3201)	0.1874*** (8.1112)	0.1736*** (9.2771)	0.2292*** (15.7060)	0.1529*** (5.3438)	0.1669*** (8.2088)	0.1859*** (3.2357)
教育	0.0254 (0.6267)	−0.0969*** (−3.9346)	0.0611** (2.1647)	0.0363 (0.8860)	−0.0674*** (−2.8474)	0.0239 (0.6730)	0.0283 (0.9937)	−0.0678*** (−2.9783)	−0.1149*** (−6.4116)	0.0227 (0.6226)	−0.0531** (−2.1215)	0.0239 (0.6782)
其余资本	0.4476*** (11.1039)	0.3512*** (13.3003)	0.5030*** (15.6319)	0.4323*** (11.0108)	0.3511*** (13.8799)	0.7495*** (21.1490)	0.3849*** (13.6450)	0.3515*** (14.3890)	0.3402*** (16.6668)	0.4242*** (12.2408)	0.3744*** (14.1411)	0.7775*** (17.9299)
劳动力	0.0766*** (2.9933)	0.0001 (0.0081)	−0.0251 (−1.3157)	0.1201*** (4.6185)	−0.0064 (−0.3839)	0.1704*** (8.0030)	0.0517*** (2.6113)	0.0010 (0.0626)	0.0120 (0.9742)	0.0667*** (2.7992)	−0.0021 (−0.1193)	0.1760*** (8.4784)
W^{trsk}	0.1132** (2.3726)			−0.1484** (−1.9752)			−0.2038*** (−5.7853)			−0.0622 (−1.1099)		
W^{teacsk}	−0.0095 (−0.1560)			0.2262*** (3.2531)			0.3327*** (10.3308)			0.2036*** (4.1516)		
ρ		0.4149*** (13.2065)			0.4059*** (13.8140)			0.4009*** (14.3983)			0.3509*** (11.9501)	

续表

	W_{01}			W_{du}			W_{pgdp}			W_{peop}		
	Dubin	SAR	SEM	Dubin	SAR	SEM	Dubin	SAR	SEM	Dubin	SAR	SEM
λ			0.5669*** (8.6337)			-0.9899*** (-4.5387)			0.9529*** (118.9034)			-0.7929*** (-6.3216)
常数项	1.2776*** (5.4564)			1.7087*** (6.2315)			2.3743*** (13.4412)			1.8932*** (7.8456)		
R^2	0.9890	0.9991	0.9981	0.9877	0.9991	0.9872	0.9938	0.9992	0.9712	0.9903	0.9990	0.9872
log-likelihood		273.525	293.644		277.681	133.073		280.847	347.842		266.972	123.454
LM test		3058.763	52.442		6331.349	20.888		3077.498	224.753		5192.036	12.203
LM P		0.000	0.000		0.000	0.000		0.000	0.000		0.000	0.000
模型类型	RE	RE	FE	RE	RE	时点FE	RE	RE	FE	RE	RE	时点FE

就教育基础设施的空间溢出效应而言，在全国和东部地区 W_{teachk} 的系数均为正且通过了显著性水平检验，这表明教育基础设施在全国和东部地区具有显著的空间溢出效应；在中部和西部地区，W_{teachk} 的系数虽然不全为正，但所有通过显著性水平检验的系数值均为正，这说明在中、西部地区虽然不能完全确定教育基础设施是否具有显著的空间溢出效应，但可以肯定教育基础设施并不会导致空间集聚效应。所以从空间溢出效应而言，相对于形成实物的交通邮电基础设施，能够形成软实力的教育基础设施更易于形成空间溢出效应。

第三节　基础设施与全要素生产率的空间计量分析

冰山型交易成本的引入是新经济地理学的一个重要内容，同时交易成本的变化对经济活动空间分布的影响也是新经济地理学研究的重要内容，从近年来的主体文献中我们也观察到基础设施的外溢及其对全要素生产率水平的提升效应是经济学研究的热点问题之一。Barro（1990）用政府对基础设施投资对私人资本的溢出效应来解释不同地区经济增长的长期持续性和差异化；Aschauer（1989）、Fernald（1999）的研究表明美国交通基础设施改善对其全要素生产率的提升具有显著的正向效应；Everaert 和 Heylen（2001）、Bronzini 和 Piselli（2009）等学者的研究也表明支持基础设施对地区生产绩效具有积极的影响。一些国内学者利用相关理论和我国的数据进行的研究也发现我国交通基础设施对全要素生产率也具有显著的促进作用（刘秉廉等，2010；张先锋等，2010；刘生龙和胡鞍钢，2010）。张浩然、衣保中（2012）运用我国 266 个城市 2003—2009 年的空间面板杜宾模型研究了基础设施的空间外溢效应与全要素生产率的关系，结果表明不同类型的基础设施对全要素生产率的作用并不相同。本节我们将利用不同的空间面板数据模型从省域层面来检验我国的基础设施与全要素生产率之间的关系。

一 模型设定

(一) 全要素生产率 TFP 的测算

在本章第二节中我们推导得到了考虑不同基础设施时的 C—D 型生产函数。显然式 (6.12) 中的 A 表示技术水平, 也就是全要素生产率 TFP, 于是可以通过索洛余值法来估算 TFP (许和连等, 2006; 李国璋等, 2010)。具体而言就是首先通过计量式 (6.13) 估计出系数 α_1、α_2、α_3、α_4, 然后将其代入下式:

$$TFP = \ln Y - \alpha_1 \ln (trsk) - \alpha_2 \ln (teachk) - \alpha_3 \ln (vesk) - \alpha_4 \ln (labor)$$

$$(6.24)$$

就可以测算出 TFP (如图 6.9 和表 6.16 所示), 也就是剔除了劳动力与物质资本贡献之后的残差。从图 6.9 和表 6.16 可以看到, 首先, 1998—2011 年我国各省市区的全要素生产率总体上呈上升趋势, 虽然西藏、贵州等一部分省份具有明显的下降趋向。其次, 我国各地区的全要素生产率水平差距较大, 而且东部、中部地区的全要素生产率水平明显高于西部地区, 如江苏 1998—2011 年平均的全要素生产率水平是西藏的 7.36 倍, 是青海和宁夏的 3 倍多。

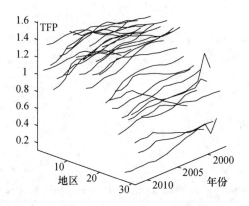

图 6.9 各地区 1998—2011 年的全要素生产率

表 6.16　　　　　　　　各地区 1998—2011 年平均全要素生产率

北京	0.9722	浙江	1.2499	海南	0.7609
天津	1.2398	安徽	1.1785	重庆	0.8906
河北	1.2036	福建	1.3433	四川	1.0492
山西	0.9618	江西	1.0744	贵州	0.6373
内蒙古	1.0596	山东	1.4800	云南	0.8852
辽宁	1.3236	河南	1.2301	西藏	0.2006
吉林	1.1588	湖北	1.3290	陕西	0.8322
黑龙江	1.3248	湖南	1.2005	甘肃	0.9214
上海	1.4085	广东	1.4554	青海	0.4779
江苏	1.4766	广西	1.0361	宁夏	0.4405
				新疆	0.8418

（二）计量模型设定

在得到全要素生产率后，以其为被解释变量，根据第二节中关于新古典模型和空间计量模型的讨论，在一定的控制变量下建立不同形式的估计模型。

1. 新古典模型

$$TFP_{it} = \alpha_0 + \alpha_1 twor_{it} + \alpha_2 twor_{it}^2 + \alpha_3 thrr_{it} + \alpha_4 thrr_{it}^2 + \alpha_5 stud_{it} +$$
$$\alpha_6 gov_{it} + \alpha_7 urban_{it} + \alpha_8 trade_{it} + \alpha_9 road_{it} + \alpha_{10} rail_{it} + \alpha_{11} pass_{it} +$$
$$\alpha_{12} power_{it} + \varepsilon_{it} \tag{6.25}$$

2. 空间 Dubin 模型

$$TFP_{it} = \alpha_0 + \alpha_1 twor_{it} + \alpha_2 twor_{it}^2 + \alpha_3 thrr_{it} + \alpha_4 thrr_{it}^2 + \alpha_5 stud_{it} +$$
$$\alpha_6 gov_{it} + \alpha_7 urban_{it} + \alpha_8 trade_{it} + \alpha_9 road_{it} + \alpha_{10} rail_{it} + \alpha_{11} pass_{it} +$$
$$\alpha_{12} power_{it} + \alpha_{13} W \cdot twor_{it} + \alpha_{14} W \cdot thrr_{it} + \varepsilon_{it} \tag{6.26}$$

3. 空间混合自回归模型

$$TFP_{it} = \alpha_0 + \rho W \cdot TFP_{it} + \alpha_1 twor_{it}^2 + \alpha_2 twor_{it}^2 + \alpha_3 thrr_{it} +$$
$$\alpha_4 thrr_{it}^2 + \alpha_5 stud_{it} + \alpha_6 gov_{it} + \alpha_7 urban_{it} + \alpha_8 trade_{it} +$$
$$\alpha_9 road_{it} + \alpha_{10} rail_{it} + \alpha_{11} pass_{it} + \alpha_{12} power_{it} + \varepsilon_{it} \qquad (6.27)$$

4. 空间误差模型

$$TFP_{it} = \alpha_0 + \alpha_1 twor_{it} + \alpha_2 twor_{it}^2 + \alpha_3 thrr_{it} + \alpha_4 thrr_{it}^2 + \alpha_5 stud_{it} +$$
$$\alpha_6 gov_{it} + \alpha_7 urban_{it} + \alpha_8 trade_{it} + \alpha_9 road_{it} + \alpha_{10} rail_{it} + \alpha_{11} pass_{it} +$$
$$\alpha_{12} power_{it} + \lambda W \cdot \zeta_{it} + \varepsilon_{it} \qquad (6.28)$$

（三）变量说明

1. 产业结构指标

随着科技水平的不断提升和产业结构的不断调整、升级，全要素生产率水平总体将呈现出不断上升的趋势。但是由于产业的调整是个非常复杂的过程，根据配第一克拉克定理，随着经济的发展和人均国民收入水平的提高，第一产业的产值比重和劳动力比重会逐渐下降；第二产业的产值比重和劳动力比重会上升；随着经济进一步发展，生产要素又会向第三产业流动；第三产业的产值比重和劳动力比重会上升，而第二产业的产值比重和劳动力比重下降，由此可见，产业结构的变化与全要素生产率水平在不同的经济阶段具有不同的特征。本研究以第二产业、第三产业的产值比重 $twor$ 和 $thrr$ 作为产业结构的度量指标，由于在对 $twor$、$thrr$ 与 TFP 关系的研究中发现，$twor$、$thrr$ 与 TFP 间呈非线性关系，所以在模型中选择了 $twor$ 和 $thrr$ 的二次型结构，即第二产业产值比重的平方 $twor^2$ 和第三产业产值比重的平方 $thrr^2$。

2. 人力资本指标

Schultz（1961）认为人力资本是指投资与劳动者本身以期在未来获得收益的一种投资行为。吴玉鸣（2005）认为可以用 4 个方法来测度人力资本水平：劳动者接受学校教育年限、每万人在校中学生人数、入学率和教育经费占 GDP 或财政支出的比重等。本研究认为，高等教育水平往往决定着一个地区的科技实力，高等院校与地方政府、企业间的互动与联系对地区经济增长具有正向作用，所以本书选取万人在校大学生数量 *stud* 来衡量人力资本。

3. 制度环境的基础设施指标

在新经济地理学中，交易成本是个广义的概念，Spulber（2007）指出不同的风俗、政治和法律环境等均会影响到交易成本，所以地区的制度环境往往影响经济活力。本研究选择以下 3 个变量度量制度环境：

政府购买支出占 GDP 的比重（*gov*）：一般而言，一个地区的政府规模越庞大，其对经济的干预程度就越高，该地区的市场化水平也就相应较低、企业的活力水平也较弱，从而其全要素生产率水平也就较低。本研究选择政府购买支出占 GDP 的比重来度量政府对经济的干预程度，从理论上而言，该指标的系数应当为负。

城市化水平（*urban*）：城市化水平越高的地区，人口规模与市场规模也越大，所以企业也往往具有向城市地区集聚的倾向。由于频繁的企业活动必然有利于全社会技术水平的提升，所以城市化水平应当有利于全要素生产率水平的提升。

进出口总额占 GDP 的比重（*trade*）：一个地区越是开放，就越是能够与外部产生多样化的交流，也就有利于区域全要素生产率水平的提升。

4. 物质基础设施指标

根据 Rosenstein Rodan（1943）、Walt Rostow（1959）等发展经济学理论，发达地区物质基础设施水平是经济增长的重要先决条件。在新经济地理学中，物质基础设施水平与交易成本是直接相关的，自 Krugman（1991）以来众多的新经济地理学文献围绕着交易成本来讨论经济活动的空间分布。一般而言，一个地区的物质基础设施水平越高，其交易成本就越低，经济活动也就越频繁，这是有利于全要素生产率水平提升的。在本研究中，我们选取等级公路密度（*road*）、运营铁路密度（*rail*）、地均旅客周转量（*pass*）、地均电力消费量（*power*）4 项指标来度量物质基础设施水平。

二　空间权重矩阵选择

在本章第一节中我们曾计算了地理空间距离意义的空间权重矩阵（W_{0-1} 和 W_{dis}）、经济距离意义下的空间权重矩阵（W_{pgdp} 和 W_{peop}）、基础设施水平意义下的空间权重矩阵（W_{road} 和 W_{rail}）等各种不同空间权重矩阵下的

表6.17　不同空间权重矩阵时 TFP 的 Moran 指数 I 及检验值

年份	W_{01}			W_{dis}			W_{pgdp}		
	MoranI	z	P	MoranI	z	P	MoranI	z	P
1998	0.3523	2.9753	0.0029	0.0932	2.8749	0.0040	0.0552	1.0569	0.2906
1999	0.2956	2.5456	0.0109	0.0734	2.4311	0.0151	0.0270	0.5649	0.5721
2000	0.4251	3.5398	0.0004	0.1245	3.5889	0.0003	0.0872	1.0628	0.2879
2001	0.4350	3.6191	0.0003	0.1305	3.7262	0.0002	0.1320	1.6107	0.1072
2002	0.4360	3.6281	0.0003	0.1323	3.7689	0.0002	0.1813	1.7737	0.0761
2003	0.4288	3.5796	0.0003	0.1307	3.7377	0.0002	0.1998	2.4920	0.0127
2004	0.4125	3.4608	0.0005	0.1283	3.6886	0.0002	0.3071	3.0617	0.0022
2005	0.3983	3.3517	0.0008	0.1239	3.5880	0.0003	0.2657	2.8760	0.0040
2006	0.3738	3.1638	0.0016	0.1146	3.3778	0.0007	0.2603	2.3186	0.0204
2007	0.3608	3.0656	0.0022	0.1089	3.2498	0.0012	0.2723	3.3092	0.0009
2008	0.3541	3.0161	0.0026	0.1069	3.2071	0.0013	0.2167	2.3425	0.0192
2009	0.3652	3.0902	0.0020	0.1105	3.2794	0.0010	0.2691	2.9211	0.0035
2010	0.3833	3.2223	0.0013	0.1163	3.4061	0.0007	0.2436	2.4055	0.0162
2011	0.3947	3.3074	0.0009	0.1220	3.5333	0.0004	0.2391	2.3334	0.0196

续表

年份	W_{peop}			W_{road}			W_{rail}		
	MoranI	z	P	MoranI	z	P	MoranI	z	P
1998	0.2438	2.6025	0.0093	0.1475	1.6833	0.0923	0.1092	1.3872	0.1654
1999	0.2629	2.8778	0.0040	0.1761	1.7098	0.0873	0.1493	1.3195	0.1870
2000	0.2664	3.2939	0.0010	0.1569	1.5459	0.1221	0.0806	1.1198	0.2628
2001	0.2722	3.3614	0.0008	0.1771	2.3351	0.0195	0.1362	1.6237	0.1044
2002	0.2748	2.8852	0.0039	0.1612	2.2681	0.0233	0.2243	2.3753	0.0175
2003	0.2865	3.3825	0.0007	0.1120	1.2094	0.2265	0.1749	1.6608	0.0967
2004	0.3023	3.4038	0.0007	0.1417	1.8558	0.0635	0.1364	1.3810	0.1673
2005	0.2902	3.5241	0.0004	0.1002	1.0000	0.3173	0.2202	2.0498	0.0404
2006	0.2973	3.2739	0.0011	0.1354	1.4621	0.1437	0.2225	2.2138	0.0268
2007	0.2896	3.3636	0.0008	0.2944	2.6970	0.0070	0.2559	2.4516	0.0142
2008	0.2814	2.9526	0.0032	0.2876	3.0174	0.0025	0.2198	2.2815	0.0225
2009	0.3003	2.8938	0.0038	0.3133	2.8400	0.0045	0.1823	1.8814	0.0599
2010	0.3181	3.7159	0.0002	0.4426	3.0224	0.0025	0.2026	1.8932	0.0583
2011	0.3165	3.3753	0.0007	0.3518	2.7859	0.0053	0.1404	1.6196	0.1053

实际 GDP 与实际人均 GDP 的 Moran 指数 I，并且发现在 W_{0-1}、W_{dis}、W_{pgdp}、W_{peop} 4 种空间权重矩阵下实际 GDP 与实际人均 GDP 具有显著的空间相关性，并将这一结果应运到了第二节与接下来第四节的研究中。在本节中我们的研究对象从实际 GDP 与实际人均 GDP 转移到了全要素生产率，所以为了选择合理的空间权重矩阵，我们需要再一次讨论 W_{0-1}、W_{dis}、W_{pgdp}、W_{peop}、W_{road}、W_{rail} 6 种空间权重矩阵下全要素生产率的空间自相关性。

由式（6.4）—式（6.9）建立空间权重矩阵，按式（6.1）、式（6.2）用 MATLAB（R2011b）软件可以求得全要素生产率的 Moran 指数 I 及 Moran 散点图，如表 6.17 和图 6.10 所示。

从表 6.17 可以看到，在 W_{0-1}、W_{dis}、W_{peop} 3 种空间权重矩阵下，全要素生产率 Moran 指数 I 的值均大于 0 且均通过了 5% 的显著性水平检验；在 W_{pgdp} 空间权重矩阵下，全要素生产率 Moran 指数 I 的值均大于 0，并且从 2003 年开始均通过了 5% 的显著性水平检验；在 W_{road}、W_{rail} 空间权重矩阵下，虽然全要素生产率 Moran 指数 I 的值均大于 0，但在大部分年份未能通过 5% 的显著性水平检验。这表明在 W_{0-1}、W_{dis}、W_{peop}、W_{pgdp} 4 种空间权重矩阵下全要素生产率具有显著的空间自相关性。

图 6.10 为 W_{0-1} 空间权重矩阵下全要素生产率的 Moran 散点图，图中的横坐标为各地区的全要素生产率 TFP，纵坐标为加权后的全要素生产率 $W_{0-1} \cdot TFP$，第一象限表示同是高水平全要素生产率的地区集聚的空间分布模式；第三象限表示同是低水平全要素生产率的地区集聚的空间分布模式；第二象限表示低水平全要素生产率的地区被高水平全要素生产率地区包围的空间分布模式；第四象限表示高水平全要素生产率的地区被低水平全要素生产率的地区包围的空间分布模式。也就是说，第一、第三象限表示同类型的地区集聚的空间联系形式；第二、第四象限表示相异的地区集聚的空间联系形式，显然，当处于第一、第三象限时，表示该地区的全要素生产率与周围地区具有较强的相互联系，空间溢出效应比较明显；当处于第二、第四象限时，表示该地区的全要素生产率与周边地区的差异较大，空间溢出效应比较弱小。从图 6.10 中我们可以看到在 1998 年、2003 年、2008 年、2011 年，当以 W_{0-1} 为空间权重矩阵时，散点图的拟合线向右上方倾斜，而且绝大部分的散点位于第一、第三象限，这表明我国省际层面的全要素生产率具有明显的空间关联效应。

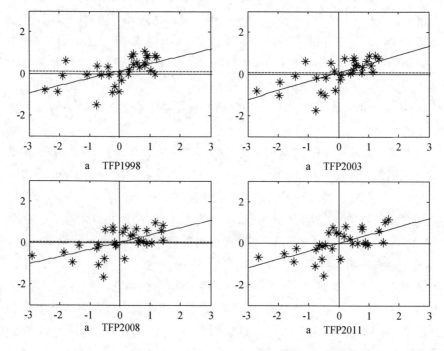

图 6.10　W_{0-1} 权重矩阵下省际层面 TFP 的 Moran 散点图

三　计量模型估计与分析

计量分析中我们运用 Matlab（R2011b）软件对计量模型式（6.25）—式（6.28）进行回归估计，样本为 1998—2011 年我国 31 个省、市、区省际层面的面板数据，数据主要来源于 1998—2012 年的《中国统计年鉴》。计量结果如表 6.20 和表 6.21 所示。

第一，从产业结构对全要素生产率的影响来看，第二产业与第三产业的产值比重与全要素生产率之间呈显著的非线性关系。在新古典模型和不同空间权重矩阵下的三种空间计量模型中，*twor* 的系数均为正且大多数通过了显著性水平检验，*twor*² 的系数均为负且通过了显著性水平检验；*thrr* 的系数均为负且均通过了显著性水平检验，*thrr*² 的系数均为正且多数通过了显著性水平检验。这表明第二产业的产值比重与全要素生产率之间具有倒 U 关系；第三产业的产值比重与全要素生产率之间具有 U 形曲线关系，这一结果与 21 世纪以来，特别是 2008 年国际金融危机以来我国积极进行产业结构调整有关。

Chenery、Robinson 和 Syrquin（1986）根据对战后工业化国家发展的研究提出了利用人均 GDP 与产业结构判别工业化进程的标准（如表 6.18 所示），该判别标准在关于工业化进程研究方面获得了广泛的认可。根据赛尔奎因和钱纳里模式的判定标准，本研究将中国内地 31 个省、市、区 2011 年的人均 GDP 折算为 1982 年美元表示的实际人均 GDP，如表 6.19 所示。比较表 6.18 和表 6.19 可以看到，中国全国层面和省级层面的数据与赛尔奎因和钱纳里模式具有较好的拟合性，从人均 GDP 水平来看，目前我国整体上进入了工业化后期阶段，但是由于我国地域辽阔，各省区间的工业化水平差别很大，如上海、天津、北京 3 个直辖市已经处于现代社会，江苏、辽宁、浙江、内蒙古、广东、山东等省份处于后工业化社会，贵州、云南、甘肃、宁夏、新疆等省区尚处于工业化中期阶段，其他 17 个省区则处于工业化后期阶段。从三次产业的产值比重来看，除了第一产业的产值比重远低于赛尔奎因和钱纳里模式外，第二、第三产业的产值比重均高于赛尔奎因和钱纳里模式，而且从第二、第三产业产值比重间的相互关系来看，普遍存在第二产业的产值比重过高的情形。于是对于那些已经进入后工业化社会的省份而言，在未来需要不断增加第三产业的产值比重，并且随着第二产业不断升级改造，其产值比重会趋于下降；而对于那些尚处于工业中期和后期的省份，虽然其第二产业的产值比重已比较高，但在促进工业发展的推动下，第二产业的产值比重依然存在上升的压力。正是由于我国不同省区处于不同的工业化发展阶段，第二、第三产业产值比重具有不同的变化方向，导致了产业结构与全要素生产率之间呈非线性的相关关系。

表 6.18　　　　　　　　赛尔奎因和钱纳里模式的判定标准

赛尔奎因和钱纳里模式		人均 GDP（1982 美元）	产业增加值比重			第二产业与第三产业的比值
			第一	第二	第三	
前工业化社会		364—728	48.0	21.0	31.0	0.68
工业化	前期	728—1456	39.4	28.2	0.87	0.87
	中期	1456—2912	31.7	33.4	0.97	0.97
	后期	2912—5460	22.8	39.2	1.04	1.04

续表

赛尔奎因和钱纳里模式	人均 GDP（1982 美元）	产业增加值比重			第二产业与第三产业的比值
		第一	第二	第三	
后工业化社会	5460—8736	15.4	43.4	41.2	1.05
现代社会	8736—13104	9.7	45.6	44.7	1.02

资料来源：本表参照钱纳里等著《工业化和经济增长的比较研究》和郭克莎等著《中国产业结构变动趋势及政策研究》编制。

表 6.19　　2011 年我国各地区的人均 GDP 和三次产业产值比重

地区	人均 GDP（1982 年美元）	三次产业产值比重			第二产业/第三产业
		一产	二产	三产	
全国	3508	10.1	46.8	43.1	1.09
上海	19872	0.7	41.3	58.0	0.71
天津	15936	1.4	52.4	46.2	1.13
北京	9799	0.8	23.1	76.1	0.30
江苏	7767	6.2	51.3	42.4	1.21
辽宁	6975	8.6	54.7	36.7	1.49
浙江	6941	4.9	51.2	43.9	1.17
内蒙古	6726	9.1	56.0	34.9	1.60
广东	6495	5.0	49.7	45.3	1.10
山东	6409	8.8	52.9	38.3	1.38
福建	5256	9.2	51.6	39.2	1.32
黑龙江	5023	13.5	50.3	36.2	1.39
西藏	4623	12.3	34.5	53.2	0.65
湖北	4587	13.1	50.0	36.9	1.36
吉林	4584	12.1	53.1	34.8	1.53
河北	4376	11.9	53.5	34.6	1.55
海南	4355	26.1	28.3	45.5	0.62

续表

地区	人均 GDP（1982 年美元）	三次产业产值比重			第二产业/第三产业
		一产	二产	三产	
山西	4152	5.7	59.0	35.2	1.68
重庆	4127	8.4	55.4	36.2	1.53
四川	3628	14.2	52.5	33.4	1.57
湖南	3485	14.1	47.6	38.3	1.24
陕西	3264	9.8	55.4	34.8	1.59
安徽	3259	13.2	54.3	32.5	1.67
河南	3214	13.0	57.3	29.7	1.93
广西	3183	17.5	48.4	34.1	1.42
青海	3150	9.3	58.4	32.3	1.81
江西	3113	11.9	54.6	33.5	1.63
新疆	2753	17.2	48.8	34.0	1.44
宁夏	2655	8.8	50.2	41.0	1.22
甘肃	2646	13.5	47.4	39.1	1.21
云南	2134	15.9	42.5	41.6	1.02
贵州	1665	12.7	38.5	48.8	0.79

第二，从制度环境基础设施指标对全要素生产率的影响来看，人力资本指标 $stud$ 的系数在各种计量模型和空间权重矩阵下均为正且通过了显著性水平检验，这表明人力资本培育与技术进步有利于全要素生产率水平的提升。对外开放度指标 $trade$ 的系数在各种情形下也均显著为正，说明外贸水平的增加和对外开放度的提升有利于全要素生产率水平的上升。城市化水平指标 $urban$ 除了在 W_{pgdp} 空间权重下为负且不显著外，在其他空间权重矩阵下均为正，并在多数情形下通过了显著性水平检验，这表明城市化水平的提升虽然不能完全确定能够提升全要素生产率水平，但至少不会降低全要素生产率水平。政府支出占 GDP 比重指标 gov 如前文所预测的那样，基本表现出了负相关关

系，而且在多数情形显著为负。

第三，从物质基础设施指标对全要素生产率的影响来看，公路密度指标 *road* 和铁路密度指标 *rail* 对全要素生产率的影响呈正负交替变化的情形，难以判别他们对全要素生产率的影响。地均旅客周转量指标 *pass* 的系数均为正且通过了显著性水平检验，这表明交通运输量的增加能够提高全要素生产率水平。地均电力消费量 *power* 的系数在不同模型中的变化较大，而且在所有通过显著性水平检验的情形下其值均为负，所以，至少在相关关系上，地均电力消费水平并不会提高全要素生产率水平。

第四，从空间效应来看，当引入空间效应后，模型的拟合系数 R^2 明显增加，这表明变量间存在空间关联效应。从第二、第三产业的效应来看，在 W_{0-1} 和 W_{dis} 空间权重矩阵下，$W \cdot twor$ 的系数为正且通过了显著性检验，而在 W_{pgdp}、W_{peop} 空间权重矩阵下 $W \cdot twor$ 的系数均未能通过显著性水平检验，而 $W \cdot thrr$ 在所的模型中均不显著，这表明第二产业对全要素生产率的提升具有一定的空间溢出效应，而第三产业的空间溢出效应并不显著。再从空间自回归 SAR 模型和空间误差 SEM 模型看，ρ 和 λ 的系数均为正且通过了显著性检验，这正如表 6.17 所示的，全要素生产率在空间上具有关联效应。

第四节　基础设施与城市经济增长
趋同的空间计量分析

Solow（1956）的新古典增长模型在理论上证明了经济增长在长期具有趋同性，在实证研究方面，Baumol（1986）的研究具有开创性的意义，Barro（1991）和 Mankiw 等（1992）进一步构建了 MRW 的趋同框架。20 世纪 90 年代中期以来的实证研究表明经济增长存在俱乐部趋同现象（Fischer and Stirböck，2006），Quah（1996）发现存在双峰模式的俱乐部趋同现象，Desdoigts（1999）、Canova（2001）认为在 OECD 国家和非 OECD 国家内部都存在更为微观的俱乐部趋同现象，Cermeo（2002）分别对 57 个国家、100 个地区，OECD 国家和美国各州的不同样本的研究中均发现了俱乐部趋同现象。蔡昉、都阳（2000）、刘强（2001）、沈坤荣、马俊（2002）、覃成林（2004）、何一峰（2008）、

表 6.20　W_{0-1} 与 W_{dis} 空间权重矩阵下的回归估计结果

变量	普通面板	W_{0-1}			W_{dis}		
		Dubin 模型	SAR 模型	SEM 模型	Dubin 模型	SAR 模型	SEM 模型
$twor$	0.0176 *** (3.0416)	0.0167 *** (2.9036)	0.0631 *** (8.3054)	0.0575 *** (7.4695)	0.0146 ** (2.5371)	0.0590 *** (7.6360)	0.0081 (1.4525)
$twor^2$	-0.0003 *** (-4.7616)	-0.0003 *** (-4.7771)	-0.0007 *** (-8.5350)	-0.0007 *** (-7.6449)	-0.0003 *** (-4.5882)	-0.0007 *** (-7.9549)	-0.0002 *** (-4.2740)
$thrr$	-0.0199 *** (-3.6537)	-0.0208 *** (3.6821)	-0.0545 *** (-6.4375)	0.0520 *** (-6.1927)	-0.0196 *** (-3.5047)	-0.0552 *** (-6.3815)	-0.0252 *** (-4.9937)
$thrr^2$	0.0001 * (1.8229)	0.0001 * (1.7273)	0.0003 *** (3.6916)	0.0003 *** (3.8321)	0.0001 (1.4081)	0.0003 *** (3.6513)	0.0001 ** (2.4527)
$shud$	0.0005 *** (4.0010)	0.0003 *** (2.6086)	0.1379 *** (4.0085)	0.1903 *** (5.4982)	0.0003 ** (2.0527)	0.1420 *** (4.0712)	0.0661 *** (4.2469)
gov	-0.0141 (-0.1336)	-0.0049 ** (-0.0468)	-0.6481 *** (-3.0130)	-0.9355 *** (-4.2089)	-0.0178 (-0.1709)	-0.8985 *** (-4.1924)	0.0242 (0.2505)
$urban$	0.1213 (1.4727)	0.0890 (1.0318)	0.4643 *** (3.3738)	0.3773 *** (2.5752)	0.0664 (0.7385)	0.4682 *** (3.3283)	0.0011 (0.0124)

续表

变量	普通面板	W_{0-1} Dubin 模型	W_{0-1} SAR 模型	W_{0-1} SEM 模型	W_{dis} Dubin 模型	W_{dis} SAR 模型	W_{dis} SEM 模型
trade	0.1050 *** (3.1815)	0.1056 *** (3.1671)	0.2094 *** (4.7438)	0.1678 *** (3.5756)	0.1060 *** (3.1502)	0.2093 *** (4.6554)	0.0503 (1.5526)
toad	−0.0763 *** (−2.8737)	−0.0860 *** (−3.1584)	0.1517 *** (2.7242)	0.2439 *** (4.0832)	−0.0866 *** (−3.2767)	0.1738 *** (3.0995)	−0.0491 * (−1.9578)
rail	0.0513 *** (3.8858)	0.0537 *** (4.0489)	−0.0505 *** (−4.5247)	−0.0691 *** (−5.7312)	0.0550 *** (4.1621)	−0.0529 *** (−4.7206)	0.0641 *** (4.8490)
pass	0.0510 * (1.9032)	0.0615 ** (2.2523)	0.2550 *** (5.7746)	0.2817 *** (6.0951)	0.0568 ** (2.1323)	0.2775 *** (6.1962)	0.0558 ** (2.3216)
power	0.0032 (0.5212)	0.0030 (0.4847)	−0.0239 *** (−4.1213)	−0.0219 *** (−3.7098)	0.0017 (0.2756)	−0.0247 *** (−4.1708)	0.0028 (0.5040)
W · twor		0.0043 ** (2.0690)			0.0086 ** (2.4190)		
W · thrr		0.0024 (0.8979)			0.0033 (0.8244)		

续表

变量	普通面板	W_{0-1}			W_{dis}		
		Dubin 模型	SAR 模型	SEM 模型	Dubin 模型	SAR 模型	SEM 模型
ρ	1.3177*** (8.4602)		0.2919*** (6.7234)			0.4829*** (6.7956)	
λ				0.2829*** (4.6937)			0.4069*** (4.0410)
常数项		1.1247*** (5.8632)			0.9516*** (3.7869)		
R^2	0.2928	0.3012	0.7381	0.7061	0.3063	0.7262	0.9708
log-likelihood			166.938	154.872		157.212	656.083
LM test			14.655	5.114		44.772	18.913
P 值			0.000	0.024		0.000	0.000
模型类型	RE	RE	时点 FE	时点 FE	RE	FE	FE

表6.21 W_{pgdp} 与 W_{peop} 空间权重矩阵下的回归估计结果

变量	W_{pgdp}			W_{peop}		
	Dubin 模型	SAR 模型	SEM 模型	Dubin 模型	SAR 模型	SEM 模型
$twor$	0.0176 *** (3.0170)	0.0345 *** (7.2071)	0.0142 *** (2.7099)	0.0178 *** (2.9496)	0.0489 *** (6.5050)	0.0501 *** (6.5740)
$twor^2$	-0.0003 *** (-4.7415)	-0.0004 *** (-8.1318)	-0.0003 *** (-5.5939)	-0.0003 *** (-4.7729)	-0.0006 *** (-6.8143)	-0.0006 *** (-7.0111)
$thrr$	-0.0205 *** (-3.5701)	-0.0110 ** (-2.4512)	-0.0283 *** (-5.7252)	-0.0211 (-3.6683)	-0.0635 *** (-7.5558)	-0.0619 *** (-7.2997)
$thrr^2$	0.0001 * (1.8742)	0.00004 (0.9015)	0.0002 *** (3.3936)	0.0001 * (1.7597)	0.0004 *** (4.6964)	0.0004 *** (4.5519)
$stud$	0.0005 *** (3.6732)	0.0228 * (1.9317)	0.0691 *** (4.5188)	0.0004 *** (2.7077)	0.1605 *** (4.7553)	0.1729 *** (4.9133)
gov	-0.0204 (-0.1884)	-0.0607 (-0.6220)	-0.0035 (-0.0386)	-0.0401 (-0.3719)	-0.6360 *** (-3.0433)	-0.7572 *** (-3.4654)
$urban$	0.1183 (1.3699)	-0.0058 (-0.0673)	-0.0455 (-0.4953)	0.0954 (1.0887)	0.6302 *** (4.6142)	0.5600 *** (3.9545)

续表

变量	W_{pgdp}			W_{peop}		
	Dubin 模型	SAR 模型	SEM 模型	Dubin 模型	SAR 模型	SEM 模型
trade	0.1066 ***	0.1005 ***	0.0599 *	0.1127 ***	0.1727 ***	0.1796 ***
	(3.1714)	(3.2640)	(1.8623)	(3.3402)	(3.9685)	(3.9822)
road	−0.0737 ***	−0.0551 **	−0.0652 ***	−0.0774 ***	0.1013 *	0.1895 ***
	(−2.7195)	(−2.3168)	(−2.7538)	(−2.8453)	(1.8244)	(3.2693)
rail	0.0518 ***	0.0591 ***	0.0619 ***	0.0512 ***	−0.0643 ***	−0.0664 ***
	(3.9053)	(4.5503)	(4.7660)	(3.8317)	(−5.9438)	(−5.8236)
pass	0.0483 *	0.0948 ***	0.0581 **	0.0574 **	0.2335 ***	0.2941 ***
	(1.8044)	(3.9706)	(2.4896)	(2.0920)	(5.2979)	(6.2867)
power	0.0027	−0.0038	0.0021	0.0018	−0.0106 *	−0.0219 ***
	(0.4392)	(−0.6553)	(0.3773)	(0.2834)	(−1.7672)	(−3.5386)
$W \cdot twor$	−0.0005			0.0031		
	(−0.2528)			(1.0790)		
$W \cdot thrr$	0.0006			0.0031		
	(0.2188)			(0.9861)		

续表

变量	W_{pcdp}			W_{peop}		
	Dubin 模型	SAR 模型	SEM 模型	Dubin 模型	SAR 模型	SEM 模型
ρ		0.5279 *** (10.0683)			0.4099 *** (7.4746)	
λ			0.4009 *** (6.0584)			0.2789 *** (3.5115)
常数项	1.3319 *** (6.5939)			1.1326 *** (5.3076)		
R^2	0.2948	0.9690	0.9708	0.2923	0.7422	0.7072
log-likelihood		534.234	663.362		167.830	153.910
LM test		8515.316	7.655		117.798	80.179
P 值		0.000	0.006		0.000	0.000
模型类型	RE	RE	FE	RE	时点 FE	时点 FE

潘文卿（2010）、徐大丰（2009）等学者的研究表明我国的经济增长也存在俱乐部趋同现象，覃成林、刘迎霞、李超（2012），汪增洋、豆建民（2010），王家庭、贾晨蕊（2009），吴玉鸣（2006）等学者更是从空间经济学与空间计量视角研究了我国经济增长的趋同现象。在本节我们将运用空间计量的方法研究基础设施水平与我国经济增长的趋同问题。

一　模型设定

1. 新古典的经济增长趋同模型

根据新古典经济理论中要素边际报酬递减假说可以得到不同国家或地区之间的经济增长在长期将趋同，经济增长的趋同又分为绝对趋同（β 趋同）与条件趋同（σ 趋同）。常用的绝对趋同检验工具是 Barro 回归方程（Barro and Sala – I – Martin，1992）：$g_i = \alpha + \beta \ln (y_{i0}) + \varepsilon_i$　　　　（6.29）

其中，g_i 为经济体 i 平均的人均 GDP 增长率，即 $g_i = \dfrac{\ln y_{it} - \ln y_{i0}}{T}$，$y_{i0}$ 为经济体 i 初始时期的人均 GDP 水平，y_{it} 为经济体 i 第 T 期的人均 GDP 水平。如果式（6.29）中的估计系数 β 为负且在统计上显著，则说明人均 GDP 的平均增长率在 0—T 时期内与初始时期的人均 GDP 水平呈负相关关系，也就是说落后地区的经济增长比发达地区更快，于是存在 β 趋同，反之则不存在 β 趋同。

条件 β 趋同是在式（6.29）的基础上又增加了一些影响经济增长的控制变量：

$$g_i = \alpha + \alpha_1 X_i + \beta \ln (y_{i0}) + \varepsilon_i \qquad (6.30)$$

其中，X_i 为影响经济增长的其他控制变量。

2. 经济增长趋同的空间效应模型

在前文的研究中，我们构建了空间混合自回归（SAR）模型、空间滞后（SEM）模型和空间面板 Durbin 模型，结合式（6.21）、式（6.23）则可以分析建立 SAR、SEM、Durbin 情形下的 β 趋同模型：

$$g_i = \alpha + \alpha_1 X_i + \beta \ln (y_{i0}) + \rho W \cdot g_i + \varepsilon_i \qquad (6.31)$$

$$\begin{cases} g_i = \alpha + \alpha_1 X_i + \beta\ln(y_{i0}) + \xi_i \\ \xi_i = \lambda W \cdot \xi_i + \varepsilon_i \end{cases} \tag{6.32}$$

$$g_i = \alpha + \alpha_1 X_i + \gamma Z_i + \beta\ln(y_{i0}) + \rho W \cdot X_i + \varepsilon_i \tag{6.33}$$

二 计量模型设定与变量说明

(一) 计量模型设定

根据经济增长的影响因素与上述模型推导，本节分别建立如下的多变量计量模型：

1. 新古典模型

$$agdpg_{it} = \beta lpgdp_{i99} + \alpha_0 + \alpha_1 lpvesk_{it} + \alpha_2 retail_{it} + \alpha_3 eduk_{it} + \\ \alpha_4 good_{it} + \alpha_5 proad_{it} + \varepsilon_{it} \tag{6.34}$$

2. 空间 Dubin 模型

$$agdpg_{it} = \beta lpgdp_{i99} + \alpha_0 + \alpha_1 lpvesk_{it} + \alpha_2 retail_{it} + \\ \alpha_3 eduk_{it} + \alpha_4 good_{it} + \alpha_5 proad_{it} + \alpha_6 W \cdot eduk_{it} + \\ \alpha_7 W \cdot good_{it} + \alpha_8 W \cdot proad_{it} + \varepsilon_{it} \tag{6.35}$$

3. 空间混合自回归模型

$$agdpg_{it} = \beta lpgdp_{i99} + \alpha_0 + \alpha_1 lpvesk_{it} + \alpha_2 retail_{it} + \alpha_3 eduk_{it} + \\ \alpha_4 good_{it} + \alpha_5 proad_{it} + \rho W \cdot g_{it} + \varepsilon_{it} \tag{6.36}$$

4. 空间误差模型

$$agdpg_{it} = \beta lpgdp_{i99} + \alpha_0 + \alpha_1 lpvesk_{it} + \alpha_2 retail_{it} + \alpha_3 eduk_{it} + \\ \alpha_4 good_{it} + \alpha_5 proad_{it} + \lambda W \cdot \xi_{it} + \varepsilon_{it} \tag{6.37}$$

(二) 变量说明与数据来源

受制于样本数据量约束，现有文献对基础设施与经济增长关系、经济空间溢出效应等研究大多采用省级面板数据模型（如张学良，2012；刘生龙，2010；潘文卿，2012），由于面板数据模型中需要设置不随时间变化的固定效应来控制个体异质性，而个体异质性往往具有时间趋势，一方面这种时间需要通过某种差分来消除固定效应；另一方面时间效应的存在使得回归结果具有短期效应特征。经济增长往往是个长期过程，特别是经济要素的经济增长弹性具有一定的长期稳定性，而且我们拥有 216 个城市总体样本，所以与前文以我国省际层面数据的研究不同，本节运用横截面模型来考虑公共基础设施对经济增长的长期增长弹性。式（6.34）—式（6.37）的条件趋同模型涉及的主要变量如下：

1. 被解释变量：$agdpg$ 表示研究期内经济体平均的人均实际 GDP 增长率。从历年城市统计年鉴可以得到各城市人均 GDP 与人均 GDP 增长率，根据前文有关实际 GDP 的计算方法可求得人均实际 GDP，按公式 $agdpg = \dfrac{\ln(pgdp_T) - \ln(pgdp_0)}{T}$ 就可以得到 $[0, T]$ 时期平均的人均 GDP 增长率。

2. 重要解释变量：基期 1999 年对数的人均 GDP：$lpgdp_{i99}$。根据趋同理论，如果经济体之间存在趋同效应，则 $\beta < 0$，否则不存在趋同效应。

3. 主要控制变量：人均固定资本投资的对数：$lpvesk$，表示资本支出的变量。

制度变量：$retail$，表示商品批发零售总额占 GDP 的比重。

教育基础设施变量：$eduk$，表示教育科技支出占当年财政支出的比重。

交通运输基础设施变量：$good$，表示地均货运量。

城市基础设施变量：$proad$，人均城市道路面积。

本书选择了 1999—2010 年我国 287 座地级及以上城市中资料较为全面的 216 座城市，并按东、中、西部地区将这些城市分为三组：90 座东部城市、78 座中部城市、48 座西部城市（如表 6.22 所示）。本节数据来源于《中国城市统计年鉴（1999—2011）》《中国统计年鉴（1999—2011）》。

表 6.22   各地区的城市列表

东部城市	扬州市	珠海市	伊春市	武汉市	攀枝花市
北京市	镇江市	汕头市	佳木斯市	黄石市	泸州市
天津市	杭州市	佛山市	七台河市	十堰市	德阳市
石家庄市	宁波市	江门市	牡丹江市	宜昌市	绵阳市
唐山市	温州市	湛江市	黑河市	襄樊市	广元市
秦皇岛市	嘉兴市	茂名市	合肥市	鄂州市	遂宁市
邯郸市	湖州市	肇庆市	芜湖市	荆门市	内江市
邢台市	绍兴市	惠州市	蚌埠市	孝感市	乐山市
保定市	金华市	梅州市	淮南市	荆州市	南充市
张家口市	衢州市	汕尾市	马鞍山市	黄冈市	宜宾市
承德市	舟山市	河源市	淮北市	长沙市	贵阳市
沧州市	台州市	阳江市	铜陵市	株洲市	六盘水市
廊坊市	福州市	清远市	安庆市	湘潭市	遵义市
衡水市	厦门市	东莞市	黄山市	衡阳市	昆明市
沈阳市	莆田市	中山市	阜阳市	邵阳市	曲靖市
大连市	三明市	海口市	宿州市	岳阳市	玉溪市
鞍山市	泉州市	三亚市	南昌市	常德市	西安市
抚顺市	漳州市	中部城市	景德镇市	张家界市	铜川市
本溪市	南平市	太原市	萍乡市	益阳市	宝鸡市
丹东市	龙岩市	大同市	九江市	郴州市	咸阳市

锦州市	济南市	阳泉市	新余市	永州市	渭南市
营口市	青岛市	长治市	鹰潭市	怀化市	延安市
阜新市	淄博市	晋城市	郑州市	**西部城市**	汉中市
盘锦市	枣庄市	朔州市	开封市	呼和浩特市	兰州市
铁岭市	东营市	长春市	洛阳市	包头市	嘉峪关市
朝阳市	烟台市	吉林市	平顶山市	乌海市	金昌市
葫芦岛市	潍坊市	四平市	安阳市	赤峰市	白银市
上海市	济宁市	辽源市	鹤壁市	南宁市	天水市
南京市	泰安市	通化市	新乡市	柳州市	西宁市
无锡市	威海市	白山市	焦作市	桂林市	银川市
徐州市	日照市	白城市	濮阳市	梧州市	石嘴山市
常州市	临沂市	哈尔滨市	许昌市	北海市	吴忠市
苏州市	德州市	齐齐哈尔市	漯河市	钦州市	乌鲁木齐市
南通市	聊城市	鸡西市	三门峡市	玉林市	克拉玛依市
连云港市	广州市	鹤岗市	南阳市	重庆市	
淮安市	韶关市	双鸭山市	商丘市	成都市	
盐城市	深圳市	大庆市	信阳市	自贡市	

（三）空间权重矩阵的选择

与前文的分析相似，我们在空间意义下讨论城市层面经济的收敛问题，为此首先需要选择合适的空间权重矩阵。我们分别在地理空间意义下城市间地理直线距离的空间权重矩阵 W_{dis}、经济距离意义下人均 GDP 差距的空间权重矩阵 W_{pgdp} 和人口密度差距的空间权重矩阵 W_{peop} 等情形下计算了以 1999 年为基年时，各种样本条件下不同年份人均 GDP 年均增长率的 Moran 指数 I，结果表明只有在 W_{dis} 空间权重矩阵下各地区人均 GDP 年均增长率的 Moran 指数 I 均能通过显著性水平检验，如表 6.23 和图 6.11 所示。从表 6.23 可以看到，在 W_{dis} 空间权重矩阵下，2007 年和 2010 年人均 GDP 年均增长率 Moran 指数 I 的值均大于 0 且均通过了 5% 的显著性水平检验；从图 6.11 中可以看到，2010 年散点图拟合线均向右上方倾斜，其中中部地区散点图拟合线的斜率最大，这说明中部地区在我国地理上具有承接东部与西部地区的纽带作用，其空间关联效应也应当较高；整体来看，散点图中绝大部分的散点位于第一、第三象限，这表明我国城市层面人均 GDP 年均增长率具有明显的空间关联关系。

表 6.23　　　　W_{dis} 下各地区人均 GDP 年均增长率的 Moran 指数 I

	2007 年			2010 年		
	Moran I	z	P	Moran I	z	P
全国	0.0492	6.2900	0.0000	0.0543	6.8520	0.0000
东部地区	0.0304	2.0182	0.0436	0.0399	2.4474	0.0144
中部地区	0.0657	3.1598	0.0016	0.1146	4.9878	0.0000
西部地区	0.0810	2.8287	0.0047	0.0783	2.7393	0.0062

三　经济增长收敛的初步观察

在规范的计量回归分析之前，我们先作一些初步的经验观察，以便对我国城市层面是否存在经济增长收敛现象以及对人均 GDP 的年均增长率与教育科技支出、地均货运量、人均城市道路面积等基础设施变量之间的关系有一个感性认识。

首先，从图 6.12 可以看到，1999—2010 年各种样本条件下人均 GDP 的变异系数和泰尔系数基本呈倒 U 形曲线，特别是 2003 年之后变异系数的下降趋势比较明显，而人均 GDP 的标准差呈持续上升态势，这说明 1999 年以来我国城市层面经济差距的相对值呈收敛趋势，而绝对值呈扩散趋势。从图 6.12 中还可以看到，各种样本条件下标准差的变化趋势比较相近，而变异系数的变化趋势存在较大差异，其中全国、东部和西部地

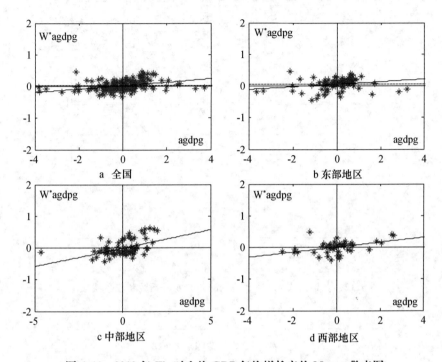

图 6.11 2010 年 W_{dis} 时人均 GDP 年均增长率的 Moran 散点图

区样本下的变异系数具有明显的下降趋势，而中部地区变异系数的值变化比较缓慢，这表明相对而言，中部地区相对差距收敛的倾向小于其他地区。

从图 6.12 的纵轴的坐标值来看，图（b）中的坐标值最大，图（d）次之，图（c）最小，这说明东部地区城市间收入水平的差距最大，西部地区次之，中部地区城市间的差距最小。

其次，从图 6.13 中可以看到，1999—2010 年人均 GDP 年均增长率与1999 年全国各城市人均 GDP 之间呈微弱的负向变化关系，而在东部和西部地区呈较为明显的负向关系，但是在中部地区呈微弱的正向变化关系，这表明，在全国层面上经济增长收敛的倾向比较小，而在东部和西部地区存在明显的经济增长的俱乐部式收敛，但中部地区经济增长收敛的倾向不明显。

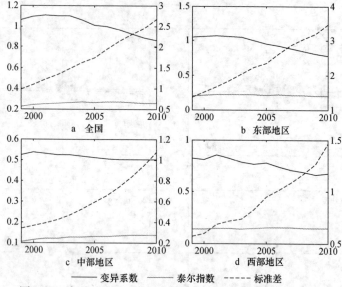

图 6.12　各地区人均 GDP 的标准差、变异系数和泰尔系数①

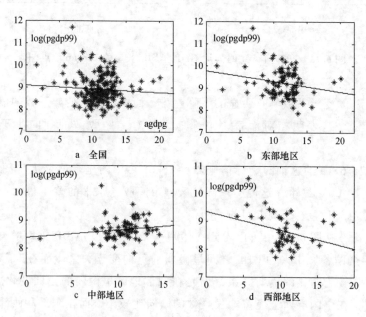

图 6.13　年均人均 GDP 增长率与 1999 年人均 GDP 的散点图

----

① 各子图中左边的纵轴表示变异系数和泰尔系数值；右边的纵轴表示标准差的值。

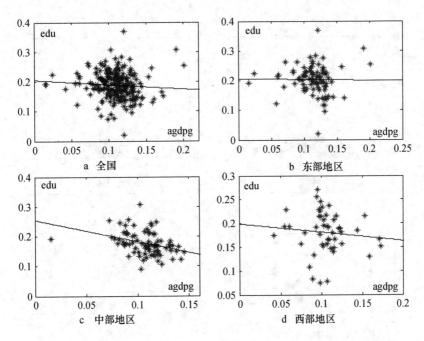

图 6.14 年均人均 GDP 增长率与 2010 年教育科技支出比重的散点图

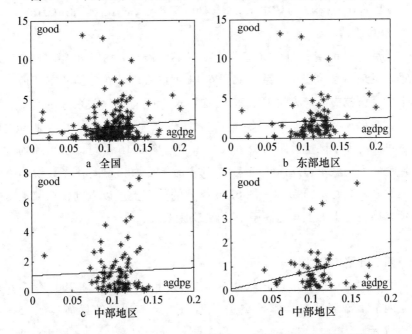

图 6.15 年均人均 GDP 增长率与 2010 年地均货运量的散点图

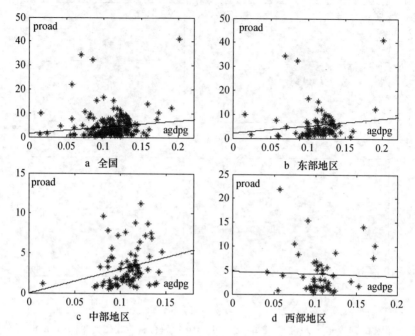

图 6.16　年均人均 GDP 增长率与 2010 年人均城市道路面积的散点图

　　最后，图 6.14—图 6.16 表明各类基础设施与人均 GDP 年均增长率之间难以发现明显的变化关系。从图 6.14 可以看到，在全国和东部地区样本下教育科技支出与人均 GDP 的平均增长率间的变化关系并不明确，而在中、西部地区呈负向变化关系，这表明教育科技支出对于中、西部地区而言可能有助于区域差距收敛。从图 6.15、图 6.16 中可以看到地均货物运输量、人均城市道路面积与人均 GDP 的年均增长率间在多数情形下呈正向关系。同时从图 6.14—图 6.16 纵轴的刻度上可以看到，东部地区在各项基础设施水平上均远高于中、西部地区。

四　计量模型估计与分析

　　运用 Matlab（R2011b）软件对由 1999 年人均 GDP 和 2007 年、2010年的两个横截面城市样本数据进行回归估计。计量结果如表 6.25—表6.28 所示。

　　第一，从表 6.25—表 6.28 可以看到，在所有样本下 β 的系数均为负且通过了显著性水平检验，这表明 1999 年人均 GDP 水平较高的地区，在 1999—2007 年和 1999—2010 年期间人均 GDP 的年均增长率相对较低，意味着相对于 1999 年，2007 年和 2010 年我国的各类城市样本情形下经济增长呈显著的收敛倾向。同时，我们也看到在不同样本条件下，β 的系数存在一定的差距，相对而言，在东部和西部样本下 β 系数的绝对值较大，全国样本次之，中部样本下最小。利用 β 的系数值，根据公式：

$$\theta = -\log(1+\beta)/T \qquad \tau = \log(2)/\theta \qquad (6.38)$$

可以得到经济增长的趋同速度 θ 和半生命周期 τ，如表 6.24 所示。从表 6.24 中可以看到，东部和西部地区的收敛速度最大，全国的次之，中部地区的最慢；东部地区和西部地区的半生命周期最短，全国的次之，中部地区的最长。而且从表中还可以看到，2007 年的收敛速度快于 2010 年，半生命周期也小于 2010 年，这主要是由于 2008 年国际金融危机的影响使我国城市经济的整体增长率有所减小导致的。

表 6.24　　　　　　　　各地区的收敛速度与半生命周期

地区	收敛速度（%）		半生命周期（年）	
	2007	2010	2007	2010
全国	0.39—0.43	0.23—0.27	161—179	260—301
东部	0.50—0.53	0.31—0.34	130—138	203—221
中部	0.19—0.27	0.17—0.25	261—374	278—397
西部	0.50—0.57	0.35—0.38	121—138	183—200

第二，从表 6.25—表 6.28 可以看到，人均固定资本投资 pvesk 的系数在所有样本下均显著为正，这表明固定资本投资的增加能够显著地提高人均 GDP 的增长率，城市经济增长具有典型的投资驱动型特征。由于在 1999—2007 年和 1999—2010 年期间人均 GDP 的增长呈收敛趋势，这说明在 1999 年人均 GDP 水平较低的城市，在 1999—2007 年和 1999—2010 年平均的人均 GDP 增长率较高，而且在此期间人均固定资本投资更能够促

进相对落后地区的经济增长，从而人均固定资本投资具有缩小城市经济增长差距的效应，这也是现实社会中落后地区对吸引投资趋之若鹜的原因。

第三，制度变量 *retail* 的系数在全国样本下显著为负，这表明从全国来看，商品贸易的发展与平均增长率之间呈反向变化关系。如果考虑到经济增长的收敛效应，则可以认为在经济越是发达的地区，其平均的人均 GDP 增长率较低，商品贸易业的发展水平也较低，从而商品贸易业的发展具有扩大区域差距的倾向。这是因为商品贸易越是发达地区，其市场化水平越高，交易成本也较低，从而对生产要素具有较强的集聚效应。在分地区样本下 *retail* 的系数也为负，但在多数情形下未能通过显著性检验，这表明制度变量对区域内部的发展水平没有明显的收敛扩散效应。从而可以认为表示市场化水平的制度变量 *retail* 对区域差距的影响主要表现在发展水平俱乐部型区域的形成方面，而在区域内部由于其市场化水平差别较小，对收入差距即没有扩散也没有收敛效应。

第四，2010 年教育科技支出 *eduk* 的系数在全国和东部样本下显著为正，这表明从全国和东部城市来看，教育科技支出的增加能够提高该地区的增长速度；同时在全国和东部样本下 $W \cdot eduk$ 的系数均显著为负，说明其他地区教育科技支出的增加对本地经济增长具有抑制效应，考虑到经济增长的趋同效应，可以认为教育科技支出的增加具有缩小全国和东部城市发展差距的效应。而在中部和西部样本下 *eduk* 的系数均不显著，这表明在中、西部地区教育科技支出对收入差距既没有扩散也没有收敛效应。从而可以认为教育科技支出有利于东部城市俱乐部型经济的收敛，而中、西部地区没有显著的影响效应。

第五，从物质基础设施来看，2010 年地均货物运输量 *good* 和人均城市道路面积 *proad* 的系数均不显著，这表明物质基础设施水平对人均 GDP 的年均增长率缺乏显著影响，从而也对城市经济增长差距的收敛没的显著影响。

第六，从空间溢出效应来看，2010 年空间自回归效应系数 ρ 和空间误差效应系数 λ 均显著为正，这表明经济增长具有显著的空间溢出效应，相邻地区的增长率水平趋于相似。

第五节 本章小结

本章我们主要运用空间计量分析工具,对基础设施的产出弹性、增长效应、全要素生产率和区域差距收敛的影响进行了实证研究。通过本章对我国省级面板数据和地级以上城市面板数据研究,得到了以下主要结论:

1. 从生产要素的产出弹性来看,东部发达地区教育、制度等软环境对经济增长的作用较大,中、西部等落后地区对硬环境的依赖性更强,更多依赖投资推动经济增长。具体而言,交通邮电基础设施对经济增长具有显著的推动作用,在考虑空间效应后全国交通邮电基础设施的产出弹性在 0.098—0.267,东部地区在 0.042—0.457,中部地区在 0.041—0.353,西部地区在 0.146—0.216,总体来看交通邮电基础设施的产出弹性随着东、中、西部地区而逐渐递减。

教育基础设施的产出弹性在东部地区显著为正、在中部地区不显著、在西部地区多数情形下显著为负,这说明东部地区较高的人均教育资本存量对经济增长具有稳定的推动作用,中、西部地区不但人均教育基础设施水平较低,而且技术人才不断向东部地区流动,致使其教育基础设施对经济的推动作用下降。

其他资本存量的产出弹性在全国样本下在 0.220—0.454;东部地区在 0.105—0.303;中部地区在 0.107—0.458;西部地区在 0.340—0.777;这表明中、西部地区的经济增长对投资的依赖性更强。

2. 从空间溢出效应来看,相对于形成实物的交通邮电基础设施,能够形成软实力的教育基础设施更易于形成空间溢出效应。具体而言,东部地区的交通邮电和教育基础设施均具有显著的空间溢出效应;在中部、西部地区不能确定交通邮电基础设施是否具有空间溢出效应,而教育基础设施具有较强的空间溢出倾向。

3. 第二、第三产业结构与 TFP 之间具有非线性相关关系。按赛尔奎因和钱纳里模式,我国各省、市、区处于从现代社会到工业化中期的不同阶段,那些已经进入后工业化社会的省份,第三产业的产值比重将增加,第二产业的比重会趋于下降;那些尚处于工业化中期和后期的省份,在工业化进程的推动下,第二产业的产值比重依然存在上升的压力,从而导致我国各地区第二、第三产业产值比重具有不同的变化方向,产业结构与 TFP 之间也就呈非线性相关关系。

表 6.25　　全国样本的截面回归估计结果

β	2007年				2010年			
	OLS	Dubin	SAR	SEM	OLS	Dubin	SAR	SEM
	-0.0304 ***	-0.0314 ***	-0.0312 ***	-0.0338 ***	-0.0250 ***	-0.0261 ***	-0.0263 ***	-0.0288 ***
	(-7.7272)	(-8.2555)	(-8.3594)	(-8.8868)	(-6.8811)	(-7.3512)	(-7.6589)	(-8.1717)
$puesk$	0.0289 ***	0.0276 ***	0.0276 ***	0.0291 ***	0.0310 ***	0.0305 ***	0.0295 ***	0.0309 ***
	(9.8033)	(9.2903)	(9.7743)	(9.8756)	(10.2918)	(10.3844)	(10.3211)	(10.3368)
$retail$	-0.0147 ***	-0.0102 *	-0.0128 **	-0.0113 **	-0.0090 **	-0.0050	-0.0077 **	-0.0066 *
	(-2.6694)	(-1.9232)	(-2.4410)	(-2.2081)	(-2.1792)	(-1.2663)	(-1.9928)	(-1.7177)
$echuk$	-0.0208	0.0021	-0.0099	-0.0088	0.0730 **	0.0944 ***	0.0840 ***	0.0862 ***
	(-0.6518)	(0.0608)	(-0.3269)	(-0.2743)	(2.3732)	(2.8473)	(2.8897)	(2.8091)
$good$	0.0027 **	0.0026 **	0.0028 **	0.0029 **	0.0009	0.0010	0.0010	0.0012
	(2.2018)	(2.0947)	(2.3523)	(2.4390)	(1.0065)	(1.1580)	(1.2573)	(1.4595)
$proad$	0.0001	-0.0001	0.0002	0.0001	0.0005	0.0001	0.0005	0.0004
	(0.3465)	(-0.1576)	(0.5721)	(0.2413)	(1.3744)	(0.3938)	(1.5527)	(1.2162)
$W \cdot eduk$		-1.0489 ***				-0.8502 ***		
		(-4.2524)				(-3.6518)		

续表

	2007 年				2010 年			
	OLS	Dubin	SAR	SEM	OLS	Dubin	SAR	SEM
W·good		0.0034 (0.3793)				0.0032 (0.5258)		
W·proad		0.0070*** (3.0694)				0.0082*** (3.8598)		
ρ			0.8230*** (7.1868)				0.8510*** (8.6272)	
λ				0.8970 (12.6496)				0.9030*** (13.5002)
常数项	0.1260*** (4.0511)	0.3373*** (5.7631)	0.0518 (1.6307)	0.1506 (4.5378)	0.0195 (0.5928)	0.1496*** (3.0507)	-0.0512 (-1.5728)	0.0503 (1.4494)
R^2	0.3848	0.4593	0.4281	0.3781	0.3898	0.4666	0.4376	0.3824
log-likelihood			553.155	554.360			554.763	556.094

表 6.26　东部样本的截面回归估计结果

	2007 年				2010 年			
	OLS	Dubin	SAR	SEM	OLS	Dubin	SAR	SEM
β	-0.0411*** (-7.2330)	-0.0394*** (-7.0623)	-0.0410*** (-7.5267)	-0.0416*** (-7.6283)	-0.0352*** (-6.5655)	-0.0338*** (-6.6817)	-0.0356*** (-6.9763)	-0.0368*** (-7.2352)
pnesk	0.0335*** (7.2050)	0.0317*** (6.5315)	0.0328*** (7.1705)	0.0337*** (7.2833)	0.0331*** (7.7170)	0.0293*** (6.7256)	0.0321*** (7.6247)	0.0331*** (7.6033)
retail	-0.0072 (-0.9182)	-0.0004 (-0.0548)	-0.0061 (-0.8094)	-0.0059 (-0.7995)	-0.0050 (-0.8800)	-0.0004 (-0.0688)	-0.0040 (-0.7541)	-0.0031 (-0.5931)
eduk	0.0005 (0.0097)	0.0735 (1.3130)	0.0128 (0.2817)	0.0146 (0.3035)	0.1341*** (2.9097)	0.1863*** (3.8882)	0.1520*** (3.4397)	0.1575*** (3.3874)
good	0.0021 (1.3055)	0.0017 (1.1314)	0.0020 (1.3413)	0.0020 (1.3293)	0.0017 (1.4552)	0.0017 (1.6457)	0.0017 (1.5194)	0.0016 (1.4987)
proad	0.0006 (1.4071)	0.0004 (1.0051)	0.0006 (1.4979)	0.0005 (1.2492)	0.0008* (1.7573)	0.0005 (1.2354)	0.0008* (1.8897)	0.0007 (1.5334)
$W \cdot eduk$		-0.6755*** (-3.3810)				-0.7504*** (-4.0042)		

续表

	2007年				2010年			
	OLS	Dubin	SAR	SEM	OLS	Dubin	SAR	SEM
W·good		0.0103 (1.1355)				0.0164** (2.3221)		
W·proad		0.0025 (1.3617)				0.0014 (0.7286)		
ρ			0.2830 (0.9870)				0.4230* (1.6625)	
λ				0.3540 (1.0713)				0.5930** (2.4985)
常数项	0.1784*** (3.3813)	0.2829*** (4.6933)	0.1484*** (2.5364)	0.1779*** (3.4231)	0.0812 (1.4903)	0.2023*** (3.3634)	0.0422 (0.7416)	0.0892 (1.6742)
R^2	0.4933	0.5726	0.4982	0.491	0.5144	0.6177	0.5253	0.5058
log-likelihood			228.554	228.513			230.887	231.200

表6.27 中部样本的截面回归估计结果

	2007 年				2010 年			
	OLS	Dubin	SAR	SEM	OLS	Dubin	SAR	SEM
β	-0.0147** (-2.0424)	-0.0210*** (-3.0793)	-0.0168*** (-2.6141)	-0.0189*** (-2.9168)	-0.0190*** (-3.0080)	-0.0270*** (-4.4428)	-0.0205*** (-3.6528)	-0.0233*** (-4.1357)
presk	0.0269*** (6.9521)	0.0286*** (8.1756)	0.0251*** (7.2017)	0.0271*** (7.3245)	0.0323*** (7.8535)	0.0337*** (9.0793)	0.0305*** (8.3361)	0.0319*** (8.3305)
retail	-0.0309*** (-2.7213)	-0.0217** (-2.0475)	-0.0273*** (-2.6869)	-0.0249** (-2.5043)	-0.0087 (-1.2651)	-0.0051 (-0.8048)	-0.0064 (-1.0550)	-0.0056 (-0.9135)
eduk	-0.0676 (-1.4071)	-0.0630 (-1.4209)	-0.0682 (-1.5909)	-0.0739 (-1.6816)	-0.0581 (-1.3208)	-0.0120 (-0.2879)	-0.0505 (-1.2922)	-0.0471 (-1.1753)
good	-0.0065** (-2.5656)	-0.0006 (-0.2153)	-0.0041* (-1.8074)	-0.0025 (-0.9874)	-0.0026** (-2.1656)	0.0015 (1.0492)	-0.0013 (-1.2288)	-0.0004 (-0.3189)
proad	0.0003 (0.1693)	-0.0008 (-0.5343)	0.0001 (0.0536)	-0.0008 (-0.5588)	-0.0007 (-0.6316)	-0.0009 (-0.8931)	-0.0008 (-0.8703)	-0.0010 (-1.0050)
$W \cdot eduk$		0.0236 (0.0975)				-0.1232 (-0.5453)		

续表

	2007 年				2010 年			
	OLS	Dubin	SAR	SEM	OLS	Dubin	SAR	SEM
$W \cdot good$		-0.0370 *** (-3.8977)				-0.0191 *** (-4.1767)		
$W \cdot proad$		0.0112 ** (2.4824)				0.0012 (0.3299)		
ρ			0.7410 *** (4.7269)				0.7700 *** (5.4071)	
λ				0.8130 *** (6.6324)				0.8260 *** (7.1963)
常数项	0.0249 (0.4192)	0.0558 (0.6713)	-0.0226 (-0.4156)	0.0596 (1.0944)	-0.0161 (-0.2989)	0.0705 (1.0440)	-0.0722 (-1.4591)	0.0205 (0.4180)
R^2	0.5122	0.6241	0.5726	0.4826	0.5625	0.6658	0.6219	0.5316
log-likelihood			227.837	227.544			232.476	231.751

表 6.28　　　西部样本的截面回归估计结果

β	2007 年				2010 年			
	OLS	Dubin	SAR	SEM	OLS	Dubin	SAR	SEM
β	−0.0441*** (−4.5247)	−0.0392*** (−4.2657)	−0.0415*** (−4.6032)	−0.0446*** (−4.9815)	−0.0406*** (−3.8890)	−0.0373*** (−3.5453)	−0.0377*** (−3.9250)	−0.0399*** (−3.9888)
pnesk	0.0244*** (3.3138)	0.0224*** (3.2204)	0.0238*** (3.5453)	0.0245*** (3.6321)	0.0255*** (2.8889)	0.0295*** (3.1112)	0.0245*** (3.0534)	0.0263*** (3.1509)
retail	−0.0098 (−0.9628)	−0.0107 (−1.0501)	−0.0094 (−1.0190)	−0.0097 (−1.0267)	−0.0042 (−0.4204)	−0.0044 (−0.4123)	−0.0037 (−0.4024)	−0.0034 (−0.3879)
eduk	−0.1783** (−2.0612)	−0.1893** (−2.3373)	−0.1547* (−1.9484)	−0.1843** (−2.3196)	−0.0336 (−0.4292)	0.0304 (0.3505)	−0.0120 (−0.1693)	−0.0020 (−0.0261)
good	0.0113** (2.2741)	0.0118** (2.3334)	0.0116*** (2.5799)	0.0111** (2.4278)	0.0049 (1.2225)	0.0051 (1.2201)	0.0053 (1.4708)	0.0057 (1.5884)
proad	−0.0003 (−0.2682)	−0.0016 (−1.3354)	−0.0006 (−0.5283)	−0.0002 (−0.2191)	0.0014 (1.1967)	0.0001 (0.0437)	0.0010 (0.9830)	0.0010 (0.8453)
W·eduk		−0.9238* (−1.9309)				−0.7725* (−1.8582)		

续表

	2007 年				2010 年			
	OLS	Dubin	SAR	SEM	OLS	Dubin	SAR	SEM
W·good		-0.0245 (-0.4813)				-0.0374 (-1.3709)		
W·proad		0.0075** (2.3172)				0.0054 (1.4200)		
ρ			0.3990 (1.2554)				0.5280** (1.9601)	
λ				-0.0980 (-0.1996)				0.5500** (2.0170)
常数项	0.3084*** (3.7050)	0.4756*** (3.3346)	0.2442*** (2.7533)	0.3125*** (4.0906)	0.2127** (2.3241)	0.2892 (2.8038)	0.1377 (1.5353)	0.1946 (2.2382)
R²	0.5292	0.6444	0.5419	0.5290	0.3859	0.4832	0.4164	0.3778
log-likelihood			126.241	125.803			120.233	120.140

4. 制度环境基础设施对 TFP 具有显著的影响，而物质基础设施对 TFP 的影响不显著。具体而言，人力资本、对外开放度和城市化水平等基础设施水平对 TFP 具有显著的正向效应，政府规模对 TFP 具有显著的负向效应；而公路密度、地均旅客周转量、地均电力消费量等物质基础设施对 TFP 的影响效应不显著。从空间效应来看，TFP 具有显著的空间溢出效应，周边地区 TFP 水平的提升有助于本地区 TFP 的提升。

5. 1999—2010 年期间我国城市经济增长呈显著的收敛倾向，而且东部和西部地区的收敛倾向较大，中部地区较小。从收敛速度来看，1999—2010 年东部地区为 0.31%—0.34%，西部地区为 0.35%—0.38%，中部地区为 0.17%—0.25%；从半生命周期来看，东部地区为 203—221 年，西部地区为 183—200 年，中部地区为 278—397 年。

6. 从促进经济收敛的影响因素来看，在不同地区不同类型基础设施的影响效应不同。人均固定资本投资具有缩小城市经济增长差距的效应，从而也导致了落后地区对吸引投资的极大热情。市场化水平能够导致东、中、西等地区间收入差距的扩大，对区域内的收入差距没有显著影响。教育科技支出在东部地区具有显著的缩小区域差距的效应，而对中、西部地区没有显著的影响效应。地均货物运输量、人均城市道路面积等物质基础设施对城市经济增长差距收敛没有显著影响。从空间溢出效应来看，城市经济增长具有显著的空间溢出效应，相邻地区的增长率水平趋于相似。

第七章
研究结论及政策建议

第一节　本书的主要研究结论

一　理论研究的主要结论

（一）区内基础设施的改善有利于本地经济发展，区际基础设施的改善有利于发达地区，并使区域差距趋于扩大

从产业份额来看，区内基础设施的改善能够降低产品在本地的销售价格，通过价格指数效应和本地市场效应提升本地区的产业份额，所以选择改善区内基础设施是各地区的占优策略选择；出口基础设施以及其他地区进口基础设施的改善能够提升本地产品在其他地区的市场份额，通过产品市场份额的提升和运输成本的节省而提高本地区的产业份额；区际基础设施的改善更加突显了市场规模的集聚效应，从而有利于规模较大地区的产业份额进一步扩大，而不利于落后地区。

由于发达地区能够依靠市场规模效应对经济活动的空间均衡产生较大影响，所以只有当发达地区的区内基础设施水平远低于落后地区时，产业才可能集聚于落后地区。也就是说，发达地区较小的区内基础设施改善就可以吸引较大的产业转移，从而相对于落后地区，发达地区对于基础设施的改善更具有主动性。而落后地区对于基础设施的改善具有被动性，因为如果落后地区的基础设施水平较低，则其与发达地区间的发展差距必然扩大；而落后地区改善区内基础设施也不一定能够改变相对落后的现状。事实上，落后地区要实现对发达地区的超越只能寄希望于发达地区基础设施条件的恶化，但这种可能性是相当小的。

（二）迁移成本、消费者异质性、企业异质性的存在只是改变了产业空间布局对基础设施变化的敏感性，而不改变原有的空间分布格局

迁移成本相当于为产业在地区间的移动设定了某种屏障，使产业空间转移与基础设施间的关系由单一的曲线形状变为带状形状，并在发达地区

与落后地区间建立了一个产业转移的缓冲区；该缓冲区的存在具有双刃剑的作用：一方面在一定程度上弱化了发达地区的集聚效应，对落后地区防止产业移出起了保护作用；另一方面使落后地区需要在基础设施方面进行更大程度的改善才能从发达地区吸引投资，这无疑为落后地区发挥后发优势以实现对发达地区的超越增加了更多困难。

消费者对工业品替代弹性增加将降低企业的市场垄断能力，并弱化基础设施对产业空间布局的影响效应。其中落后地区工业品替代弹性的增加降低了企业对落后地区特定需求的考虑，而更加重视发达地区的市场规模效应，促使产业进一步向发达地区集聚，扩大两地区的发展差距；发达地区工业品替代弹性的增加将弱化本地市场规模效应，而加剧市场拥挤效应，使产业部分地向落后地区转移。

引入企业异质性后，由于低效率的企业不会流动，边缘区始终存在一部分企业，所以实际收入的变化幅度趋于减小。区内基础设施的改善有利于本地区实际收入增加，在这个零和博弈中，选择改善本地区内基础设施是各地区的占优策略选择。

（三）区内农业基础设施改善对落后地区是占优策略选择，而对发达地区却是一个两难选择

从产业份额来看，由于发达地区需要从落后地区进口农产品，那么发达地区区内农业基础设施的改善会扩大进口农产品与本地农产品间的价格差，提高发达地区的工资水平、增加生产成本，从而发达地区区内农业基础设施的改善构成了产业集聚的分散力，所以发达地区对于兴修水利等改善区内农业基础设施缺乏一定的热情。而落后地区区内农业基础设施的改善即不会降低在发达地区的农产品销售价格、也不会提高其在发达地区的农产品市场份额，所以落后地区农业基础设施的改善不会对两地区工资水平产生影响，也不会影响产业空间分布的长期均衡。区际农业基础设施的改善能够降低发达地区进口农产品的价格、弱化工资上涨幅度，导致产业向发达地区集聚、扩大区域发展差距，但是农业交易成本本质上是产业向发达地区集聚的成本，它明显地降低了经济活动的集聚水平。从收入水平来看，区内农业基础设施的改善对名义 GDP 的影响不显著，但由于可以节省农产品交易成本，通过降低综合价格指数而明显提高实际 GDP 水平。

对发达地区而言，区内农业基础设施的改善会降低其产业份额，但能

提高劳动者的收入水平和实际 GDP 水平，从而发达地区政府面临着发展产业的政策考虑和提高居民收入的民生考虑的两难选择。

对落后地区而言，区内农业基础设施的改善对吸引投资、增加产业份额不会产生有利影响，但能够提高本地实际收入、缩小区际收入差距，所以选择改善区内农业基础设施是其占优策略选择。

（四）公共知识基础设施具有很强的空间溢出效应，能够提高全社会的经济增长率与福利水平，但不会改变经济活动的空间布局与区域差距

从经济增长率来看，公共知识的空间溢出效应越大则经济的潜在增长率就越高。当公共知识在空间自由流动时，经济体可以打破各类物质基础设施对增长的影响而在两地区均实现最高增长率；当公共知识传播存在空间阻力时，产业空间分布越集中、经济发展水平越不平等，则经济增长率就越大，所以发达地区越发达、区域发展差距越大，全社会的经济增长率也就越大，从而对高增长率的追求会扩大区域差距。从收入水平来看，只要存在知识空间溢出效应，则经济增长率就大于 0，从长期来看两地区实际收入水平必然会增加。这表明公共知识基础设施的改善能够提高经济增长率和福利水平，但对高增长率的追求会促使产业向发达地区集聚，扩大两地区的实际收入差距。

（五）不同地区对交通运输网络的选择不存在帕累托改进的空间，以全社会总实际收入最大化为标准选择的交通运输网络往往有利于发达地区

三地区呈水平分布时，发达地区无论在地理空间上位于边缘或中心地带，均可能成为产业集聚区；次发达地区只有位于中心地带且其区内基础设施水平高于发达地区时，才有可能成为产业集聚区。

三地区在地理空间上呈等边三角形或等腰三角形分布时，从全社会总福利最大化视角选择的交通运输网络往往有利于发达地区。从人均实际收入来看，不同地区对交通运输网络的选择上往往存在零和博弈：对某地区人均实际收入最大的运输网络对其他地区则可能造成损失；即使对同一地区，在不同的基础设施条件下，其对不同交通运输网络的偏好也不同，很难达成利益一致的占优策略选择。

以产品运输量内生化区际运输成本后，区际基础设施水平的提升能够改善全社会的实际收入水平，而且对于进口产品越多的边缘地区，其实际收入水平增加得越大；只有对那些拥有一定产业份额的非边缘地区，区内基础设施水平的改善才能提高其实际收入水平。

（六）在各类补贴政策中，补贴企业的政策会导致吸引投资与缩小区域差距两大目标分离，补贴劳动者的政策相对有利于缩小区域差距

相对于补贴企业来说，补贴劳动者更有利于区域差距收敛，且对差异化税率的要求较低、财政上的可行性更强。若采取补贴企业的模式，则在资本收益均等化机制下，由于发达地区的资本优势产生的吸虹效应会导致净转移支付资金减少；为了防止发达地区的资本收益超过其税收支付而形成转移支付资金倒流、区域差距扩大现象，就必须从发达地区征收更高的差异化税率，而这一措施在现实中又难以操作。若采取补贴劳动者的模式，则转移支付资金将直接转变为劳动者收入、提高落后地区的有效需求和 GDP 水平，并通过市场规模效应推高全社会的企业利润。由于补贴劳动者模式能够使转移支付资金更多地转化为落后地区的支出水平，于是只需较低的差异化税率比就能保证发达地区对落后地区的净转移支付为正。

补贴企业的政策会导致吸引投资与区域差距收敛两大目标相分离，补贴劳动者的政策则能够实现两大目标的统一。当采取补贴企业的政策时，企业移动受补贴政策和市场规模效应的双重影响，而区域差距收敛只与落后地区市场规模的扩大相一致。当吸虹效应导致的净转移支付资金向发达地区回流时，吸引投资与区域差距收敛两大目标将彻底背离，并产生经济发展的虚假繁荣：企业部分地向落后地区转移而区域差距扩大。当落后地区采取补贴劳动者的政策时，企业移动与区域差距收敛均只受市场规模变化的影响，从而吸引投资与缩小区域差距成为同一个命题。

二 实证检验的主要结论

（一）我国东部地区的基础设施不论在实物形态上，还是在存量水平均优于中、西部地区，并存在相对差距收敛而绝对差距扩大的特征

1998 年以来我国的经济发展取得了巨大成就，各类基础设施不论在实物形态还是存量水平上均得到了极大发展，但是空间分布却很不均衡。我国的经济活动具有在东部高度集中的空间分布特征，如东部创造了超过半数的 GDP、拥有更高的人均与地均 GDP、集中了大部分的上市公司等。同时东部在铁路网密度、等级公路密度、地均货物周转量、地均旅客周转量、地均邮电业务量、地均电力消费量、人均城市道路面积等实物基础设施方面比中、西部具有更大优势。

从存量水平来看，2011 年全国总资本存量、交通邮电资本存量、教育资本存量是 1998 年的 5 倍以上。但是各类基础设施资本存量的空间分布呈东高西低的特征，而且 1998 年以来东、西部各类资本存量在总量、人均量、地均量上的相对差距在缩小而绝对差距在扩大。

（二）基础设施投资总体上有利于经济增长，各地区、各类基础设施的产出弹性与空间溢出效应不同

从产出弹性来看，在东部地区教育、制度等软环境对经济增长的作用较大，中、西部地区对交通邮电等物质基础设施的依赖性更强。具体而言，交通邮电基础设施对经济增长具有显著的推动作用，在考虑空间效应后全国交通邮电基础设施的产出弹性在 0.098—0.267；东部地区在 0.042—0.457；中部地区在 0.041—0.353；西部地区在 0.146—0.216；总体来看交通邮电基础设施的产出弹性随着东、中、西部地区而逐渐递减。

东部地区教育基础设施的产出弹性在 0.119—0.325 且显著，而在中部地区不显著、在西部地区多数情形下显著为负，这说明东部地区较高的人均教育资本存量对经济增长具有稳定的推动作用，中西部地区不但人均教育基础设施水平较低，而且技术人才不断向东部地区流动，致使其教育基础设施对经济的推动作用下降。

全国其他资本存量的产出弹性在 0.220—0.454；东部在 0.105—0.303；中部在 0.107—0.458；西部在 0.340—0.777；这表明中、西部经济增长对投资的依赖性更强。

从空间溢出效应来看，相对于形成实物的交通邮电基础设施，能够形成软实力的教育基础设施具有更强的空间溢出效应。具体而言，东部地区的交通邮电和教育基础设施均具有显著的空间溢出效应；在中部、西部地区不能确定交通邮电基础设施是否具有空间溢出效应，而教育基础设施具有较强的空间溢出倾向。

（三）TFP 呈明显的东高西低和显著的空间聚类分布特征，制度环境基础设施对 TFP 具有显著的影响，而物质基础设施对 TFP 的影响不显著

1998 年以来我国各省、市、区的 TFP 总体上呈上升趋势，但各地区的 TFP 水平差距较大，而且东、中部地区的 TFP 水平明显高于西部地区。

第二、三产业结构与 TFP 之间具有非线性相关关系。按赛尔奎因和钱纳里模式，我国各省、市、区处于从现代社会到工业化中期的不同阶

段，那些已经进入后工业化社会的省份，第三产业的产值比重将增加，第二产业的比重会趋于下降；那些尚处于工业化中期和后期的省份，在工业化进程的推动下，第二产业的产值比重依然存在上升的压力，从而导致我国各地区第二、第三产业产值比重具有不同的变化方向，产业结构与 TFP 之间也就呈非线性的相关关系。

制度环境基础设施对 TFP 具有显著的影响，而物质基础设施对 TFP 的影响不显著。具体而言，人力资本、对外开放度和城市化等基础设施水平对 TFP 具有显著的正向效应，政府规模对 TFP 具有显著的负向效应；而公路密度、地均旅客周转量、地均电力消费量等物质基础设施对 TFP 的影响效应不显著。从空间效应来看，TFP 具有显著的空间溢出效应，周边地区 TFP 水平的提升有助于本地区 TFP 的提升。

（四）我国经济呈东、中、西部俱乐部型收敛特征，虽然在不同地区不同类型基础设施对经济收敛的影响效应不同，但制度、教育等软环境基础设施的收敛效应大于城市道路等物质基础设施

1999 年以来我国城市层面经济差距的相对值呈收敛趋势，而绝对值呈扩散趋势，而且东部城市间收入水平的差距最大、西部次之、中部最小。

分地区来看，我国经济呈东、中、西部俱乐部型收敛特征，东部和西部的收敛倾向大于中部。从收敛速度来看，1999—2010 年东部地区为 0.31%—0.34%，西部地区为 0.35%—0.38%，中部地区为 0.17%—0.25%；从半生命周期来看，东部地区为 203—221 年，西部地区为 183—200 年，中部地区为 278—397 年。

从促进经济收敛的影响因素来看，在不同地区不同类型基础设施的影响效应不同。人均固定资本投资具有缩小城市经济增长差距的效应，从而也导致了落后地区对吸引投资的极大热情。市场化水平能够导致东、中、西等地区间收入差距的扩大，而对区域内的收入差距没有显著影响。教育科技支出在东部地区能显著缩小区域差距，而在中、西部地区没有显著的影响效应。地均货物运输量、人均城市道路面积等物质基础设施对城市经济增长差距收敛没有显著影响。从空间溢出效应来看，城市经济增长具有显著的空间溢出效应，相邻地区的增长率水平趋于相似。

第二节 政策建议

第一，东部发达地区应当在区际基础设施建设方面做更大贡献，中、西部地区应当更重视本地的区内基础设施和农业基础设施建设。

理论和实证研究均表明不同类型的基础设施建设对不同地区的经济增长效应是不同的，所以各地区应当从促进经济增长、吸引产业布局、提高居民福利的视角出发，有侧重点地进行基础设施建设。

首先，相对落后的中、西部地区应当重点加强本地的区内基础设施和农业基础设施建设。因为中、西部的市场规模相对较小，加强本地的区内基础设施和农业基础设施建设不但能够降低本地价格指数、提高居民实际收入，而且可以弱化发达地区市场规模效应对产业的集聚效应，相对提高本地的产业份额。具体而言，中、西部地区基础设施建设的重点应当是：(1)加强本地区的基础教育、社会制度、政府效率等社会软环境建设；(2)加大城市改造、乡村道路、能源电力等本地物质基础设施建设；(3)重视农田水利、生态区保护、新农村建设等农村基础设施建设。

其次，相对发达的东部地区除要加强本地的区内基础设施和农业基础设施建设外，更应当重视各类区际基础设施建设。因为改善区际基础设施水平将进一步提升东部地区的本地市场效应和价格指数效应，并提高其产业份额、产品市场占有率和福利水平。具体而言，东部地区区际基础设施建设的重点应当是：(1)加强具有更大空间溢出效应的科技创新活动、通信互联网络、区域政府间合作等社会软环境建设；(2)加大与中西部间的高速公路、高速铁路建设以及西气东输、西电东送、南水北调等物质基础设施建设。

第二，坚持效率优先原则，在全国构建以东部地区为核心的交通运输网络体系，并由东部对中、西部地区的收益损失给予补贴。

在我国目前资金相对紧缺的约束条件下，还不可能建设全面覆盖所有区域的、同等效率水平的交通运输网络；即使有了同等水平的交通运输网络，由于市场规模、运输量的差异也会导致交通运输效率的差异，所以必然存在交通运输网络建设的先后顺序问题。

由前文可知，从各地区福利水平来看，不存在一个使所有地区均实现收益最大化的交通运输网络。同时因为我国目前还面临着与国际和发达国家间的发展差距，知识溢出的增长理论告诉我们，只有当全部资源集中于一个地区时，全社会才能实现最大的经济增长率。所以，从我国目前交通运输网络水平和经济发展阶段来看，应当依然坚持效率优先的原则，在全国构建以东部地区为核心的交通运输网络体系，并由东部对中、西部地区的收益损失给予补贴。

第三，在东中、西部地区建立差异化的税率体系，并主要以补贴劳动者的形式加大东部对中、西部的补贴力度。

在资本收益均等化机制下，补贴企业的政策往往使补贴资金倒流而影响补贴政策的实施效果；补贴劳动者的政策因为将补贴资金直接转化为有效需求而更有利于区域差距收敛，所以我国基于政府间转移支付的补贴政策更应当重视有利于中、西部地区劳动者实际收入增加的政策措施。首先，应当采取差异化税率的区域税收政策，对落后地区给予更多的税收优惠，提高发达地区向落后地区的财政转移支付力度，如在现行分税制框架内进一步加大对落后地区的税收返还比重。其次，在落后地区应当更重视对差异化税率要求较低的补贴劳动者的模式，如加强教育、医疗等社会保障制度、促进基础设施建设等能够直接激励落后地区有效需求的制度与环境建设。最后，应当进一步完善市场机制与企业创新能力建设，落后地区的地方政府应当更少地介入竞争性和高营利性行业，适当降低国有经济比重、提高经济的多元化特征，提升企业的生产率水平与竞争力。

第四，中、西部等落后地区应当进一步加强基础设施投资，特别是加强培育更加良好的制度、教育等软实力建设。

实证研究表明中、西部地区与东部地区在实物与存量基础设施方面的差距是导致区域差距的重要原因；基础设施具有很强的规模效应，东部地区基础设施的产出弹性大于中、西部地区的一个重要原因就是东部地区基础设施的规模效应水平较高。中、西部地区与东部地区在基础设施上的差距不但是实物形态与存量水平上的，而且在基础设施的规模效应方面也存在很大差距，所以中、西部等落后地区应当进一步加强基础设施投资，特别是培育更加良好的制度、教育等软实力建设。

参 考 文 献

一 中文参考文献

[1] 安虎森等：《新经济地量学原理》（第二版），经济科学出版社 2009 年版。

[2] 蔡昉、都阳：《中国地区经济增长的趋同与差异——对西部开发战略的启示》，《经济研究》2000 年第 10 期。

[3] 陈仲常、董东冬：《我国人口流动与中央财政转移支付相对力度的区域差异分析》，《财经研究》2011 年第 3 期。

[4] 范子英、张军：《中国如何在平衡中牺牲了效率：转移支付的视角》，《世界经济》2010 年第 11 期。

[5] 郭克莎、王延中：《中国产业结构变动趋势及政策研究》，经济管理出版社 1999 年版。

[6] 郭庆旺、贾俊雪：《中央财政转移支付与地方公共服务提供》，《世界经济》2008 年第 9 期。

[7] 高新才：《区域经济与区域发展》，人民出版社 2002 年版。

[8] 基础设施与制造业发展关系研究课题组：《基础设施与制造业发展关系研究》，《经济研究》2002 年第 2 期。

[9] 范九利、白暴力、潘泉：《基础设施资本对经济增长贡献的研究进展——生产函数法综述》，《当代经济科学》2004 年第 2 期。

[10] 范前进、孙培源、唐元虎：《公共基础设施投资对区域经济影响的一般均衡分析》，《世界经济》2004 年第 5 期。

[11] 贺菊煌：《我国资产的估算》，《数量经济与技术经济研究》1992 年第 8 期。

[12] 贺锡萍、王秀清：《北京市城郊副食品生产与供应技术经济体系研究》，《农业技术经济》1991 年第 1 期。

[13] 何力武：《消费异质性、知识溢出和收入差距》，《西南民族大学学报》（人文社会科学版）2011 年第 2 期。

[14] 何雄浪、杨继瑞：《企业异质、产业集聚与区域发展差异——新经济地理学的理论解释与拓展》，《学术月刊》2012 年第 7 期。

[15] 何雄浪、杨继瑞、郑长德：《企业异质性、规模报酬与劳动力空间流动——基于新经济地理学的理论研究》，《财经研究》2012 年第 5 期。

[16] 何一峰：《转型经济下的中国经济趋同研究——基于非线性时变因子模型的实证分析》，《经济研究》2008 年第 7 期。

[17] 胡永远、杨胜刚：《经济增长理论的最新进展》，《经济评论》2003 年第 3 期。

[18] 胡鞍钢、刘生龙：《交通运输、经济增长及溢出效应——基于中国省际数据空间经济计量的结果》，《中国工业经济》2009 年第 5 期。

[19] 贾晓俊、岳希明：《我国均衡性转移支付资金分配机制研究》，《经济研究》2012 年第 1 期。

[20] 金凤君：《基础设施与区域经济发展环境》，《中国人口资源与环境》2004 年第 14 卷第 4 期。

[21] 金祥荣、陶永亮、朱希伟：《基础设施、产业集聚与区域协调》，《浙江大学学报》（人文社会科学版）2012 年第 2 期。

[22] 李小健：《经济地理学》，高等教育出版社 1999 年版。

[23] 李伯溪、刘德顺：《中国基础设施水平与经济增长的区域比较分析》，《管理世界》1995 年第 2 期。

[24] 李金滟、宋德勇：《专业化、多样化与城市集聚经济——基于中国地级单位面板数据的实证研究》，《管理世界》2008 年第 2 期。

[25] 李琴、李大胜、熊启泉：《我国农村基础设施供给的优先序——基于广东英德、鹤山的实证分析》，《上海经济研究》2009 年第 6 期。

[26] 李一花、骆永民：《财政分权——地方基础设施建设与经济增长》，《当代经济科学》2009 年第 5 期。

[27] 李治国、唐国兴：《中国平均资本成本的估算》，《统计研究》2002 年第 11 期。

[28] 李治国、唐国兴：《资本形成路径与资本存量调整模型——基于中国转型时期的分析》，《经济研究》2003 年第 2 期。

［29］李治国：《转型期中国资本存量调整模型的实证研究》，《南开经济研究》2002 年第 6 期。

［30］李国璋、周彩云、江金荣：《区域全要素生产率的估算及其对地区差距的贡献》，《数量经济技术经济研究》2010 年第 5 期。

［31］梁琦：《空间经济学：过去，现在与未来——兼评空间经济学：城市、区域与国际贸易》，《经济学季刊》2005 年第 4 期。

［32］林毅夫、蔡昉、李周：《中国经济转型时期的地区差距》，《经济研究》1998 年第 6 期。

［33］林毅夫：《中国的财政分权与经济增长》，《北京大学学报》（哲学社会科学版）2000 年第 4 期。

［34］林毅夫、刘培林：《中国的经济发展战略与地区收入差距》，《经济研究》2003 年第 3 期。

［35］刘秉廉、武鹏、刘玉海：《交通基础设施与中国全要素生产率增长——基于省域数据的空间面板计量分析》，《中国工业经济》2010 年第 3 期。

［36］刘国恩、W. H. Dow、傅正泓、J. Akin：《中国的健康人力资本与收入增长》，《经济学季刊》2004 年第 4 卷第 1 期。

［37］刘建党：《经济增长理论的一个文献综述》，《西安文理学院学报》（社会科学版）2006 年第 12 期。

［38］刘强：《中国经济增长的收敛性分析》，《经济研究》2001 年第 6 期。

［39］刘生龙、胡鞍钢：《基础设施的外部性在中国的检验：1988—2007》，《经济研究》2010 年第 3 期。

［40］刘生龙：《健康对农村居民劳动力参与的影响》，《中国农村经济》2008 年第 8 期。

［41］刘生龙、胡鞍钢：《交通基础设施与经济增长：中国区域差距的视角》，《中国工业经济》2010 年第 4 期。

［42］刘生龙、胡鞍钢：《基础设施的外部性在中国的检验：1988—2007》，《经济研究》2010 年第 3 期。

［43］刘生龙、胡鞍钢：《交通基础设施与中国区域经济一体化》，《经济研究》2011 年第 3 期。

［44］刘乃全、贾彦利：《中国区域政策的重心演变及整体效应研究》，

《经济体制改革》2005 年第 1 期。

[45] 刘乃全、刘学华、赵丽岗：《中国区域经济发展与空间结构的演变——基于改革开放 30 年时序变动的特征分析》《财经研究》2008 年第 11 期。

[46] 刘志伟：《收入分配不公平程度测度方法综述》《统计与信息论坛》2003 年第 5 期。

[47] 马拴友、于红霞：《转移支付与地区经济收敛》《经济研究》2003 年第 3 期。

[48] 毛捷、汪德华、白重恩：《民族地区转移支付、公共支出差异与经济发展差距》《经济研究增刊》2011 年第 2 期。

[49] 潘士远、史晋川：《内生经济增长理论：一个文献综述》《经济学》（季刊）2002 年第 1 卷第 4 期。

[50] 潘文卿：《中国区域经济差异与收敛》《中国社会科学》2010 年第 1 期。

[51] 乔宝云、范剑勇、彭骥鸣：《政府间转移支付与地方财政努力》《管理世界》2006 年第 3 期。

[52] 单书豪：《中国资本存量 K 的再估算：1952—2006 年》，《数量经济技术经济研究》2008 年第 10 期。

[53] 孙久文、李爱民：《基于新经济地理学的"整体分散 优势集中"区域发展总体格局研究》《经济学动态》2012 年第 5 期。

[54] 沈坤荣、马俊：《中国经济增长的"俱乐部收敛"特征及其成因研究》《经济研究》2002 年第 1 期。

[55] 沈体雁、冯等田、孙铁山：《空间计量经济学》，北京大学出版社 2010 年版。

[56] 宋海岩、刘淄楠、蒋萍：《改革时期中国总投资决定因素的分析》《世界经济文汇》2003 年第 1 期。

[57] 覃成林：《中国区域经济差异研究》，中国经济出版社 1997 年版。

[58] 覃成林：《中国区域经济增长趋同与分异研究》《人文地理》2004 年第 3 期。

[59] 覃成林、刘迎霞、李超：《空间外溢与区域经济增长趋同——基于长江三角洲的案例分析》《中国社会科学》2012 年第 5 期。

[60] 王世磊、张军：《中国地方官员为什么要改善基础设施——一个关

于官员激励机制的模型》，《经济学季刊》2008 年第 2 期。

[61] 王家庭、贾晨蕊：《我国城市化与区域经济增长差异的空间计量研究》，《经济科学》2009 年第 3 期。

[62] 王小鲁、樊纲等：《中国经济增长的可持续性——跨世纪的回顾与展望》，经济科学出版社 2000 年版。

[63] 汪增洋、豆建民：《空间依赖性——非线性与城市经济增长趋同》，《南开经济研究》2010 年第 4 期。

[64] 汪冲：《专项转移支付漏损的理论分析与实证检验》，《财经研究》2007 年第 12 期。

[65] 魏后凯：《外商直接投资对中国区域经济增长的影响》，《经济研究》2002 年第 4 期。

[66] 魏后凯：《改革开放 30 年中国区域经济的变迁——从不均衡发展到相对均衡发展》，《经济学动态》2008 年第 5 期。

[67] 魏后凯：《现代区域经济学》，经济管理出版社 2011 年版。

[68] 魏下海：《基础设施、空间溢出与区域经济增长》，《经济评论》2010 年第 4 期。

[69] 吴殿廷、宋金平、孙久文、李玉江、覃成林：《区域经济学》，科学出版社 2003 年版。

[70] 吴玉鸣：《中国省域经济增长趋同的空间计量经济分析》，《数量经济技术经济研究》2006 年第 12 期。

[71] 吴玉鸣：《中国经济增长与收入分配差异的空间计量经济分析》，经济科学出版社 2005 年版。

[72] 武剑：《外国直接投资的区域分布及其经济增长效应》，《经济研究》2002 年第 4 期。

[73] 许和连、亓朋、祝树金：《贸易开放度、人力资本与全要素生产率：基于中国省际面板数据的经验分析》，《世界经济》2006 年第 12 期。

[74] 杨伟民：《地区间收入差距变动的实证分析》，《经济研究》1992 年第 1 期。

[75] 于光远：《经济大辞典》，上海辞书出版社 1992 年版。

[76] 张可云：《区域经济政策：理论基础与欧盟国家实践》，中国轻工业出版社 2001 年版。

[77] 张可云：《区域经济政策》，商务印书馆 2005 年版。

[78] 张光南、李小瑛、陈广汉：《中国基础设施的就业、产出和投资效应——基于 1998—2006 年省际工业企业面板数据研究》，《管理世界》2010 年第 4 期。

[79] 张军、吴桂英、张吉鹏：《中国省际物质资本存量估算：1952—2000》，《经济研究》2004 年第 10 期。

[80] 张军、章元：《对中国资本存量 K 的再估计》，《经济研究》2003 年第 7 期。

[81] 张军、高远、傅勇、张弘：《中国为什么拥有了良好的基础设施?》，《经济研究》2007 年第 3 期。

[82] 张先锋、丁亚娟、王红：《中国区域全要素生产率的影响因素分析——基于地理溢出效应的视角》，《经济地理》2010 年第 12 期。

[83] 张浩然、衣保中：《基础设施、空间溢出与区域全要素生产率——基于中国 266 个城市空间面板杜宾模型的经验》，《经济学家》2012 年第 2 期。

[84] 张学良：《中国交通基础设施与经济增长的区域比较分析》，《财经研究》2007 年第 8 期。

[85] 张学良：《中国交通基础设施促进了区域经济增长吗——兼论交通基础设施的空间溢出效应》，《中国社会科学》2012 年第 3 期。

[86] 张志、周浩：《交通基础设施的溢出效应及其产业差异——基于空间计量的比较分析》，《财经研究》2012 年第 3 期。

[87] 张恒龙、陈宪：《政府间转移支付对地方财政努力与财政均等的影响》，《经济科学》2007 年第 1 期。

[88] 张恒龙、秦鹏亮：《政府间转移支付与省际经济收敛》，《上海经济研究》2011 年第 8 期。

[89] 钟正生、宋旺：《我国总量转移支付的影响因素及其均等化效应》，《经济科学》2008 年第 4 期。

[90] 赵人伟、李实：《中国居民收入分配再研究》，《经济研究》1999 年第 4 期。

[91] 周浩、郑筱婷：《交通基础设施质量与经济增长：来自中国铁路提速的证据》，《世界经济》2012 年第 1 期。

[92] 亚当·斯密：《国民财富的性质和原因的研究》，商务印书馆 1983

年版。

[93] Chrixtaller W（1933）、常正文，王兴中等译：《德国南部中心地原理》，商务印书馆 1998 年版。

[94] Losch A.：《经济空间秩序》，王守礼译，商务印书馆 1995 年版。

[95] Weber A.：《工业区位论》，李刚剑等译，商务印书馆 1997 年版。

[96] ［美］H. 钱纳里、S. 鲁宾逊、M. 赛尔奎因：《工业化和经济增长的比较研究》，吴奇、王松宝译，上海三联出版社、上海人民出版社 1995 年版。

二 英文参考文献

[1] Alonso, W. Location and Land Use: Towards a General Theory of Land Rent. Harvard University Press, Cambridge. Mass, 1964.

[2] Amiti, M. and C. A. Pissarides. Trade and industrial location with heterogeneous labor. Journal of International Economics, 2005 (67): 392 – 412.

[3] Antràs, P. and E. Helpman. Global Sourcing. The Journal of Political Economy, 2004, 112 (3): 552 – 580.

[4] Armstrong, H. W. and Taylor, J. Regional Economics and Policy, Philip Allan, 1985.

[5] Arrow, K. and Kurz M. Public Investment, the rate of return and optimal fiscal policy. The John Hopkins Press. Baltimore, 1970.

[6] Aschauer, D. A. Does public capital crowd out private capital?. Journal of Monetary Economics. 1989 (24): 178 – 235.

[7] Aschauer, D. A. Infrastructure and Macroeconomic Performance: Direct and Indirect Effects. In The OECD jobs study: Investment. Productivity and Employment, OECD Paris, 1993: 85 – 101.

[8] Balassa, B. A. Trade liberalization among industrial countries, McGraw-Hill. New York, 1967.

[9] Baldwin, R. E. Agglomerate and Endogenous Capital. European Economic Review, 1999 (43): 253 – 280.

[10] Baldwin, R. E., P. Martin and G. I. P. Ottaviano. Global income divergence, trade and industrialization: The geography of growth take-off. Journal of Economic Growth, 2001 (6): 5 – 37.

[11] Baldwin, R., R. Forslid., P. Martin et al. Economic geography and public policy. Princeton: Princeton University Press, 2003.

[12] Baldwin, R. E. and P. Martin., Agglomeration and regional growth. Handbook of Regional and Urban Economics: Cities and Geography edited by Vernon Henderson and Jacques-François Thisse, 2004.

[13] Baldwin, R. E. and Okubo T., Heterogeneous firms, agglomeration and economic geography: Spatial selection and sorting. Journal of Economic Geography, 2006.

[14] Barro, R. J. Government spending in a simple model of endogenous growth. Journal of Political Economy. 1990, 98 (5): 103 – 125.

[15] Barro, R. J. Economic growth in a cross sections of countries. Quarterly Journal of Economics. 1991, 106 (5) 407 – 433.

[16] Barro, R. J. and X. Sala-I-Martin. Convergence. Journal of Political Economy, 1992 (100): 223 – 251.

[17] Baumol, W. Productivity growth. convergence. and welfare: what the long-run data show. American Economic Review. 1986, 76 (5): 1072 – 1085.

[18] Bavaud, F. Models for spatial weights: a systematic look. Geographical Analysis, 1998, 30 (1): 153 – 171.

[19] Bernard, A. B. and J. B. Jensen. Exceptional exporter performance: cause, effect, or both? Journal of International Economics, 1999, 47 (1): 1 – 25.

[20] Berliant, M. and M. Fujita. Dynamics of knowledge creation and transfer: The two person case. MPRA Paper, No. 4973, 2007.

[21] Behrens, K., C. Gaigné and J. F. Thisse. Industry location and welfare when transport costs are endogenous. Journal of Urban Economics, 2009, 65 (2): 195 – 208.

[22] Brander, J. and P. Krugman. A " eciprocal dumping" model of international trade. Journal of International Economics, 1983, 15 (3 – 4): 313 – 321.

[23] Brander, J. A. and B. J. Spencer. Export subsidies and international market share rivalry. Journal of International Economics, 1985, 18 (1 –

2)：83-100.

[24] Adam, B. and K. Michel. Infrastructure and poverty linkages: a literature review. Mimeograph. Washington. D. C. World Bank, 2002.

[25] Bronzini, R. and P. Piselli, Determinants of long-run regional productivity with geographical spillovers: The role of R&D, human capital and public infrastructure . Regional Science and Urban Economics, 2009, 39 (2): 187-199.

[26] Brülhart, M. , M. Crozet and P. Koenig. Enlargement and the EU periphery: the impact of changing market potential. The World Economy, Wiley Online Library, 2004.

[27] Buurman, J. and P. Rietveld. Transport infrastructure investment and Canadian manufacturing productivity. Review of urban and regional development studies. 1999, 11 (1): 45-62.

[28] Cabral, L. M. B. and J. Mata. On the evolution of the firm size distribution: facts and theory. The American Economic Review, 2003, 93 (4): 1075-1090.

[29] Canova, F. , Testing for convergence clubs in income per-capita: a predictive density approach. HWWA discussion paper, 2001, 139: 7-35.

[30] Cermeo, R. Growth convergence clubs: evidence from markov-switching models using panel data. Paper for the 10th International Conference on Panel Data, Berlin, 2002: 1-19.

[31] Chamberlin, E. H. The theory of monopolistic competition. Cambridge: Harvard University Press, 1933.

[32] Chandra, A. and E. Thompson. Does public infrastructure affect economic activity? Evidence from the rural interstate highway system. Regional science and urban economics, 2000 (30): 457-490.

[33] Chenery, H. , S. Robinson and M. Syrquin. Industrialization and growth: a comparative study. Oxford University Press, 1986.

[34] Chow, G. C. Capital formation and economic growth in China, Q. J. E, 1993 (8): 809-842.

[35] Cliff, A. D. and J. K. Ord. Spatial Autocorrelation, Pion, London, 1973.

[36] Cliff, A. D. and J. K. Ord. Spatial Processes, Pion, London, 1981.

[37] Cohen, J. P. and P. Morrison. Public infrastructure investment, interstate spatial spillovers, and manufacturing costs. Review of Economic and Statistics, 2004 (86): 551 – 560.

[38] Cohen, J. P. Economic benefits of investments in transport infrastructure. OECD /ITF Joint Transport Research Centre Discussion Papers. 13, OECD. InternationalTransportForum, 2007.

[39] Combes, P. P. , T. Mayer and J. F. Thisse. Economic Geography: The Integration of Regions and Nations. Princeton: Princeton University Press, 2008.

[40] Demetriades, P. O. and Mamuneas. T. P. Intertemporal output and employment effects of public infrastructure capital: evidence from 12 OECD economies. The Economic Journal, 2000, 110 (465): 687 – 712.

[41] Desdoigts, A. Patterns of economic development and the formation of clubs, Journal of Economic Growth, 1999, 4 (3): 305 – 330.

[42] Dixit, A. K. and J. E. Stiglitz. Monopolistic competition and optimum product diversity. The American Economic Review, 1977, 67 (3): 297 – 308.

[43] Duggal, V. G. , C. Saltzman. and L. R. Klein. Infrastructure and productivity: a nonlinear approach. Journal of Econometrics, 1999, 92 (1): 47 – 74.

[44] Dupont, V. and P. Martin. Subsidies to poor regions and inequalities: some unpleasant arithmetic. Journal of Economic Geography, 2006, 6 (2):223 – 240.

[45] Duranton, G. and M. Storper. Rising trade costs? Agglomeration and trade with endogenous transaction costs. The Canadian Journal of Economics, 2008, 41 (1): 292 – 319.

[46] Eaton, J. , S. Kortum and F. Kramarz. Dissecting trade: firms, industries, and export destinations. The American Economic Review, 2004, 94 (2): 150 – 154.

[47] Ethier, W. J. National and international returns to scale in the modern theory of international trade. The American Economic Review, 1982, 72 (3): 389 – 405.

[48] Everaert, G. and F. Heylen. Public capital and productivity growth: Evidence for Belgium. 1953 - 1996. Economic Modeling, 2001, 18 (1): 97 - 116.

[49] Fan, S., Zhang. L. and Zhang. X. Growth, inequality and poverty in rural China: The role of public investments. Research Report (125), International Food Policy Research Institute, 2002.

[50] Fay, M. The contribution of power infrastructure to economic growth. Background Paper for World Development Report, World Bank, Washington, D. C., 1993.

[51] Fernald, J. G. Roads to prosperity? Assessing the link between public capital and productivit. American Economic Review. 1999. 89 (3): 619 - 638.

[52] Fischer, M. M. and C. StirbÖck, Pan-European regional income growth and club-convergence insights from a spatial econometric perspective. Annals of regional science, 2006, 40 (4): 693 - 721.

[53] Forslid, R. Agglomeration with human and physical capital: an analytically solvable case. Discussion Paper No. 2012, Center for economic policy research, 1999.

[54] Forslid, R. and G. I. P. Ottaviano. An analytically solvable core-periphery model. Journal of Economic Geography, 2003, 3: 229 - 240.

[55] Forslid, R. Tax competition and agglomeration: main effects and empirical implications. Swedish Economic Policy Review, 2005, 12: 113 - 137.

[56] Forslid, R. and T. Okubo. On the development strategy of countries of intermediate size—An analysis of heterogenous firms in a multiregion framework. Discussion paper series RIEB, 2010.

[57] Forslid, R. Regional Policy. intergration and the location of industry. http: //www. cepr. org/meets/wkcn/2/2333/papers/forslid. pdf, 2004.

[58] Friedman, J. Regional development policy: A case of Venezuela, the MIT Press, 1966.

[59] Fujita, M. and P. Krugman. When is the economy monocentric? Von Thünen and Chamberlin unified. Regional Science and Urban Economics, 1995, 25: 508 - 528.

［60］Fujita, M. and T. Mori. The role of ports in the making of major cities: self-agglomeration and hub-effect. Journal of Development Economics, 1996, 49: 93 – 120.

［61］Fujita, M. and T. Mori. Structural stability and evolution of urban systems. Regional Science and Urban Economics, 1997, 27: 399 – 442.

［62］Fujita, M., P. Krugman. and T. Mori. On the evolution of hierarchical urban systems. European Economic Review 1999, 43: 209 – 251.

［63］Fujita, M., P. Krugman. and A. J. Venables. The spatial economy: Cities, regions and international trade. Cambridge and Massachusetts: MIT Press, 1999.

［64］Fujita, M. and T. Mori. Frontiers of the new economic geography. Papers in Regional Science, 2005, 84 （3）: 377 – 405.

［65］Fujita, M. Towards the new economic geography in the brain power society. Regional Science and Urban Economics, 2007, 37: 482 – 490.

［66］Geary, R. C. The contiguity ratio and statistical mapping. The Incorporated Statistician, 1954 （5）: 115 – 127.

［67］Garcia-Milà, T., T. J. McGuire. and R. H. Porter. The effect of public capital in state level production functions reconsidered. Review of Economics and Statistics, 1996, 78 （2）: 177 – 180.

［68］Goldsmith, R. W. and M. R. Gainsburgh. A perpetual inventory of national wealth: Studies in income and wealth. Princeton, 1951.

［69］González, R., L. Lanaspa. and F. Pueyo. Trade policies, concentration, growth and welfare. Economic Modelling, Elsevier, 2009.

［70］Gruber, S. and L. Marattin. Taxation, infrastructure and endogenous trade costs in New Economic Geography. Papers in Regional Science, 2010, 89 （1）: 203 – 222.

［71］Heckscher, E. The effect of foreign trade on the distribution of income. Ekonomisk Tidskrift, 1919 （21）: 497 – 512. Reprinted, in Flam, H. and M. Flanders. Heckscher-Ohlin Trade Theory. Cambridge, MA: MIT Press, 1991: 43 – 69.

［72］Helpman, E. International trade in the presence of product differentiation, economies of scale and monopolistic competition: A Chamberlin-

Heckscher-Ohlin approach. Journal of International Economics, 1981, 11 (3): 305 – 340.

[73] Helpman, E. Imperfect competition and international trade: Evidence from fourteen industrial countries. Journal of the Japanese and International Economies, 1987, 1 (1): 62 – 81.

[74] Helpman, E., M. J. Melitz. and S. R. Yeaple. Export versus FDI with heterogeneous firms. The American Economic Review, 2004, 94 (1): 300 – 316.

[75] Henderson, J. V. The sizes and types of cities. The American Economic Review. 1974, 64 (4): 640 – 656.

[76] Hirschman, A. O. The strategy of economic development, New Haven: Yale University Press, 1958.

[77] Hopenhayn, H. A. Entry, exit, and firm dynamics in long run equilibrium. Econometrica, 1992, 60 (5): 1127 – 1150.

[78] Hoover, E. M. The location of economic activity. New York: McGraw-Hill, 1948.

[79] Hirschman, A. O. The Strategy of Economic Development. Yale University Press, New Haven, CT., 1958.

[80] Holl, A. Transport infrastructure, agglomeration economics and firm birth: empirical evidence from Portugal. Journal of regional science, 2004, 44 (4): 693 – 712.

[81] Holtz-Eakin, D. Public sector capital and the productivity puzzle. NBER Working Paper, 1993, No. 4122.

[82] Holtz-Eakin, D. Public sector capital and the productivity puzzle. Review of Economics and Statistics. 1994, 76: 12 – 21.

[83] Holtz-Eakin, D. and A. E. Schwartz. Spatial productivity spillovers from public infrastructure: Evidence from state highways. International Tax and Public Finance, 1995, 2: 459 – 468.

[84] Isard, W. Location and space-economy. Cambridge: MIT Press, 1956.

[85] Inman, R. P. Federal assistance and local services in the United States: The evolution of a New Federalist Fiscal Order. In Fiscal Federalism. Harvey Rosen. ed. Chicago: U. Chicago Press, 1988.

[86] Jonasson, O., Agricultural regional of Europe. Economic Geography, 1925, 1: 277 – 314.

[87] Keynes, J. M. The general theory of employment, interest and money. London: Macmillian &Co, 1936, 中译本《就业》,《利息和货币通论》, 商务印书馆 1983 年版。

[88] Konishi, H. Hub cities: city formation without increasing returns. Journal of Urban Economics, 2000, 48: 1 – 28.

[89] Krugman, P. Increasing returns, monopolistic competition, and international trade. Journal of International Economics, 1979, 9 (4): 469 – 479.

[90] Krugman, P. Scale economies, product differentiation, and the pattern of trade. The American Economic Review, 1980, 70 (5): 950 – 959.

[91] Krugman, P. The hub effect: or, threeness in international trade. In: Ethier, W. J., E. Helpman. and J. P. Neary. (Eds.), Trade policy and dynamics in international trade. Cambridge University Press, Cambridge, 1993: 29 – 37.

[92] Krugman, P. and A. J. Venables. Globalization and the inequality of nations. Quarterly Journal of Economics, 1995, 60: 857 – 880.

[93] Krugman, P. What's new about the new economic geography? Oxford Review of Economic Policy, 1998, 14 (2): 7 – 17.

[94] Lave, C. A. and K. Train. A disaggregate model of auto-type choice. Transportation Research Part A: General, 1979, 13 (1): 1 – 9.

[95] Lave, C. A. and J. Bradley. Market share of imported cars: a model of geographic and demographic determinants. Transportation Research Part A: General, 1980, 14 (5 – 6): 379 – 387.

[96] Lancaster, K. Socially optimal product differentiation. The American Economic Review, 1975, 65 (4): 567 – 585.

[97] Lancaster, K. Intra-industry trade under perfect monopolistic competition. Journal of International Economics, 1980, 10 (2): 151 – 175.

[98] Leontief, W. Domestic production and foreign trade: The American capital position re-examined. Proceedings of The American Philosophical Society, 1953, 97 (4): 332 – 349.

[99] Lesage, J. P. and R. K. Pace. Spatial econometric models. Handbook of Applied Spatial Analysis, 2010: 355 – 376.

[100] Lucas, R. E. On the mechanics of economic development. Journal of Monetary Economics, 1988, 22 (1): 3 – 42.

[101] Mankiw, G. , D. Romer and D. Weil. A contribution to the empirics of economic growth, Quarterly Journal of Economics. 1992, 107 (2): 407 – 437.

[102] Martin, P. and C. A. Rogers. Industrial Location and Public Infrastructure. Journal of International Economics, 1995, 39 (3. 4): 335 – 351.

[103] Martin, P. and G. I. P. Ottaviano. Growing locations: Industry location in a model of endogenous growth. European Economic Review, 1999, 43 (2): 281 – 302.

[104] Martin, P. and G. I. P. Ottaviano. Growth and agglomeration. International Economic Review, 2001, 42: 947 – 968.

[105] Martinez-Vazquez, J. , B. Qiao. and L. Zhang. The role of provincial policies in fiscal equalization outcomes in China. The China Review, 2008, 8 (2): 07 – 05.

[106] Matsuyama, K. and T. Takahashi. Self-defeating regional concentration. Review of Economic Studies, 1998, 65: 211 – 234.

[107] Melitz, M. The impact of trade on intra-industry reallocations and aggregate industry productivity. Econometrica, 2003, 71: 335 – 351.

[108] Melitz, M. J. and G. I. P. Ottaviano. Market size, trade, and productivity. The Review of Economic Studies, 2008, 75 (1): 295 – 316.

[109] Monfort, P. and R. Nicolini. Regional convergence and international integration. Journal of Urban Economics, 2000, 48: 286 – 306.

[110] Moreno, R. , E. Lopez-Bazo. And M. Artis. Public infrastructure and the performance of manufacturing industries: Short and long-run effects. Regional Science and Urban Economics, 2002, 32 (1): 97 – 121.

[111] Michael, R. T. Education in nonmarket production. Journal of Political Economy, 1973, 81 (2): 306 – 327.

[112] Monfort, P. and R. Nicolini. Regional convergence and international in-

tegration. Journal of Urban Economics, 2000 (48): 286 – 306.

[113] Moran, P. The interpretation of statistical maps. Journal of the Royal Statistical Society, 1948 (5): 32 – 63.

[114] Moran, P. A. P. Notes on continuous stochastic phenomena. Biometrika, 1950, 37 (1): 17 – 23.

[115] Moria, T. and A. Turrinib. Skills, agglomeration and segmentation. European Economic Review, 2005, 49: 201 – 225.

[116] Mori, T. A modeling of megalopolis formation: the maturing of city systems. Journal of Urban Economics, 1997, 42: 133 – 157.

[117] Mori, T. and K. Nishikimi. Economies of transport density and industrial agglomeration. Regional Science and Urban Economics, 2002, 32: 167 – 200.

[118] Morrison, J. L., M. W. Scripter. and R. H. T. Smith. Basic measures of manufacturing in the united states, 1958. Economic Geography, 1968, 34: 296 – 311.

[119] Munnell, A. Why has productivity declined? Productivity and public investment. New England Economic Review. 1990. Federal Reserve Bank of Boston.

[120] Murata, Y. Product diversity, taste heterogeneity, and geographic distribution of economic activities: Market Vs. Non-Market interactions. Journal of Urban Economics, 2003, 53 (1): 126 – 144.

[121] Murata, Y. and J. F. Thisse. A simple model of economic geography La Helpman-Tabuchi. Journal of Urban Economics, 2005, 58 (1): 137 – 155.

[122] Murata, Y. Taste heterogeneity and the scale of production: Fragmentation, unification, and segmentation. Journal of Urban Economics, 2007 (62): 135 – 160.

[123] Nurkse, R. Problems of capital formation in developing countries. Oxford. UK: Basil Blackwel, 1953.

[124] Oates, W. E. An essay on fiscal federalism. Journal of Economic Literature. 1999, 37 (3) 1120 – 1149.

[125] Ohlin, B. G. Interregional and international trade. Cambridge: Harvard

University Press, 1933.

[126] Okubo, T. Trade liberalisation and agglomeration with firm heterogeneity: Forward and backward linkages. Regional Science and Urban Economics, 2009, 39: 530 –541.

[127] Okubo, T. , P. M. Picard. and J. F. Thisse. The spatial selection of heterogeneous firms. Journal of International Economics, 2010, 82: 230 –237.

[128] Ottaviano, G. I. P. , T. Tabuchi. and J. Thisse. Agglomeration and trade revisited. International Economic Review, 2002, 43: 409 –436.

[129] Ottaviano, G. I. P. Monopolistic competition, trade, and endogenous spatial fluctuations. Regional Science and Urban Economics, 2001, 31 (1):51 –77.

[130] Palander, T. Beitruge zur Standortstheoris Uppsala: Almqvist and Wiksells. 1935.

[131] Paluzie, E. Trade policy and regional inequalities. Regional Science, 2001, 80: 67 –85.

[132] Pereira, A. M. and O. Roca-Sagalés. Spillovers effects of public capital formation: Evidence from the Spanish Regions. Journal of Urban Economics, 2003, 53: 28 –256.

[133] Perkins, D. Reforming China's Economic System. Journal of Economic Literature, 1988, 26 (2): 601 –645.

[134] Pflüger, M. A simple, analytically solvable, Chamberlinian agglomeration model. Regional Science and Urban Economics, 2004, 34 (5): 565 –573.

[135] Picard, P. M. and D. Z. Zeng. Agricultural Sector and Industrial Agglomeration. Journal of Development Economics, 2005, 77 (1): 75 –106.

[136] Puga, D. and A. J. Venables. Preferential trading arrangements and industrial location. Journal of International Economics, 1997, 43 (3 – 4): 347 –368.

[137] Quah, D. Twin peaks: Growth and convergence in models of distribution dynamics, Economic Journal, 1996, 106 (437): 1045 –1055.

[138] Quah, D. T. Empirics for Economic Growth and Convergence. European Economic Review, 1996, 40 (6): 1353 – 1375.

[139] Quah, D. Spatial agglomeration dynamics. CEPR DP. 3208, 2002.

[140] Robinson, J. The economics of imperfect competition. London: Macmillan, 1933.

[141] Romer, P. M. Increasing returns and long-run growth. Journal of Political Economy, 1986, 94 (5): 1002 – 1052.

[142] Rodan, R. P. N. Problems of industrialization of Eastern and South-Eastern Europe. The Economic Journal. 1943, 53: 202 – 211.

[143] Rostow, W. W. The stage of economic growth. The Economic History Review. 1959, 12 (1): 1 – 16.

[144] Russek, S. Differential labour mobility and agglomeration. Papers in Regional Science, 2010, 89 (3): 587 – 606.

[145] Saghir, J. Energy and poverty: Myths, links and policy issues. Energy Working Paper. No. 4. Washington D. C.. World Bank, 2005.

[146] Samuelson, P. A. The transfer problem and transport costs: the terms of trade when impediments are absent. Economic Journal, 1952, 62 (246): 278 – 304.

[147] Schultz, A. The new economic geography. Journal of Economic Surveys, 1961, 13 (4): 355 – 379.

[148] Sheard, N. Regional policy in a multiregional setting: when the poorest are hert by subsidies. Review of World Economics, 2012, 148 (2): 403 – 423.

[149] Shirley, C. and C. Wintson. Firm inventory behavior and the returns from highway infrastructure investment. Journal of Urban Economics, 2004, 55 (2): 398 – 415.

[150] Solow, R. M. A contribution to the theory of economic growth. Quarterly Journal of Economics, 1956, 70 (2): 65 – 94.

[151] Spence, M. Product differentiation and welfare. The American Economic Review, 1976, 66 (2): 407 – 414.

[152] Spulber, D. F. Global competitive strategy. Cambridge, Cambridge University Press, 2007.

[153] Stine, W. F. Is local government revenue response to federal aid symmetrical? Evidence from Pennsylvania County Governments in an era of retrenchment. National Tax Journal, 1994, 47 (4): 799 – 816.

[154] Tabuchi, T. Urban agglomeration and dispersion: A synthesis of Alonso and Krugman. Journal of Urban Economics, 1998, 44 (3): 333 – 351.

[155] Tabuchi, T. and J. F. Thisse. Taste heterogeneity, labor mobility and economic geography. Journal of Development Economics, 2002, 69 (1): 155 – 177.

[156] Tatom, J. A. Should government spending on capital goods be raised? Federal Reserve Bank of St. Louis Review, 1991 (3/5): 3 – 15.

[157] Treisman, D. Decentralization, fiscal incentives and economic performance: A reconsideration. Working Paper. 2004.

[158] Tsui, K. Local tax system, intergovernmental transfers and China's local fiscal disparities. Journal of Comparative Economics, 2005, 33 (1): 173 – 196.

[159] Von Thunen, J. H. Der Isolierte Staat in Beziehung Auf Landtschaft Und Nationalokonomie. Hamburg: 1826.

[160] Waltz, U. Transport costs, intermediate goods, and localized growth. Regional Science and Urban Economics, 1996, 26: 671 – 695.

[161] Wylie, P. J. Infrastrueture and Canada Eeonomic Growth 1946 – 1991. The Canadian Journal of Eeonomies, 1996, 29 (4): 350 – 355.

[162] Yamamoto, K. Agglomeration and growth with innovation in the intermediate goods sector. Regional Science and Urban Economics, 2003, 33: 335 – 360.

[163] Young, A. Gold into base metals: Productivity growth in the People's Republic of China during the reform period. Journal of Political Economy, 2003, 111 (6): 1220 – 1260.

后　记

　　2013 年 9 月和 10 月，中国国家主席习近平在出访中亚和东南亚国家期间，提出共建"一带一路"的重大倡议，2017 年 5 月"一带一路"国际合作高峰论坛在北京召开。至 2017 年 5 月，依托新亚欧大陆桥和西伯利亚大陆桥，已形成西、中、东三条中欧铁路运输通道，中国铁路已经铺设了中欧班列运行线 51 条，国内开行城市达到 28 个，到达欧洲 11 个国家 29 个城市。与此同时，中国正在积极开展亚洲公路网、泛亚铁路网规划和建设，与东北亚，中亚、南亚及东南亚国家开通公路通路 13 条，铁路 8 条。通过"一带一路"发展建设，中国企业对"一带一路"相关国家的直接投资与服务外包合同金额持续增长，中国与世界的联系更加紧密。"一带一路"是中国与沿线国家实现合作共赢的伟大实践，充分证明了空间要素在当今社会、经济发展中的重要性，同时也迫切需要严谨的经济学理论对生产要素的多元化空间流动给予解释与指导，因此新经济地理学可以说是恰逢其时。

　　第一，在全球化背景下，空间将是一个跨越国界的概念，同时空间不再是传统意义上的地理概念，而是一种经济生产要素，并影响到经济活动的全球化布局。从理论研究来看，传统的主流经济分析框架没有包含空间因素，而现实世界是存在规模收益递增和垄断竞争的块状世界，各种经济要素受空间作用力影响而不断地在空间流动。虽然空间要素到目前为止还未进入主经流经济学，但随着技术进步与市场竞争加剧，空间要素在经济活动的全球布局中变得更加重要。2008 年国际金融危机后，中国经济在复杂的国际环境中寻求国际化空间突围，东北亚与南中国海区域已然成为多种国际势力的角逐场，"一带一路"倡议则助推中国在空间上与亚洲、欧洲、非洲国家联系更加紧密。

　　第二，生产要素的空间流动与经济活动的空间布局对于我国经济社会统筹发展、区域协调发展具有重要意义。新经济地理学在国内经历了引进、学习、认同、推广等阶段，目前国内有越来越多的学术同仁能够熟练运用 DS 模型框架、规模报酬递增理论以及计算机数值模拟。从应用发展来看，目前我国基本形成了东、中、西、东北四大板块并重、各经济区全面发展的相对均衡的空间发展格局。2010 年以来，我国逐渐步入经济发展新常态，东南沿海地区对经济要素的虹吸效应逐渐弱化，扩散效应逐渐显现，部分产业呈现出由东南沿海地区向中西部地区转移的趋势。随着"一带一路"倡议的推进，中国经济将更加国际化，要素的国际国内流动将表现出规模不断扩大、内涵不断深化、流向更加复杂化的特征，这为新经济地理学的实证研究提供了广阔空间。

第三，公共基础设施具有很强的外部性，是实现经济增长的重要先决条件。在当今社会，公共基础设施的发展在很大程度上能够影响到生产要素的空间流动，进而影响到经济活动的空间布局。在新经济地理学框架下研究公共基础设施对经济增长、区域差距收敛的影响机制，能够发现具有普适性的研究结论：（1）区内公共基础设施改善有利于本地区经济增长，发达地区区内基础设施改善使区域差距趋于扩大，落后地区区内基础设施改善使区域发展差距趋于收敛，而且发达地区的区域差距扩大效应大于落后地区的收敛效应；（2）区际基础设施改善更有利于发达地区，只有当落后的区内基础设施水平大于一定的临界值时，落后地区才能参与到与发达地区的竞争中，从而在区际基础设施改善中推动经济增长；（3）当两地区的区内基础设施水平相近时，区际基础设施改善能提升两地区的经济发展水平，此时相对区域差距保持不变，绝对差距趋于扩大。

自 20 世纪 90 年代至今，新经济地理学经过 20 多年的发展已步入中期阶段（孙久文等，2015）。以开放的姿态，在全球视野下研究中国的经济问题是新经济地理学最大的优势。所幸的是，笔者在攻读博士学位期间，能够在恩师安虎森教授的引领下触及新经济地理学，并在学界各位老师、同门及同学的帮助下完成了本书，在此一并致以诚挚的感谢。

感谢我的恩师安虎森教授。2003 年当我第一次接触区域经济学并阅读老师的著作时，老师已成就斐然，我也未曾料到竟有机缘投入老师门下。2010 年秋天一个普通的早晨，在经院方楼教室中看到的一幕让我永生难忘：老师在奋笔疾书地为我们讲解新经济地理学模型，而汗水完全浸透了衬衫！老师对学术的执着与严谨、对学生的负责与关爱，以及质朴的为人、宽广的胸怀令我感动！经院高层的办公室已然成了我们的据点，在这里有过学术的自由争辩与畅想，也收获了老师为人处世的谆谆教诲。

感谢南开大学所有给予我言传身教的老师们：龚刚教授、张晓峒教授、黄兆基教授、蒋殿春教授、姚国庆老师、李飞跃老师、陈孝伟老师、杨光老师……感谢季任均教授、钟茂初教授、周星奎教授在我博士论文开题时给予的巨大帮助！感谢中国人民大学的陈秀山教授、孙久文教授，浙江大学的陈建军教授，四川大学的邓翔教授，中国科学院地理所的金凤君教授在百忙之中评阅本书，并给予大量宝贵意见。

感谢南开大学经研所的薄文广师兄！感谢所有同门师兄弟姐妹们！感谢我的舍友王斌博士；感谢博士班的同学们。

感谢中国社会科学出版社的田文女士在本书出版中给予的大量修改、编辑工作。

特别感谢浙江省社科联《当代浙江学术文库》对本书给予的出版资助！

由于行文仓促，本书难免有不足之处，恳请国内外同行给予批评指正，当然文责自负。

杭州电子科技大学经济学院

周亚雄

2017 年仲夏于杭州